大学应用型课程专业（精品）系列教材　喻世友◎主编
大学应用型课程专业（精品）系列教材·政治学类　陈天祥◎主编

现代国家治理

陈天祥　刘云东　欧崇亚　郑佳斯
编著

版权所有　翻印必究

图书在版编目（CIP）数据

现代国家治理/陈天祥，刘云东，欧崇亚，郑佳斯编著．—广州：中山大学出版社，2019.11

[大学应用型课程专业（精品）系列教材/喻世友主编；大学应用型课程专业（精品）系列教材·政治学类/陈天祥主编]

ISBN 978-7-306-06762-3

Ⅰ.①现…　Ⅱ.①陈…②刘…③欧…④郑…　Ⅲ.①国家—行政管理—高等学校—教材　Ⅳ.①D035

中国版本图书馆 CIP 数据核字（2019）第 258631 号

出 版 人：王天琪
责任编辑：刘学谦　翁慧怡
封面设计：曾　斌
责任校对：麦晓慧
责任技编：何雅涛
出版发行：中山大学出版社
电　　话：编辑部 020-84111996，84113349，84111997，84110779
　　　　　发行部 020-84111998，84111981，84111160
地　　址：广州市新港西路 135 号
邮　　编：510275　　　传　真：020-84036565
网　　址：http://www.zsup.com.cn　　E-mail：zdcbs@mail.sysu.edu.cn
印 刷 者：广州一龙印刷有限公司
规　　格：787mm×1092mm　1/16　19.5 印张　320 千字
版次印次：2019 年 11 月第 1 版　2019 年 11 月第 1 次印刷
定　　价：62.00 元

如发现本书因印装质量影响阅读，请与出版社发行部联系调换

大学应用型课程专业（精品）系列教材
编委会

主　编　喻世友
委　员　（按姓氏拼音排序）
　　　　陈天祥　丁建新　冯　原　何兴强　黄静波
　　　　黎颂文　罗焕敏　孙　立　王丽荣　卫建国
　　　　杨　智　喻世友　张美芬　赵过渡

大学应用型课程专业（精品）系列教材·政治学类
编委会

主　编　陈天祥
副主编　欧崇亚　刘云东
编　委　（按姓氏拼音排序）
　　　　陈天祥　寸晓刚　龚　鸣　华　磊　刘云东
　　　　吕佩安　欧崇亚　史　娜　唐海生　王　群
　　　　文　净　郑佳斯　周先捷

目　　录

第一章　国家 ……………………………………………………（1）
　第一节　国家理论 ………………………………………………（1）
　第二节　国家的形式 ……………………………………………（8）
　第三节　国家机构 ………………………………………………（17）
　本章小结 …………………………………………………………（24）
　复习思考题 ………………………………………………………（27）

第二章　政党 ……………………………………………………（28）
　第一节　政党的界定与功能 ……………………………………（28）
　第二节　政党制度 ………………………………………………（41）
　第三节　选举与政党 ……………………………………………（48）
　本章小结 …………………………………………………………（57）
　复习思考题 ………………………………………………………（62）

第三章　权力 ……………………………………………………（63）
　第一节　权力概述 ………………………………………………（63）
　第二节　公共权力 ………………………………………………（69）
　本章小结 …………………………………………………………（82）
　复习思考题 ………………………………………………………（85）

第四章　国家与市场 ……………………………………………（86）
　第一节　国家概述 ………………………………………………（86）
　第二节　市场及市场功能 ………………………………………（92）
　第三节　国家与市场概述 ………………………………………（95）
　本章小结 …………………………………………………………（112）
　复习思考题 ………………………………………………………（115）

第五章　国家与社会 (116)
第一节　社会 (116)
第二节　国家与社会概述 (124)
本章小结 (139)
复习思考题 (144)

第六章　政府过程 (145)
第一节　政府过程的概念和内涵 (145)
第二节　政府过程的相关理论 (154)
第三节　中国政府过程 (161)
本章小结 (166)
复习思考题 (171)

第七章　国内政府间关系 (172)
第一节　国内政府间关系概述 (172)
第二节　政府间纵向关系 (175)
第三节　政府间横向关系 (182)
本章小结 (189)
复习思考题 (196)

第八章　公共财政管理 (197)
第一节　公共财政概述 (197)
第二节　公共财政收入 (203)
第三节　公共财政支出 (214)
第四节　国家预算 (232)
本章小结 (240)
复习思考题 (245)

第九章　事业单位管理体制改革 (246)
第一节　事业单位管理体制 (246)
第二节　事业单位管理体制改革概述 (255)
第三节　事业单位法人与法定机构 (264)

本章小结 …………………………………………………（271）
　　复习思考题 ………………………………………………（275）

第十章　新公共管理：新的治理模式 ……………………（276）
　　第一节　新公共管理的理论渊源 ………………………（276）
　　第二节　新公共管理的内涵与特征 ……………………（283）
　　第三节　新公共管理的实践 ……………………………（287）
　　第四节　对新公共管理的诘难与批判 …………………（294）
　　本章小结 …………………………………………………（298）
　　复习思考题 ………………………………………………（301）

后　　记 ……………………………………………………（302）

第一章 国　家

国家是最重要的政治行为主体，国家问题也是任何一个政治学者都无法绕开的核心话题。列宁在《论国家》中就指出："国家问题是关系全部政治的主要的和根本的问题。"① 关于国家的论述可谓汗牛充栋，无论是国家的概念、范畴、作用，抑或是国家的起源、边界和内涵等等，学界众说纷纭，难以达成一致的共识。

第一节　国家理论

一、国家的概念与起源

国家是什么？国家的定义和国家的起源是国家理论的基础，对其的解读直接影响认识国家本质的视角。在2000多年的政治学发展历史上，"国家"作为政治学的核心词汇，学界从各个维度对其进行了多种多样的定义。伊斯顿就指出："国家是什么？有一位学者声称他已经搜集了145个不同的定义。关于一个名称，人们很少有如此明显的意见分歧。种种含意的混乱和庞杂十分惊人，使人几乎难以相信，在以往2500年间，人们以一种或另一种形式反复讨论的问题，居然没有达到某种程度的一致意见。"②

（一）词源分析

在中国古代的典籍中，"国家"的概念早就出现。"国"字可以解释为"一"（土地）、"口"（人口）、"戈"（武力）、"王"（王者），已包含了国家的若干要素。在先秦时期，"国"与"家"各有本义。所谓天子所治曰"天下"，诸侯所治曰"国"，卿大夫所治曰"家"，"天下""国"和

---

① 中共中央马克思恩格斯列宁斯大林著作编译局：《列宁选集》（第4卷），人民出版社1995年版，第42页。
② ［美］戴维·伊斯顿：《政治体系——政治学状况研究》，马清槐译，商务印书馆1993年版，第102页。

"家"这三者是有等级差别的统治区域,只有天子统治的"天下"才算是国家。秦汉之后,"天下"与"国家"通用,含义指向疆土和民众。

在西方,欧洲古典时代只有城邦共同体的观念。城邦在古希腊文中表述为"polis",英译为"city state",主要是指构筑围墙而包围起来的公共空间。最原始的"国家"本质强调的是国家的保护性和共享性。在古希腊的200多个城邦中,雅典和斯巴达是最具实力的。经过不断的发展,城邦逐渐合并扩大,最后形成统一的帝国。到了中世纪,欧洲分崩离析,并无统一的中心权威,亦无牢固的国家观念,只有地域团体观念,称为"land"。直到近代民族国家在欧洲兴起,国家认同得以确立[①],才重新恢复了由古希腊城邦观念所奠定的"邦"的意义。1513年,意大利政治思想家马基雅维利(Machiavelli)在《君主论》一书中使用"statos"一词指称国家,该词由拉丁文"status"演化而来。1538年,英国人斯塔基(Starkey)在《英格兰》一书中以"status"的英文state指称国家。自此,"state"成为政治意义上的"国家"的专用概念[②]。

在英语词汇中,"国家"一词可译作"country""nation"和"state"。"country"是地理意义上的国家,是以领土和疆域为基础的地域共同体,强调国家的边界和地域性;"nation"是民族意义上的国家,是以人口和民族为基础的社会共同体,侧重国家的民族和国民内涵;"state"是政治意义上的国家,是指在确定的领土边界内借助强制性的机构对人民合法行使最高权威的政治共同体,偏向国家的政权和暴力属性。

(二)国家的起源

西方政治学对国家起源的界定众说纷纭,概括起来,主要有以下几种解释。

1. 古希腊:本能说

古希腊政治哲学家们的主张对后世影响最大的当属柏拉图(Plato)和亚里士多德(Aristotle),他们关于国家起源的相关论述可以归纳为"本能说"。柏拉图的较多著述都是与国家相关的,如《国家篇》《法篇》《克里底亚篇》都是以国家为主题的,讨论了国家的起源及其他方面。关于国家的起源,柏拉图将其归结为人类相互依存的结果。在《国家篇》里,柏拉

---

① 参见孙关宏、胡雨春《政治学》(第二版),复旦大学出版社2010年版,第31页。
② 参见王浦劬《政治学基础》,北京大学出版社1995年版,第235页。

图阐释道:"城邦的起源从这样一个事实就能看出:我们每个人都不能自给自足,相对于我们自己的需要来说,每个人都缺乏许多东西……那么由此带来的一个后果就是,人们相互之间需要服务,我们需要许多东西,因此召集许多人来相互帮助。由于有种种需要,我们聚居在一起,成为伙伴和帮手,我们把聚居地称作城邦。"① 亚里士多德也认为,国家起源于人类合群的天性和品德,是由家庭而村社而国家自然地生长起来的。由于人类有过共同生活的合群天性,自然趋向于城邦国家生活。国家是一种自然产生的、不可避免的及有益的团体,建立国家的目的就是为了追求自足而且至善的生活。

2. 中世纪:神权论

中世纪的国家起源观是典型的神权论,即所谓的"一切权力来自上帝"。奥古斯丁(Augustin)就认为"宇宙间除了上帝以外,没有任何存在者不是由上帝那里得到存在"②。将神权论进一步系统化的是托马斯·阿奎那(Thomas Aquinas),他也主张"除上帝外,别无权力","没有权柄不是出于神的"。③ 关于国家的起源,阿奎那承袭了亚里士多德的观点,认为"人天然是个社会的或政治的动物",人们的生活需要分工互助,人在本性上注定要过集体的社会生活,国家是由于人性的需要而产生的自然制度。所以,从国家的起源上,它源于人的本性。但是与亚里士多德有所区别的是,阿奎那认为人及人的理性都是上帝创造的,所以,上帝才是国家的终极创造物,国家归根结底是由上帝创造的,国家起源论因而被神学化了。④

3. 近代:社会契约论

社会契约论,主张国家是通过人民或者人民同统治者之间相互订立契约而建立起来的一种国家起源理论。近代西方社会契约理论可以追溯到伊壁鸠鲁(Epicurus),他认为国家和法律是为了保护个人利益而达成的契约,这也是第一次把国家和法律建立在个人的利益权衡和现实妥协的基础上。17、18世纪的自然法学派的政治思想家格劳秀斯(Hugo Grotius)、斯

---

① [古希腊]柏拉图:《国家篇》,见《柏拉图全集》(第2卷),王晓朝译,人民出版社2006年版,第326页。
② 北京大学哲学系外国哲学史教研室:《西方哲学原著选读》(上卷),商务印书馆1981年版,第219页。
③ [意]托马斯·阿奎那:《阿奎那政治著作选》,马清槐译,商务印书馆1963年版,第65页。
④ 参见胡德平《论西方近代国家起源观的社会契约论转向》,载《东方论坛》2006年第2期,第107-113页。

宾诺莎（Baruch de Spinoza）、霍布斯（Thomas Hobbes）、洛克（John Loke）、卢梭（Jean-Jacques Rousseau）等人进一步系统地阐述了社会契约论。

社会契约论的主要观点是，在国家产生之前，整个人类处于无政府的自然状态，每个人都享有因自然法而产生的自然权力。但是，在这种自然状态下，存在着因滥用权利而不方便、不安全的风险，人们的生命及财产得不到保障。于是，为了摆脱这种自然状态，人们慢慢地经过明示或默示的同意，通过相互订立契约，让渡自己的部分自然权利，以建立足以保障自然权利的国家和政府。"通过契约的方式，同其他人协议联合成为一个共同体，以谋求他们彼此间舒适、安全和和平的生活，以便安稳地享受他们的财产，并且有更大的保障来防止共同体以外任何人的侵犯。"①

4. 现代：暴力征服论

主张暴力征服论的代表人物有德国的哲学家、经济学家杜林（Karl Eugen Dühring），英国社会学家安东尼·D. 史密斯（Anthony D. Smith）和波兰社会学家路德维希·龚普洛维奇（Ludwig Gumplowicz）等。路德维希·贡鲁洛维奇在《国家概论》中写道："国家经常是一个部落对另一个部落施以暴力的结果而出现的，它表现为较强的部落对较弱的土著居民的征服与奴役。"② 暴力是社会发展的决定性因素，由暴力作用产生了不平等、私有制、阶级和国家。杜林强调，暴力是第一性的、基础的东西，经济关系是第二性的、从属的东西。史密斯则从政治压制的角度来界定国家的概念，他认为："国家是不同于其他社会机构的，在一块既定领土上垄断性地实施强迫和压制的公共机构。"③

5. 马克思主义的起源说

马克思主义认为，国家不是从来就有的，而是社会发展到一定历史阶段的产物。恩格斯在《家庭、私有制和国家的起源》一文中对国家的起源做了分析。恩格斯有一段经典的论述，"国家是社会在一定发展阶段上的产物；国家是承认：这个社会陷入了不可解决的自我矛盾，分裂为不可调和的对立面而又无力摆脱这些对立面。而为了使这些对立面，这些经济利

---

① ［英］洛克：《政府论》（下篇），瞿菊农、叶启芳译，商务印书馆1996年版，第59页。
② 转引自孙国华《法学基础理论》，天津人民出版社1986年版，第53页。
③ 舒放：《21世纪公共行政系列教材：政治学教程》，中国人民大学出版社2013年版，第37页。

益互相冲突的阶级，不致在无谓的斗争中把自己和社会消灭，就需要有一种表面上驾于社会之上的力量，这种力量应当缓和冲突，把冲突保持在秩序的范围以内，这种从社会中产生但又自居与社会之上并且日益同社会脱离的力量，就是国家"①。可见，只有经济发展到一定阶段而出现阶级时，国家才会产生。而为了缓解阶级矛盾，国家将作为第三种力量凌驾于社会之上。恩格斯说："国家是以一种与全体固定成员相脱离的特殊的公共权力为前提的。"② "构成这种权力的，不仅有武装的人，而且还有物质的附属物，如监狱和各种强制机关。"③ "这种从社会中产生但又自居于社会之上并且日益同社会脱离的力量，就是国家。"④

二、国家的本质

（一）阶级性

马克思主义的国家起源说明确指出，"国家无非是一个阶级镇压另一个阶级的机器"⑤。恩格斯分析了三种国家产生的基本形式：①雅典式，这类国家的产生纯粹是由氏族社会内部发展起来的阶级对立的结果，是最典型的国家起源形式；②罗马式，这类国家的起源不仅仰赖于本氏族内部的阶级斗争，而且还掺杂着外来居民反抗罗马氏族中的贵族的斗争；③德意志式，即靠战争征服而建立的国家。在恩格斯看来，尽管世界上有各种不同的国家产生形式，但基本上都是阶级斗争尖锐化的结果，区别仅在于有的是阶级对立的直接结果，有的是其延伸和渗透。国家之所以成为必要，就在于社会存在阶级冲突而又无力摆脱这种冲突，只有国家的力量才能缓和冲突。

列宁继承了这一说法，他精辟地指出，"国家是阶级斗争不可调和的

---

① 中共中央马克思恩格斯列宁斯大林著作编译局：《马克思恩格斯选集》（第4卷），人民出版社1972年版，第165－166页。

② 中共中央马克思恩格斯列宁斯大林著作编译局：《马克思恩格斯选集》（第4卷），人民出版社1972年版，第91页。

③ 中共中央马克思恩格斯列宁斯大林著作编译局：《马克思恩格斯选集》（第4卷），人民出版社1972年版，第167页。

④ 中共中央马克思恩格斯列宁斯大林著作编译局：《马克思恩格斯选集》（第4卷），人民出版社1972年版，第166页。

⑤ 中共中央马克思恩格斯列宁斯大林著作编译局：《马克思恩格斯选集》（第2卷），人民出版社1972年版，第336页。

产物和表现。在阶级矛盾客观上达到不能调和的地方、时间和程度，便产生了国家。反过来说，国家的存在表明阶级矛盾的不可调和"①。

这些论述表明，国家的本质是以暴力为后盾的阶级专政。国家存在的基本前提和目的在于维护统治阶级的统治，镇压被统治阶级的反抗，解决不可调和的阶级矛盾。不管是古代国家、近代国家，抑或是现代国家，只要为统治阶级服务的性质不变，国家的本质都是一个阶级对另一个阶级的专政。列宁就断言："不管一个共和国用什么形式掩饰起来，就算它是最民主的共和国吧，如果它是资产阶级共和国，……那么这个国家还是一部分人压迫另一部分人的机器。"②

（二）公共性

国家的出现，除了满足统治阶级的特殊利益之外，也产生于满足和发展公共利益的基本要求。早在1845年，马克思和恩格斯在《德意志意识形态》一书中就明确指出："随着分工的发展也产生了单个人的利益或单个家庭的利益与所有互相交往的个人的共同利益之间的矛盾；而且这种共同利益……首先是作为彼此有了分工的个人之间的相互依存关系存在于现实之中。……正是由于特殊利益和共同利益之间的这种矛盾，共同利益才采取国家这种与实际的单个利益和全体利益相脱离的独立形式，同时采取虚幻的共同体的形式。"③ 也就是说，国家的产生源于个人的特殊利益与社会的共同利益的矛盾，而国家是建构在共同利益之上的。

国家的阶级性和它的公共性是合为一体的。第一，失去公共性，国家也必然失去其存在的合理性或合法性。社会生活总是会产生与社会生活的整体息息相关的公共利益和与公共利益密切相关的公共事务，即便国家总是在经济上占统治地位的阶级国家，它也必须成为公共利益的实际主体，并承担履行公共事务的公共职能。我们完全不能想象，在国家的阶级统治之外，再建立一个管理公共事务的公共权力机构。第二，要实现统治阶级的利益，就要求国家能够介入社会的经济活动和公共事务管理中，即任何

---

① 中共中央马克思恩格斯列宁斯大林著作编译局：《列宁全集》（第31卷），人民出版社1985年版，第6页。
② 中共中央马克思恩格斯列宁斯大林著作编译局：《列宁选集》（第4卷），人民出版社1995年版，第39页。
③ 中共中央马克思恩格斯列宁斯大林著作编译局：《马克思恩格斯选集》（第1卷），人民出版社1975年版，第84页。

阶级统治都是以实现一定的社会公共职能为前提的，而不能无视社会的普遍利益，甚至不能不考虑社会的普遍利益。恩格斯在《反杜林论》中系统地阐述过这个观点。他说："一切政治权利起先总是以某些经济的、社会的职能为基础的。"① 第三，国家并不完全等同于统治阶级，国家的政治统治具有高度的相对独立性和自主性。这意味着，在政治统治的意义上，国家不仅与被统治阶级是对立的，而且与统治阶级之间也可能存在着相互矛盾的关系。国家有一种凝聚作用，它有大量的基础性程序用以确保国家从长远利益出发来运作资本的集体利益，它"可能需要办一些为大部分甚至整个资产阶级所不乐意的事情"②。实际上，统治阶级同样是国家政治统治的对象，因而这种政治统治并不与阶级统治直接合一，甚至并不总是与统治阶级的利益要求完全一致。③

三、国家的职能

国家的职能是国家本质的反映和外在表现，它是指国家机器活动的总方向、总任务及其基本使命和基本目的，是国家在实施其阶级统治和社会管理活动过程中担负的职责和功能。④ 国家的阶级性和公共性，决定了国家的主要职能主要包括政治统治职能和社会管理职能，二者密切联系。

（一）政治统治职能

作为阶级统治的工具，国家的政治统治职能是不言而喻的。所谓政治统治职能，是指统治阶级依靠法律制度及其设施（军队、警察和监狱等）对被统治者实施镇压、控制等活动，以维护自己的政治统治。具体地说，政治统治职能主要有以下四点：第一，依靠法律及其设施维护统治阶级的权力和利益；第二，镇压被统治阶级的反抗；第三，调节统治阶级内部的矛盾；第四，向被统治阶级灌输统治阶级的思想。⑤

---

① 中共中央马克思恩格斯列宁斯大林著作编译局：《马克思恩格斯选集》（第3卷），人民出版社1995年版，第219页。
② ［英］拉尔夫·密利本德：《英国资本主义民主制》，博铨、向东译，商务印书馆1988年版，第9页。
③ 参见阎孟伟《国家的性质、职能及其合法性——从恩格斯的国家学说谈起》，载《马克思主义与现实》2011年第2期，第49－55页。
④ 参见郭小聪《论国家职能与政府职能》，载《中山大学学报》1997年第2期，第21页。
⑤ 参见孙继虎《政治学原理》，华中科技大学出版社2013年版，第26页。

（二）社会管理职能

所谓社会管理职能，是指国家对整个社会生活的指导、管理、服务、监督等，这是由国家的公共性所决定的。为了使社会各阶级不至于在矛盾冲突中被毁灭，统治阶级也要借助国家机器把这种冲突控制、限制在一定范围内。所以，国家作为社会一个有形组织，形式上以超阶级的整个社会正式代表的面目出现，凌驾于社会之上，行使国家的社会管理职能。[①] 随着经济的发展、社会的进步和分化，以及社会需求的日益扩大都对国家社会职能的发挥提出了更高的要求。国家的社会职能具体包括四点：第一，管理、指导、组织经济生活；第二，管理、指导社会事务；第三，维持正常的生活和社会秩序；第四，发展文化、教育、科技事业。[②]

（三）两种职能的关系

政治统治职能和社会管理职能都是国家本质的体现，两者互相渗透，密不可分。国家通过行使社会管理职能，一定程度上满足社会某些共同需要，维系社会各阶级、阶层的联系，缓和阶级矛盾，巩固统治阶级进行阶级统治的社会基础。本质上，社会管理职能正是为了争取广大群众对国家政权的支持，从而维护统治阶级的统治秩序。假如失去这一基础，国家的阶级统治也将无法实现。如恩格斯所言，"政治统治到处都是以执行某种社会职能为基础，而且政治统治只有在它执行了它的这种社会职能时才能持续下去"[③]。

第二节　国家的形式

一、国体与政体的关系

国体和政体共同构成了一个国家的根本政治制度。所谓国体，是指国家的根本性质，具体指称的是国家政权掌握在哪个阶级手中，哪个阶级在

[①] 参见刘志芳、杨海蛟《略论国家的社会管理职能》，载《山西师大学报》（社会科学版）1986年第4期，第11页。
[②] 参见孙继虎《政治学原理》，华中科技大学出版社2013年版，第26页。
[③] 中共中央马克思恩格斯列宁斯大林著作编译局：《马克思恩格斯选集》（第3卷），人民出版社1972年版，第219页。

国家中处于统治地位，哪个阶级在国家中处于被统治地位。正如毛泽东所指出的："国体问题，从前清末年起，闹了几十年还没有闹清楚。国体，它只是指的一个问题，就是社会各阶级在国家中的地位。"因而，国体体现的就是国家的阶级本质和内涵。而政体，即国家政权组织形式，是指国家政权的组织形式和管理形式，反映的是统治阶级实现统治的方式和手段。毛泽东指出："所谓'政体'问题，那是指的政权构成的形式问题，指的一定的社会阶级采取何种形式去阻止那反对敌人保护自己的政权机关。没有适当形式的政权机关，就不能代表国家。"①

政体与国体作为国家问题的两个方面，相互关联而又互相制约。总体上，国体与政体的关系是内容和形式的关系。国体是各阶级间关系的综合和呈现，属于内容的范畴，而政体则是表现这一内容的形式。第一，国体决定政体。国家的阶级性质从根本上决定着政体的选择和采用，它决定着一个国家的统治阶级采用什么样的政权组织形式为本阶级的利益服务。因而，不同的国体要求不同的政体。从这个层面，政体取决于统治阶级的需要，依附于、适应于一定的国体。第二，政体也具有相对的独立性，它反过来也会影响国体。如果缺乏适当而健全的政体，统治阶级将难以实现自身的利益和意志，无法体现和保持国家的性质。因此，任何一个统治阶级都要根据统治的需要来设计和安排国家机关权力的具体运作方式和具体制度。第三，国体与政体的结合常常呈现出错综复杂的情况，两者并非简单的对应关系。决定一个国家采用怎样的政体，除了国体因素外，还受到阶级力量对比、经济发展水平、历史文化传统和民族、文化、宗教、国际环境等多方面因素的影响，因而国体相同的国家也可能采取不同形式的政体，而不同国体的国家也可以在政体上大致相同。国体对政体的决定作用是根本性的，但不是唯一的，政体的变化比国体要复杂得多。②

二、国家结构形式

国家结构形式，是指国家的整体与部分之间、中央与地方之间的相互关系和结合方式，以合理划分国家整体与部分、中央与地方的权限关系，即国家以何种方式来划分其内部组成问题，其实质是一个国家在地域上各

---

① 中共中央马克思恩格斯列宁斯大林著作编译局：《毛泽东选集》（第 2 卷），人民出版社 1990 年版，第 677 页。

② 参见臧乃康、韩裕庆《政治学概论》，东南大学出版社 2011 年版，第 63 页。

个部分以什么形式组合为国家的问题。一个国家采取什么样的结构形式，取决于该国的历史、地理、政治、经济、民族、宗教、文化等多种因素，是历史上各种政治力量彼此冲突、磨合的结果。就当代国家结构形式而言，单一制和联邦制是最为基本的两种类型。总体而言，单一制与联邦制的区分标准是，主权权力是由全国性政府独占还是由其与区域性政府分享。由全国性政府独占主权权力的是单一制，而由全国性政府同区域性政府分享主权权力的是联邦制。① 现代国家大多数是单一制国家，联邦制国家总数虽然只有20多个，仅占主权国家总额的1/10左右，但却包括了绝大多数大国、全世界近1/2的土地和1/3左右的人口。②

（一）单一制

单一制是由若干不享有独立主权的行政区域或自治区域构成的单一主权国家的国家结构形式。《牛津法律大辞典》将单一制描述为"主要的政府机构及立法、行政和司法机构对该国领土内所有地区和国民行使全权的国家……单一制国家并不排除地方或其他政府机构拥有中央政府委托或授予它们的某些权力的可能性。但是这些权力是授予的，并不是分享的，而且，从严格的法律意义上说，所有的权力都属于中央政府"③。因而，单一制的根本特征在于，国家每一方面公共事务的最高和最后决定权都掌握在全国性政府手中，区域性政府只能行使全国性政府授予的或允许它行使的权力。

一般而言，单一制的基本标志有以下五点：第一，全国只有一部宪法，只有一个中央国家机关体系（包括立法机关、行政机关和司法机关）；第二，每个公民只有一个统一的国籍；第三，各行政单位或自治单位均受中央政府的统一领导，不能脱离中央而独立；第四，各行政单位或自治单位所拥有的权力都是由中央通常以法律的形式授予的；第五，国家整体是代表国家进行国际交往的唯一主体。④

---

① 参见童之伟《单一制、联邦制的区别及其分类问题探讨》，载《法律科学·西北政法学院学报》1995年第1期，第32页。
② 参见童之伟《单一制、联邦制的区别及其分类问题探讨》，载《法律科学·西北政法学院学报》1995年第1期，第34页。
③ [英]沃克：《牛津法律大辞典》，北京社会与科技发展研究所译，光明日报出版社1988年版，第905页。
④ 参见胡锦光、韩大元《中国宪法》（第二版），法律出版社2007年版，第80－81页。

根据集权程度的不同，单一制国家可以划分为地方分权型和中央集权型两种形态，前者的主要代表国家是意大利、英国、瑞典和挪威等国家，后者则有法国、一些亚非拉发展中国家等。地方分权型单一制国家中，地方政府一般具有双重身份，既是地方自治机关，在法律范围内享有自主管理地方事务的权力，又受中央政府的统一领导，执行中央政府委托的职能。与此同时，中央政府依然可以通过财政、行政、立法和司法等手段对地方政府实行较为严格的监督和控制。中央集权型单一制国家中，法律上不规定实行地方自治，或者虽然在法律上规定地方自治，但因各种限制而致使地方自治处于名存实亡的状态，中央政府可以采取各种手段严格控制地方政府。[1]

（二）联邦制

联邦制是由若干个具有相对独立性的政治实体（共和国、州、邦）联合组成统一国家的国家结构形式。美国是历史上最早的现代意义上的联邦国家，此外还有德国、俄罗斯、瑞士、加拿大、印度等国也实行联邦制。美国研究联邦制的权威学者威廉·H. 利克尔将联邦制度定义为："将政府活动分成地区和中央两大部分，彼此各有某些专司，并负责其最后决定之政治组织体。"[2] 曾任联邦国家论坛主席的乔治·安德森也指出："如果联邦制存在一种本质，那就是：存在宪法建立的两个政府层级，各自享有真正的自治，以及每一层次上的政府都主要对其相应的选民负责。"[3]

在《联邦制导论》一书中，乔治·安德森将联邦制的特征归纳为六点。第一，至少存在两个政府层级，一个适用于全国，而另一个适用于各地区。每一级政府与其公民之间存在直接的选举关系。第二，一部成文宪法，其中一些部分不能被联邦政府单独修改。普遍影响构成单位的主要（宪法）修正，应如同得到中央政府同意一样得到构成单位的实质性同意。第三，通过宪法来正式分配立法权力（包括财政权力）给两个政府层级以确保各自的真正自治；然而，联邦国家之间在界定（国内）两套政府秩序所需的明确权力的方式和程度上大异其趣。第四，通常有一些关于各构成

---

[1] 参见舒放《21世纪公共行政系列教材：政治学教程》，中国人民大学出版社2013年版，第45－46页。
[2] ［美］佛雷德·格林斯坦：《政府制度与程序》，台湾幼狮文化事业公司1983年版，第138页。
[3] ［加］乔治·安德森：《联邦制导论》，田飞龙译，中国法制出版社2009年版，第5页。

单位在关键性中央机构中的代表性上的特殊的制度安排（特别是在上议院）以提供地方对中央决策的参与，经常是更小的单位获得比它们的人口分量大的比重。第五，一个仲裁人或一种程序（通常涉及法院，但有时也包括公民投票或上议院程序）来管辖政府间的宪法争议。第六，一系列步骤和机制来推进或运作政府之间的关系。①

纵观联邦制国家的宪法，如果以纵向政府间权力的划分形式为标准，大致可以分为四种类型：一是单独列举全国性政府事权，而把全国性政府权力之外的国家权力归各州、邦、省或其他地方组织，其典型代表为美国；二是仅列举地方事权，而将未列举的职权归属联邦中央，其典型代表为前《南非联邦宪法》；三是既列举中央事权又列举地方事权，其典型代表为《加拿大宪法》；四是既列举联邦事权又列举联邦和地方成员单位共同管辖的事权，而将未列入的事权归属于地方成员单位行使，其典型代表为《俄罗斯宪法》。②

三、国家政权组织形式

（一）政体类型划分标准

亚里士多德的《政治学》这一经典著作可谓"政体学"的代名词。在对城邦政治的论述中，亚里士多德提出了"政体"这一核心概念，他将"政体"界定为"一个城邦的职能组织，由以确定最高统治机构和政权的安排，也由以订立城邦及其全体各分子所企求的目的"③。这个定义包含两个维度，即"谁统治"及"如何统治"。由此延伸，关于政体类型的分类标准，亚里士多德沿用希腊传统的划分方法，依据两个标准对政体类型加以划分。第一个标准是依据执政者人数的多寡进行划分。依照这个标准，可以将城邦划分为三种类型：一人执政的是君主政体，少数人执政的是贵族政体，多数人执政的是共和政体。第二个标准是依据政体的价值取向进行划分，即是"照顾到公共利益"抑或"只照顾到统治者的利益"。依据第二个标准，又可以将三类政体分别进一步划分为君主政体与僭主政体、

---

① 参见［加］乔治·安德森《联邦制导论》，田飞龙译，中国法制出版社2009年版，第4－5页。
② 参见肖滨《政治学导论》，中山大学出版社2009年版，第198－199页。
③ ［古希腊］亚里士多德：《政治学》，吴寿彭译，商务印书馆2008年版，第181页。

贵族政体与寡头政体、共和政体与平民政体。其中，君主政体、贵族政体和共和政体这三类政体由于强调公共利益而成为"正当的政体"，而僭主政体、寡头政体和平民政体则因为只顾及少数统治者的利益而成为"错误的政体或偏离正当的政体"。①

亚里士多德关于政体分类标准的提出和政体类型划分，被后人所接受和沿袭。西塞罗沿用第一个标准，将国家政体划分为三种类型，分别是一人掌权的君主制、由少数被选举出来的人掌权的贵族制，以及人民自己掌权的民主制。孟德斯鸠则在第二条标准的基础上进一步对政体进行划分。他把政体划分为共和政体、君主政体和专制政体。其中，共和政体是全体人民或一部分人民握有最高权力的政体。君主政体是由单独一个人执政，不过遵照固定的和确立了的法律。专制政体是既无法律又无规章，由单独一个人按照自己的意志与反复无常的性情领导一切。②孟德斯鸠认为，共和政体需要的是道德，君主政体需要的是荣誉，而专制政体需要的是恐怖。

除此之外，也有学者在亚里士多德的政体分类标准之上，依据其他的标准对政体类型进行划分。法国思想家让·布丹依据的分类标准是掌握国家主权的人数。其中，主权掌握在一人手中的政体是君主政体，主权掌握在少数人手中的政体是贵族政体，而主权掌握在多数人手中的政体是民主政体。关于君主政体，按照君主行使权力的方式，又可以分为王朝君主制、领主的君主制和暴君制。王朝君主制以神法和自然法为依据；在领主的君主制下，君主如同家长统治奴隶一样统治臣民；暴君制是一种违反神法和自然法的制度，君主任意宰割人民。在让·布丹之后，洛克将立法权的归属作为政体类型的划分依据，按照立法权的人数多少和产生方式，将政体划分为民主政体、寡头政体、君主政体和混合政体四种类型。

总体而言，传统的政体划分标准基本上未突破亚里士多德分类标准的界限。随着国家政体的复杂化，当代政治学者在传统政体分类标准的基础上，进一步提炼出更加精细复杂的分类标准。美国的政治学家约翰·威廉·伯吉斯在《政治学和比较宪法论》（第2卷）一书中以多种标准对政体进行分类。他以国家和政府是否合一为标准把政府形式区分为直接制的和代表制的，以官吏职权的性质及其任职来历为标准把政府形式区分为世

---

① 参见［古希腊］亚里士多德《政治学》，吴寿彭译，商务印书馆1983年版，第132页。
② 参见［法］孟德斯鸠《论法的精神》（上册），张雁深译，商务印书馆1994年版，第8页。

袭制的和选举制的,以立法机关和行政机关的相互关系为标准把政府形式区分为内阁制的和总统制的。①

(二) 现代国家的三种政体

现代国家比较倾向于将国家政体分为民主政体、威权政体和极权政体三种类型,这三种政体类型的区别主要表现为四个方面:一是多元化程度;二是政权的产生、组织和运作方式;三是意识形态;四是社会动员与参与程度。以美国、英国、法国等国为代表的早发型资本主义国家的政体可纳入民主政体范畴;多数第三世界国家和地区如巴西、墨西哥,以及南亚、中东和非洲的一些20世纪80年代进入工业化阶段的国家的政体可视为威权政体的代表;第二次世界大战期间的德、意法西斯国家则可笼统地一起纳入极权政体的行列。

1. 民主政体

"民主"一词源于希腊文,其含义为"人民的统治"。林肯将民主政体定义为"人民的政府,依靠人民、负责于人民"(of the people, by the people and for the people),这个定义至今仍然广受认可。现代民主政体主要体现为法治精神、分权制衡,以及公民的权利和自由。美国总统罗斯福(Franklin D. Roosevelt)就曾提出著名的"四大自由",即"表达自由、信仰自由、免于匮乏的自由、免于恐惧的自由"。但民主也有其缺陷,对其最重要的批评在于,如果将民主当成最高原则,通过多数表决的程序进行决策,可能会出现侵害少数人利益的行为,导致"多数人的暴政"。

总体而言,现代民主政体有四个方面的表现特征。

(1) 多元化程度。民主政体鼓励多元主义的价值观,公众可以参与到国家的政治、经济、文化生活中,公众拥有充分的自由和参与权利。国家与社会是二元分立的,市民社会发育成熟,公民的自由权利受法律保护,社会的自治水平高,经济和政治领域存在广泛的竞争。

(2) 政权的产生、组织和运作方式方面。民主政体坚持宪法至上的原则,国家权力源于宪法的安排,受到宪法和法律的严格限定和制约,只能在宪法划定的范围内活动,而不允许拥有宪法之外的权力。一般实行分权制衡原则,权力之间是相互制衡的。与此同时,政府的权力以不侵犯公民

---

① 转引自严家其《国家政体》,人民出版社1982年版,第16页。

的合法权益为限,政府职能的履行以为社会自主发展提供良好的环境和空间为目标。

(3) 意识形态。民主政体一般不宣扬严格刻板的意识形态,而是较为提倡民主、自由、平等的价值观。

(4) 社会动员与参与程度。民主政体下,国家没有强制性组织和动员机制,尽管主观上有动员意愿,客观上却达不到积极的参与效果。公民可以通过定期的和公开的选举,以及其他利益表达机制和问责机制影响政府人事和决策过程,实现"人民主权"。公民也拥有结社的自由,不必经过政府的批准就可以建立各种组织,从事经济的、政治的各种活动。

2. 威权政体

在现代化进程中,威权主义政体是介于极权政体与民主政体之间的一种较为温和的专制政体形态。这种政体是专指第二次世界大战后新独立的一些民族国家的政体。这些国家由于经济落后,需要借助于强大的政府力量实施现代化,于是就形成了比较强势的政府,但其政制又受民主政体的影响,往往具有民主制的外壳,但却没有民主制的实质。美籍西班牙学者胡安·林兹(Juan Jose Linz)在《西班牙的威权政体》中首次提出"威权政体"(authoritarian regime)的概念并对之做出界定。根据林兹的界定,威权政体"具有责任不分明的有限的政治多元主义;没有一套提炼过的主导意识形态,但有相当清楚的特殊心态;除了某一发展时期之外,没有广泛深入的政治动员;威权领袖个人(或有时是由少数人组成的集团)的权力行使虽然不受限制,但实际上却是在完全可预测的范围内"[①]。

总体而言,现代威权政体有四个方面的表现特征。

(1) 多元化程度。威权主义允许社会与经济的多元发展,政府虽然直接参与经济发展,但也鼓励民间经济活动,为社会力量留下一定的发展空间。既存在国家与社会一定程度的分离,同时国家也对社会进行深度的干预。然而在政治多元上则显得保守,是一种有限的政治多元。领导人或执政党对政府和政治权力的控制仍旧是首要的和难以抗拒的。

(2) 政权的产生、组织和运作方式方面。威权政体在形式上与民主政体相近,但是实质上政府拥有超越宪法的权力,权力之间的相互制衡也较为脆弱。通常统治权由领袖一人掌握,偶尔也可能被少数统治者集团行

---

① Linz J J. An authoritarian regime spain. In Allardt E, Rokkan S. Mass Politics: Studies in Political Sociology. New York: Free Press, 1970, pp. 255.

使。当权者的权力很大,很少受到实质性的制约。但是,威权政体的领导权也局部地向有势力阶层的人才开放,在很多威权国家,都开放具有一定竞争性或"半竞争性"的各项选举,但凡有势力的合法的团体组织,都有可能因绩效、能力、特定群体的支持,被吸纳进统治阶层,赋予一定的领导职位。

(3) 意识形态。威权政体一般没有一套包罗万象、逻辑严密、经过深思熟虑的官方意识形态体系作为其运作的依据,不过却有特定的"心态",即较重视对当前问题的解决或是对过去事件的反应,是一种较为务实的理念①。符合国情的特定精神,比如爱国主义、民族主义、经济发展等,反而能够为统治者赢得更稳定的国内支持。统治者并不轻易做出特殊的承诺,它所提倡的主义在所涉范围、空间或稳定性上也远不如意识形态在极权世界中所到达的程度。②

(4) 社会动员与参与程度。威权政体模仿民主政体建立了民主制度,但其功能只是使政权合法化,而不能帮助民众实现对政府的控制,民众对政策的影响十分有限。实质上,威权政体并不鼓励政治参与,不愿意见到群众过于热衷于参与政治,而是倾向于希望他们被动地接纳与被领导,甚至欢迎民众的政治冷漠。③ 除了某些政治特殊时期,例如夺取政权时期,在日常生活中,一般的政治或社会动员往往只是流于形式,而没有尝试建立全民动员的复杂网络。④

3. 极权政体

极权主义的国家形态在现今国家几乎踪迹不再。意大利法西斯主义者最早使用"极权主义"一词来描述他们所建立的政体,德国纳粹政权也是典型的极权政体。极权政体是现代国家政体的极端形式,它打破了国家与社会、集体与个人、公共领域与私人领域的基本界限。在极权政体下,国家权力全面渗透和控制社会,具有高度动员和不断运动的特性,领袖权力至高无上,拥有民众集体性的狂热崇拜,意识形态色彩浓厚。

总体而言,现代极权政体有四个方面的表现特征。

---

① 参见孙代尧《威权政体及其转型:理论模型和研究途径》,载《文史哲》2003年第5期,第145页。
② 参见许瑶《威权主义:概念、发展与困境》,载《国外理论动态》2013年第12期,第85页。
③ 参见孙代尧《威权政体及其转型:理论模型和研究途径》,载《文史哲》2003年第5期,第145页。
④ 参见许瑶《威权主义:概念、发展与困境》,载《国外理论动态》2013年第12期,第85页。

（1）多元化程度。在极权政体中，政治权力组织消灭一切多元因素，对社会全面渗透与"泛政治化"。无论是经济、社会，抑或是政治、文化等等，都不能免于政治的干预。社会被国家完全控制，形成国家完全覆盖社会的一元化结构。

（2）政权的产生、组织和运作方式方面。极权主义的领导权总是不受法律或程序限制，凌驾于一切法律之上，领袖常常是典型的卡里斯马型。领导人产生于党组织内部，依据的往往是个人对党组织的贡献与忠诚（而非执政能力或绩效）。以"元首"为中心的权力等级体系凌驾于官员等级制之上。

（3）意识形态。极权政体依赖一个官方的意识形态对每一个国民的精神和行为实施全面的控制。这种主导意识形态体系是排他的、占主导地位的，极权主义政党从夺权阶段开始就奉行一套详尽的指导性意识形态，为组织提供清晰的乌托邦图景，也利用它作为政策或者政权合法性的基础。即便在后极权时代，尽管意识形态已经逐渐丧失有效培育信仰与忠诚的能力，但它仍旧是法定且实际存在于社会生活中的现实，人们仍然能够在日常生活中清晰地感觉到它。

（4）社会动员与参与程度。极权主义政体通过强制性组织将整个社会编织进广泛而深入的动员网络，动员程度之深使私人生活遭受侵蚀，国家与社会的界限消失。在极权政体中，不存在私人生活，个人的一切都在政府的严密控制下，国家通过秘密警察实施对国家中的每一个人（包括政府高官）的控制，民众影响政府决策的行为几乎不存在。

第三节 国家机构

一、国家机构的概念

国家机构，是指为了完成一定的国家职能而设立的专门组织，它直接体现着国家在特定时期所担负的职责和功能，国家的一切基本活动正是通过国家机构来实现的。恩格斯曾明确指出："社会产生着它所不能缺少的某些共同职能。被指定去执行这种职能的人，就形成社会内部分工的一个新部门。"① 广义的国家机构，是由各种机关、组织和人员所组成的一个极其复杂的整体。通常而言，现代国家的国家机构由国家元首、立法机关、行政机关、司法机关按分工协作、权力制衡的原则构成。国家机构设置的决定性因素是国家的职能和国家的统治方式，国家机构随着国家职能和统治形式的变化而变化。此外，国家机构的设置还受一些因素的影响，如国家的地理环境、人口数量及分布状况，历史文化传统和经济发展水平等。

二、国家机构的设置原则

国家机构的设置原则，是指对各国家机关确定不同职能及国家机关直接相互关系的原则。从社会政治发展看，国家机构的设置原则有三类，即集权原则、分权制衡原则和"议行合一"原则。

（一）集权原则

集权原则是奴隶制和封建制国家的国家机构设置原则，其与专制主义政治是联系在一起的。集权原则下，国家的立法、行政、司法等全部权力都集中于君主一身，一切国家事务和决策均以他的意志为转移。国家根据君主的旨意设立机构，这些机构都向国王或皇帝负责，其主要官员也均由君主任命或撤换。②

（二）分权制衡原则

分权制衡原则是西方资产阶级国家机构设置的一般原则，其依据主要是资产阶级的三权分立学说。洛克主张将国家权力分为立法权、行政权和联盟权，其中立法权地位最高，由议会掌握，行政权则由国王掌握。到18世纪，法国思想家孟德斯鸠在《论法的精神》中，明确地把国家权力划分为立法权、行政权和司法权三种权力。孟德斯鸠认为，这三种权力应该由三个不同的机关分别执掌和行使，每个机关都是独立的，通过一定的制度安排，实现不同权力相互之间的制约与平衡，从而形成三权分立的权力结构。他明确地指出权力集中的危害性，"当立法权和行政权集中在同一个人或同一个机关之手，自由便不复存在；因为人们将要害怕这个国王或议

---

① ［德］恩格斯：《致康·施米特》，见《马克思恩格斯全集》（第37卷），人民出版社1971年版，第486页。

② 参见王浦劬《政治学基础》，北京大学出版社1995年版，第257页。

会制定暴虐的法律,并暴虐地执行这些法律。如果司法权不同立法权和行政权分离,自由也就不存在了。如果司法权同立法权合二为一,则将对公民的生命和自由实行专断的权力。因为法官就是立法者。如果司法权同行政权合二为一,法官便将握有压迫者的力量。如果同一个人或是由重要人物、贵族或贫民组成的同一个机关行使这三种权力,即制定法律权、执行公共决议权和裁判私人犯罪或争讼权,则一切便都完了"①。

总体而言,分权制衡原则有三层基本含义:第一,职能的独立。每个部门都有相应的职能,每个部门只行使自己的职能,而不能侵蚀其他部门的职能;第二,机构的分设,立法机关、行政机关和司法机关都是独立设置的;第三,人员的分离,每个人员只能在一个部门任命,不允许任何个人同时是一个以上部门的成员。② 通过职能、机构和人员的独立,使不同的权力之间通过制度安排形成相互制约的关系。

(三)"议行合一"原则

社会主义国家机构一般践行"议行合一"的原则,"议行合一"以否定、替代资本主义议会制的三权分立原则为前提。马克思、恩格斯和列宁都对三权分立与制衡进行了强烈的批判,提出了"议行合一"的原则,并在巴黎公社、苏维埃政权和人民代表大会制度中得到了践行。例如,1871年巴黎公社胜利以后,就建立了"议行合一"的政权体制,即国家的立法权、行政权和司法权都由巴黎公社统一行使。他们认为资产阶级议会不过是虚伪的"清谈馆"。资产阶级国家虽然实行分权与制衡,并且以议会选举来保障民意的表达,但是,议会本质上还是资产阶级的议会,代表和维护的是资产阶级的利益和统治,而不可能真正代表民意。列宁就认为,"凡是实行议会制的地方,都实行并且承认民主的代表权。但是,这种代表权只限于人民两年有一次投票权,而且往往有这样的情形:有些人利用人民的选票当选之后,却去帮助统治者镇压人民,而人民则没有撤换和采取有效的制裁措施的民主权利"③。

为此,"议行合一"主张,人民对国家事务拥有最高权力,国家的一

---

① [法]孟德斯鸠:《论法的精神》,张雁深译,商务印书馆1995年版,第156页。
② 参见[英]M. J. C. 维尔《宪政与分权》,苏力译,上海三联书店1997年版,第12页。
③ 中共中央马克思恩格斯列宁斯大林著作编译局:《列宁全集》(第26卷),人民出版社1959年版,第316页。

切权力集中于人民代表机关手中,再由人民代表机关代表人民行使权力。马克思在《法兰西内战》中指出:"公社是由巴黎各区普选选出的城市代表组成的。这些代表对选民负责,随时可以撤换。其中大多数自然都是工人或者是公认的工人阶级的代表。公社不应当是议会式的,而应当同时是兼管行政和立法的工作机关。"

不过应当指出的是,"议行合一"的国家权力结构并非完全排斥不同权力之间的分工。例如,我国实行的人民代表大会制度,行政权、立法权和司法权由不同的国家部门分工行使,但都对人民代表大会负责。

三、主要的国家机构

在不同的国家不同时期,国家机构不尽相同,但一般来说,国家机构主要包括国家元首、立法机关、行政机关和司法机关等。

(一)国家元首

国家元首,作为一个国家实际上或形式上对内对外的最高代表,是近代民主政治的重要组成部分。然而,国家元首并不是现代政治的文明,东西方国家在古代就曾出现过"元首"的称谓。在我国,"元首"一词最早可见于《尚书·益稷》的记载,"元首明哉,股肱良哉,庶事康哉",在这里"元首"意指君王。因而,古代君主制下的国家元首,实际上就是独揽立法、行政和司法等全部国家权力的君主。在西方,较早在宪法中正式使用"元首"一词的国家是英属比利时和德国。1831年,比利时国民议会制定了第一部宪法,规定国王是国家元首,并在宪法第六十二条明确规定,"非经议会两院同意,国王不得兼任他国元首"。而德国则是在1871年通过了《德意志帝国宪法》,规定德意志帝国实行君主立宪制。皇帝是帝国元首,掌握最高权力,统率帝国军队,有权任命帝国首相和官员、签署和公布法律、召集和解散议会。

在国家发展的历史中,无论何种性质的国家,都要设置国家元首。古代的国家元首一般都掌握国家的最高权力,到了近现代,世界各国国家元首的功能、产生方式和职权范围都存在诸多差异。国家元首是一个国家在实际上或形式上对内对外的最高代表,在国家机构体系中实质上或象征性地居于首脑地位。根据元首的职权,可分为实权元首和虚位元首。若元首行使行政机关的权力,即拥有指定、执行法律的实权,就是实权的元首,如美国总统、墨西哥总统,实行混合型的议会制—总统制下的总统;若其权力主要是形式上和象征性的,处于"临朝而不理政"的状态,那就是虚位的元首,如立宪君主制国家的国王和议会制下的总统。

国家元首的职权在各国不尽相同,一般来说主要包括公布法律;任免国家机关中的高级官员;召集议会,宣布戒严、大赦、紧急状态或对外宣战;以国家最高代表身份对外交往;代表国家颁布荣誉、授予荣誉称号。此外,在一些国家,元首还是国家武装力量统帅,指挥全国武装力量。

(二)立法机关

立法机关,是指有权制定、修改或废止法律的机关。当代几乎所有的国家都设有立法机关,其称谓有议院、上下议院、参议院、国民议会、人民代表大会等。在资本主义国家,议会一般可分为一院制和两院制。其中,一院制议会是由民选议员组成的单一团体行使议会职权的制度。两院制议会是由两个团体共同行使职权的制度。当今世界采取一院制的国家有110余个,包括西班牙、丹麦、希腊、芬兰等;而采取两院制的国家有70余个,包括美国、英国、法国、日本等。

一院制与两院制各有利弊。主张采取一院制的理论是以卢梭的人民主权学说为基础的。首先,代议机关是代表公共意志的,而公共意志只有一个。如果两院意见分歧,其中必有一院不能代表公共意志;如果两院意见一致,其中必有一院是多余的,故没有设立的必要。其次,采取两院制往往会引起议会内部的矛盾,使行政机关有机可乘,容易导致行政机关操纵议会,使代表公共意志的议会丧失能力,这是与人民主权的原则不相符合的。最后,学者认为实行一院制行动敏捷,可避免办事拖拉,同时可以增强议员的责任感,避免互相推诿,可以简化机构,避免浪费人力物力,等等。主张采取两院制的则是以孟德斯鸠的分权学说作为立论基础。一方面,两院之间可以彼此制约,防止团体专制。另一方面,两院制可以缓和议会与行政机关之间的矛盾和冲突,当议会中的一院与行政机关不能协调时,另一院可以从中斡旋,防止双方陷入僵局。①

同资产阶级国家的立法机关有所不同,社会主义国家的立法机关是国家的最高权力机关,不受任何其他的国家机关牵制,拥有最高权力,职权

---

① 参见刘政《关于一院制还是两院制的争论和实践》,载《公民导刊》2008年第7期,第42页。

范围广泛。根据各个社会主义国家宪法的规定,它的职权归纳起来主要有立法权、组织中央其他最高国家机关的权力、决定一切国家重大事务的权力、对其他中央机关活动的监督权。

总体而言,不管处于何种政治体制下,立法机关一般具有五种功能。第一,立法。各国法律均经立法机关决议通过,至少在形式上大多如此,君主的圣旨就是法律的时代已不复存在。第二,监督。各国的立法机关拥有不同形式的监督功能。有的立法机关享有质询权、弹劾权、调查权和倒阁权等,有的立法机关享有对行政部门的政策法案及经费预算的审查权、主要行政官员任用的同意权等。第三,代表。一般而言,立法机关是代表人民和反映民意的主要机关。第四,政治甄选。在竞争性民主体制下,立法机关是国家政治人才的重要甄选渠道。许多国家的行政领袖往往担任过立法机关的议员,特别是在内阁制下,在立法机关担任议员的经历往往是通向部长和首相职位的不二途径。第五,正当性。不管立法机关是否真正能够起到代表和监督的作用,由于立法机关成员由选举产生,因此,立法机关往往是提供政府合法性和正当性的重要制度安排。①

(三) 行政机关

行政机关,是指国家权力机关的执行机关或行政管理机关,通常称为政府。按照职权和管理的范围,行政机关可以分为最高行政机关和地方行政机关,即中央政府和地方政府。

一般而言,不同政府组织形式的国家,其行政机关的结构也存在不同,主要有五种模式。第一种是内阁制政府,也称议会制,起源于18世纪的英国,现在被英国、日本和意大利等多数资本主义国家采用。它是一种由责任内阁总揽国家行政权力并对议会全权负责的政府组织形式。第二种是总统制政府,起源于18世纪的美国,现在常见于巴西、阿根廷等大多数拉丁美洲国家和大多数中亚、非洲国家。它是一种一院行政体制,由总统同时兼任国家元首与政府首脑,并由其总揽行政权力的政府组织形式。第三种是半总统制,源于总统制在法国的变形,目前实行半总统制的国家有法国、俄罗斯、乌克兰等。它是一种介于内阁制与总统制之间的政府组织形式。第四种是委员会制政府,起源于瑞士。它是指最高国家行政机关的

---

① 参见周继祥《政治学:21世纪的观点》,威仕曼文化事业股份有限公司2005年版,第305-308页。

决策权和管理权按协商一致的原则,交由委员会集体行使行政权力的政府组织形式。第五种是国务院体制,这是中国特有的中央政府组织形式。国务院作为我国最高行政机关,由每届全国人民代表大会第一次会议选举产生,是最高国家权力机关的执行机关,对全国人大及其常委会负责并报告工作。[1]

行政机关的职责范围较为广泛,主要包括五个方面。第一,组织必要的人力物力,贯彻立法机关通过的各项决策、议案、提案;第二,制定各项政策,发布行政命令,管理社会经济、文化、科学、教育和卫生等各方面的工作;第三,领导全国行政机关工作,聘用、管理、任免行政工作人员;第四,负责或协助处理军事力量的编制、训练、调遣和指挥事宜;第五,处理对外事务。[2]

(四) 司法机关

司法机关,是指代表国家行使审判权和法律监督权的国家机关,包括审判机关和检察机关,即法院和检察院。在奴隶制和封建制时代,虽然在国家机构中也设立过司法机关,但由于那时立法、司法、行政没有明确划分,司法机关是从属于王权的,或者是与行政机关混同的。近代资本主义国家三权分立原则确立后,司法机关逐渐脱离立法机关和行政机关,成为独立行使司法权的国家机关。

司法机关行使司法权的范围主要包括四个方面。第一,独立审判权。在法院内部,法官之间相互独立,互不从属,法官根据自己对法律条文的意义和对正义准则的理解来判案。法院体系内不同层级的法院之间也不存在领导与被领导的关系。第二,立法权。司法机关对宪法和法律的解释,以及在司法审判中创制判例,都是立法行为。第三,违宪审查权。法院具有通过司法程序对立法机构和行政机构制定的法律法令或政府官员的行为是否违宪进行审查和裁决的权力。第四,行政裁判权。这针对的是行政机构及其工作人员行政行为违法、失职、越权或其他过失所引起的诉讼,本质上是为了防止公民合法权益受到行政权力的损害,或对损失进行补救。[3]

---

[1] 参见舒放《政治学教程》,中国人民大学出版社2013年版,第62-69页。
[2] 参见王浦劬《政治学基础》,北京大学出版社1995年版,第261页。
[3] 参见肖滨《政治学导论》,中山大学出版社2009年版,第219页。

本章小结

政治学家伽纳曾指出,"政治科学以国家为研究的起点和终点"①,"国家"这个话题一直是政治学的核心命题。在本章,我们从早期国家的起源讲起,分为三节,探讨了国家的本质和职能等相关国家理论,国家的形式及国家的结构,这些有益的讨论为认识国家奠定了较好的基础。但也诚如学者所论述的,"国家问题是一个最复杂最难弄清的问题,也可以说是一个被资产阶级的学者、作家和哲学家弄得最混乱的问题"②。关于国家的定义、国家的功能和国家的组织方式,不同的政治思想家、政治学家都有不同的着眼点,形成对"国家"的不同界定。

除了学者不同的解读方式,国家的复杂性和多元性,也在于其面临环境的多变性,不同的历史条件、经济文化发展水平、统治者的阶级利益等等,都会影响到国家的权力设置和结构安排,而形成不同的国家治理模式。随着全球化格局的形成,每个独立的国家也会受到国际形势的影响,人们对国家的解读也需因应具体的国情和实践情势的变化。但应该说明的是,国家的各项制度安排没有明确的好坏之分,例如资产阶级国家较多实行分权制衡原则,而社会主义国家较多倾向于"议行合一"的原则,双方没有孰优孰劣,不同的国家有其特殊性,因而也应该有与其相适应的国家制度安排。

在当下的中国,国家治理正成为学界流行的学术研究领域。中共十八届三中全会已经明确提出要推进国家治理体系和治理能力现代化,而在这伟大的时代命题面前,认识国家是我们应该迈出的第一步,否则国家治理研究将显得空洞。

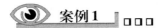

美国"五角大楼文件"案

1967年,尼克松政府时期的国防部长麦克纳马拉为了检讨陷入泥潭的

---

① [美]伽纳:《政治科学与政府》,转引自王浦劬《政治学基础》,北京大学出版社1995年版,第18页。
② 中共中央马克思恩格斯列宁斯大林著作编译局:《列宁选集》(第4卷),人民出版社1995年版,第41页。

越南战争的教训，命人组织了一个"越战历史专题组"，收集了几十年来的各种资料，1969年汇集成7000多页的研究报告并被列为绝密文件，即"五角大楼文件"。1971年3月中旬，《纽约时报》获得了这些文件的复印件。为了揭露美国政府在越南战争问题上对美国人民的欺骗行为，《纽约时报》决定自1969年6月13日起以连载形式公布"五角大楼文件"的主要内容。6月16日，尼克松政府以触犯联邦反间谍法为由，将《纽约时报》告到纽约的联邦地区法院。6月19日，纽约法院接受了《纽约时报》的看法，认为文件是"一项历史研究"、无害国家安全的立场，并认为政府没有能够证明美国国家安全因为文件的发表而受损。不过，法官也应政府要求下达了禁止进一步发表文件的临时禁令。但在《纽约时报》停止刊登越战文件期间，手中同样在握有"五角大楼文件"的《华盛顿邮报》6月18日又接着连载文件。尼克松政府又把《华盛顿邮报》也告到华盛顿的联邦地区法院。华盛顿法院直接驳回了政府的禁令要求。6月25日，《纽约时报》在联邦巡回上诉法院上诉败诉后向联邦最高法院提起上诉。1971年7月30日，美国联邦最高法院9位大法官以6票对3票支持《纽约时报》，要求取消禁令。

在支持媒体的6份意见书中，"五角大楼文件案"最常被引用的经典内容是由布莱克大法官执笔、道格拉斯大法官加入的法律意见。

布莱克大法官："对《纽约时报》和《华盛顿邮报》的禁制令，每拖延一秒钟都是对宪法第一修正案的冒犯。美国的新闻自由，其目的是为被统治者服务，而不是为统治者服务。只有一个自由的、不受约束的新闻界，才能揭露政府的欺瞒。"最后，他抨击了政府机构的保密观念，他说："国家安全这个词过于宽泛，过于模糊，是不能进入以宪法第一修正案为基础的法律的。以牺牲代议制政府知情权为代价来保护军事和外交秘密，这种做法不会为我们共和国提供真正的安全。"

大法官道格拉斯说："发表'五角大楼文件'可能会造成很大的冲击，但是这不是对新闻界实行预先约束的理由。宪法第一修正案的首要目的是防止政府压制新闻界，约束信息流通。"他回顾历史说："先辈们确立宪法第一修正案，就是为了防止有权势的人，利用早期反颠覆、反诽谤的法律来惩罚信息的传播。政府内部的秘密性，本质上是反民主的，是在维护官员系统的过错。对公共议题的公开讨论和争辩，对我们国家的健康，至关重要。"

案例资料来源：龚刃韧：《从一则旧闻看美国新闻出版自由的意义》，载《纽约时报》2016年

4月7日。有改动。

讨论思考题：

1. 请围绕整个"五角大楼文件"案例，讨论分权制衡的原则如何在实践中加以运用。

2. 《纽约时报》和《华盛顿邮报》两个案件分别上诉到不同的联邦地区法院，即纽约法院和华盛顿法院，一个下令继续维持禁令，并且要求重审；一个支持对《华盛顿邮报》的判决。围绕这不同的判决，讨论美国的司法独立。

3. "政府内部的秘密性，本质上是反民主的，是在维护官员系统的过错。对公共议题的公开讨论和争辩，对我们国家的健康，至关重要。"那么，"国家安全"与民众知情权该如何平衡？

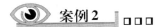

英国公投"脱欧"事件

2016年6月23日晚间10点，英国"脱欧"公投计票结果出炉，"脱欧"阵营以51.9%对48.1%赢得此次历史性的投票，超过1741万英国民众选择"脱欧"，"脱欧"选项以100万票优势拿下公投。英国"脱欧"终于成为出乎预料却必须接受的现实。当地时间6月24日，英国首相卡梅伦在唐宁街10号发表讲话并宣布辞职，英国政局面临洗牌。

在英国媒体的事后采访中，一些选民表示没有想到真的会"脱欧"，因此投票给"脱欧"仅仅是表达一种态度，或者模棱两可之间投票给了"脱欧"，意图改变现状试试看，而这些选民事后表示后悔如此投票。谷歌统计，在"脱欧"之后关于欧盟的热门搜索显示，很多人并不知道欧盟是什么、欧盟有哪些成员国。英国议会网站上，大量网民要求二次公投。

在关于英国公投"脱欧"的评论中，出现了两种声音。

一类是支持公投"脱欧"的。无论从事实上还是概念上分析，民主机制无法保障每一次决策都得到正确或者是好的结果，尤其是当对正误的判断需要事后一段时间参考更多因素、等待更多决策后果出现才能明晰的时候。民主作为一种机制，本身就无法仅仅依靠过程对结果实行全面的控制。"脱欧"还是"留欧"，本来就难以判断哪一个才是正确选项，以公投结束后仅仅两天时间里的观察结果来判断正误更不是一个可靠的方式。"留欧"当然是一个确定选项，但"脱欧"的不确定性和风险不必然预示着英国会得到一个坏结局。退一步说，即使确认了"留欧"才是正确的选项，民主机制是否有责任保证每一次决策的结果都正确，民主的正当性是否要建立在获得正确结果的基础上？

另一类是反对公投"脱欧"的。这类观点认为，即使"脱欧"不是民主的失败，却是民主走向了民粹的结果。代议民主可以依然是一个合理的制度，一个好的制度，但是民粹把持的公投却损害国家，同时也破坏了民主，民主让英国走上了"脱欧"的错误道路。如果将决策交给议会的精英，或者追随坚定的"留欧"派首相卡梅伦，"脱欧"自然就不会发生。

案例资料来源：孙金昱：《公投"脱欧"是民主的失败？》，澎湃新闻网，2016年6月28日。有删改。

讨论思考题：

1. 对于案例中的两派关于民主公投的不同观点，你如何看？
2. 英国公投采取的是"直接民主"的形式，由选民直接决定国家的重大事务。有人认为这样过于草率，由议会代议决定更为稳妥。请就此谈谈直接民主和间接民主的利弊。
3. 重大的国家决策应该充分相信普通民众还是交由国家决策机关决策？

复习思考题

1. 如何理解国家的概念与本质？
2. 简述关于国家起源的几种学说。
3. 国家政权组织形式有哪些类型？
4. 简述现代国家的主要国家机构及其职责。

第二章 政 党

第一节 政党的界定与功能

一、政党的产生与演变

当代世界，无论是在政治生活中，还是在社会生活中，政党都发挥着无比重要的作用。政党在政治生活中影响着一个国家的政治走向、政策决断；政党在社会生活中为社会提供示范标杆，影响社会风气和经济发展。

政党的产生源远流长，人类活动当中有宗派、群体、派系之分，就开始有政党活动。根据萨托利（Giovanni Sartori）的研究①，当人们不再把政党活动看作是对共同福利的损害，"政党"这个词汇才逐步取代"宗派"这个贬义的词汇，被人们广泛使用。人类社会进入资本主义时代以来，为了适应政治斗争与政治参与的客观需求，现代政党应运而生。17世纪以后，欧洲有些国家的政党逐渐向具有近现代意义的政党演变，这个过程是"缓慢且让人难以忍受的——不论是在观念上还是在事实上"②。政党活动逐步发展的结果是出现政党制度。根据政党的数目多寡不一，分成一党制、两党制、多党制等。英国、美国是两党制的典型，法国是多党制的代表。根据政党存在的政体不同，可以分为资本主义政党和社会主义政党。进入19世纪70年代，随着无产阶级与资产阶级之间斗争的加剧，以及马克思主义的传播，开始出现了一批社会主义政党，这些政党以马克思主义作为自己的指导思想。政党的组织形态也有不同，传统的政党组织形态松散，20世纪以后，逐步形成了组织严密的专政政党，以苏联共产党和德国纳粹党为代表。如今，政党已经成为当代国家政治制度的基本要素，现代国家离不开政党而存在，当然不同国家都有不同的政党制度及不同的政党活动，但是每个执政党都在实践中争取更多的执政时间。

---

① 参见［意］G. 萨托利《政党与政党体制》，王明进译，商务印书馆2006年版，第11页。
② ［意］G. 萨托利：《政党与政党体制》，王明进译，商务印书馆2006年版，第11页。

(一) 英国、美国等资本主义国家政党产生的历史

英国：现代政党的雏形诞生于英国。早在1215年，英国通过了《大宪章》，为宪政体制打下了基础。到1640年，在资产阶级革命当中的英国议会逐步分化为两大派系，在议会下院中支持过往实行君主制的集团逐步形成了宫廷党，反对君权支持实行共和制的集团逐步形成了民权党。1671—1681年，英国王室出现皇位继承危机；1679年在关于约克公爵王位继承权的议会会议上，持赞成意见的多数宫廷党人被政敌斥为"托利党"（意为"歹徒"），持反对意见的多数民权党的人被政敌讥讽为"辉格党"（意为"强盗"）。两党多年处于对立局面。1833年，托利党根据建议正式命名为保守党，辉格党也得名自由党。1922年后，英国工党开始取代自由党，并且与保守党轮流执政至今。当代英国保守党，主要指奉行传统资产阶级意识形态，坚持自由资本主义制度，强调要实现民主、有限政府、社会正义、个人自由和公民自由，经济上主张实行有竞争的市场经济，支持全球化。英国工党是一个民主社会主义的党，致力于创造一个"权力、财富和机会掌握在多数人而不是少数人手中"的社会。主张全党的工作方向为：服务于公共利益的富有生机的经济、公正的社会、开放的民主制、健康的环境。[①]

美国：最初，美国形成联邦党和反联邦党两个集团。南北战争后，美国才出现延续到现在的民主党和共和党轮流执政的局面。自富兰克林·罗斯福以来，民主党的支持力量是少数民族、劳工阶级和各种族群的联盟。共和党为支持私人市场体制、保持强大的军事防御力量，奉行较高的伦理标准，并减少犯罪和税收。而在2016年的大选中，特朗普让共和党转而成为维护美国普通百姓的代表，希拉里所带领的民主党维护的是精英阶层。

美国政党之争被形象地称为"驴象之争"，即民主党"驴子"与共和党"大象"之争。民主党选用"驴子"为标志，可以追溯到1828年。当时，杰克逊参加第七任总统竞选，竞争对手以其名字的谐音称其为"公驴"，嘲讽其愚笨如驴。杰克逊索性把驴子的形象登到了竞选海报上，政治漫画家则把候选人塑造成为骑驴竞选的形象大力宣扬。1880年，民主党以驴子作为勤劳、谦虚、驯服和可爱的党派象征，随后被大众所接受。民

---

① 参见陈露《英国工党章程》，载《当代世界社会主义问题》2008年第3期，第57-67页。

主党的群众基础主要是劳工、公务员、少数族裔和黑人。1874年，共和党使用大象作为标志，象征安全及稳重。共和党代表的主要是大城市郊区和南方的白领工人及年轻劳动者，第二次世界大战以后，新生的中产阶级成为共和党的支持力量。

法国：多党制以法国最为典型。1789年大革命后，法国政治领域有30多个政治派别在活动，这些派别在当时国民议会的选举中势均力敌，没有任何一个派别能够压制其他派别，取得稳定的多数左右政局。为了争取成为议会的多数进而上台执政，各派别组成政党联盟参加竞选。目前，法国政党主要包括"共和国前进"运动党、法国共和党、法国社会党、国民阵线、法国共产党、法国民主运动党。除此之外，还有右翼政党——保卫法兰西运动、保卫法兰西联盟；左翼政党——左翼共和联盟、共和与公民运动、左翼激进党；中间派政党——公民运动—共和之极；极右政党——全国共和运动；极左政党——法国工人斗争党、法国革命共产主义者同盟。2017年6月19日，马克龙所属的"共和国前进"运动党与中间派盟友赢得国民议会577席中的341席，成为国民议会中最大的势力，打破了法国社会党为主的左翼阵营和法国共和党为主的中右翼阵营数十年轮流执政的格局。

日本：19世纪70年代，明治维新之后的自由民权运动中，孕育了日本政党的雏形。19世纪80年代，日本自由党和立宪改进党宣告成立，标志着日本政党趋于成熟。1896年，日本历史上出现第一个政党内阁。1940年，日本军国主义盛行，奉行法西斯统治，所有政党被解散，标志着政党政治结束。第二次世界大战之后，日本进行了资产阶级民主化改革，各政党相继重建、合并、改组，逐步形成了多党林立的局面。当前日本的主要政党包括：日本自由民主党、日本民进党、日本社会民主党、日本共产党、日本公明党、日本民社党等。2017年10月22日，安倍晋三领导的自由民主党及盟友公明党赢得日本众议院2/3议席，安倍晋三第四次当选首相。

（二）古巴、老挝等社会主义国家政党产生的历史

古巴：1902年，古巴独立后不久，逐步产生了共产主义和无政府主义组织。20世纪20年代，古巴共产党创立，后来因选举的需要将其改名为"人民社会党"。1961年7月，菲德尔·卡斯特罗领导的"七二六运动"、

人民社会党和"三一三革命指导委员会"正式合并为古巴革命统一组织，1963年5月改名为古巴社会主义革命统一党，1965年10月3日又更名为古巴共产党。所以，古巴共产党是联合党。古巴共和国宪法第五条规定，古巴共产党——工人阶级的有组织的马克思列宁主义先锋队——是社会和国家的最高领导力量，它组织和指导大家共同努力，以求达到建设社会主义和向共产主义未来推进的崇高目的。

老挝：老挝人民革命党是老挝人民民主共和国的执政党，成立于1955年，奉行共产主义。原名为老挝人民党，1972年改为"老挝人民革命党"。老挝人民革命党在其章程中申明：老挝人民革命党永远坚持马克思列宁主义，坚持党的工人阶级性质及其先进性和斗争性，提高党的领导能力和领导作用，反对个人自由主义、机会主义，反对官僚作风及其他消极现象。它的政党宗旨是领导全国人民进行革新事业，继续建设和发展人民民主制度，建立一个和平、民主、统一和繁荣的老挝；但是反对多党制和多元化，不允许成立其他政党和政治派别。因此，除了老挝人民革命党外，老挝没有其他政党和政治派别。

（三）政党产生的历史过程

1. 议会"内部产生"的政党

西方国家的政党一般产生于议会内部的斗争，即议会内部关于重要政治问题的争论，一般是以派别的形式出现，后来这些派别经过政治活动逐渐结成政党。1679年，英国出现了代表资产阶级和新贵族利益的托利党和代表地主贵族利益的辉格党。在后来的选举改革、议会改革中，托利党和辉格党逐渐发展队伍，完善组织，演变为全国性政党，并改组为保守党和自由党。无独有偶，美国独立后，国会在关于联邦建设的问题上出现了两大政治派别——联邦党人和反联邦党人，这两大派别在19世纪60年代逐步演变为现在的民主党与共和党。

2. "外部产生"的政党

发展中国家的政党一般产生于议会外部，特别是出现在民族解放和独立斗争的过程之中，例如工人阶级政党。这些政党主要来自反对资产阶级的早期工人组织。随着马克思主义的产生，工人运动进入到有理论、有组织的发展阶段。1847年，第一个国际性的工人阶级政党——共产主义者同盟成立，这是由马克思、恩格斯创立的政党性组织。到1869年8月，第一个民族国家范围内的工人阶级政党在德国创立了，这就是德国社会民主工党。随着共产主义的传播及与不同国家国情的结合，到 1903 年，列宁创立了俄国布尔什维克党这一革命型政党。1921 年，马克思主义与中国工人运动相结合产生了中国共产党。

（四）政党产生的条件

古代西方和东方都曾出现过政党性的组织，古希腊曾出现过贵族派与民主派的斗争。古代东方的中国也出现过"牛李党争"、新党与旧党之争、东林党与阉党之争、帝党与后党之争。这里所谓的"党"更多的是"宗派"的贬义概念，萨托利认为，"'party'（党）本身只是在更为宽泛和模糊的意义上被使用的"[①]。现代政党是在近代资本主义社会经济、社会、政治、法律条件逐步具备而发展出来的结果。

1. 经济条件

资产阶级夺取政权后，从法律上确立了"私有财产神圣不可侵犯"，形成了契约自由和自由竞争为核心的理念，资本主义社会产生了激烈的竞争，为了在竞争中获利，那些利益相同的阶层和集团共同联合起来，组成政党组织，除了在经济上合作以外，还在政治领域联合起来。

2. 社会条件

资产阶级革命打破了封建体制之下的人身依附关系，促使人口自由流动，生产力的发展推动了专业化的社会分工，这让不同的利益阶层进行了新的组合，社会利益也随之进行调整。现代无产阶级就是由于工场手工业进入社会化机器大工业而形成的新的社会阶级，无产阶级政党正是在这个基础上形成的。

3. 政治条件

资产阶级民主革命的成功，资本主义民主制的确立，使资产阶级内部各阶层、各集团都获得了参加国家管理的自由和平等的权利，也获得了有组织地进行政治活动的空间和舞台。资本主义议会制度的建立，给资产阶级各阶级代表提供了合法的活动场所，可以在议会中通过和平的选举获取执政权力，议员在议会中决议国事，这为资产阶级政党的产生提供了最理想的条件。随着资产阶级与无产阶级之间的对立与斗争，无产阶级政党在

[①] ［意］G. 萨托利：《政党与政党体制》，王明进译，商务印书馆 2006 年版，第 13 页。

资本主义民主制下也逐步产生。

4. 法律条件

资产阶级取得政权后，对基本人权进行保护，如言论自由、结社自由和集会、游行自由等，这为自由组织政党、宣传党的政治纲领、进行社会动员提供了法律保障。

5. 思想条件

为了适应资本主义经济发展和反封建政治斗争的需要，资产阶级的生产活动强烈要求废除经济束缚，"竞争""平等"便成为商品经济中的基本客观要求；资产阶级的政治活动强烈要求废除封建政治束缚，自由、平等、博爱的口号被人们广泛接受。资产阶级的民主、自由、平等观念的广泛传播，为现代政党的产生奠定了思想基础。

（五）政党的划分

（1）根据是否被法律允许，可以分为合法政党、非法政党。合法政党是指被一个国家的法律承认，能够公开参加政党政治的政党；而非法政党是指被政府取缔、不准其公开活动的政党，一般都是激烈反对现行制度或现政权的政党。

（2）根据政党在政治生活中的性质和作用大小，可以分为体制内政党和体制外政党。体制内政党是在国家政治生活中起主导作用或产生重要影响的一个或多个政党。体制外政党虽然是合法存在，但在国家政治生活中起到非常小的作用，实际上是在政党竞争之外的小型政党。

（3）根据政策倾向的不同，可以分为左翼政党、右翼政党。1789年法国大革命，国王召开三级会议，国王右边的席位坐的是僧侣和贵族，左边的席位上坐的是第三等级即城市平民、工人和农民。在随后召开的国民会议上，赞成革命的成员在议会讲台的左边，反对革命的在右边。以左与右来区分政党色彩和政策倾向，即所谓"左翼""右翼"，由此得名。

不同历史时期，"左翼""右翼"的内涵发生了变化。19世纪后半叶，左翼政党更加强调社会平等重于经济增长，如欧洲各国的社会党、社会民主党和共产党。右翼政党追求经济增长重于社会公平。20世纪70年代以后，不同政策倾向的政党为了吸引更多中间选民，逐步调整施政理念。传统左翼政党把抗议和反对资本主义现存秩序的一切人群作为自己的争取对象；传统右翼政党则在社会福利、社会保障制度方面吸收了左翼政党的做法。在政党政纲和政治意识形态上,各种类型的政党都有淡化左与右之间政治分野的趋向,表现出博采众长的中间主义精神,以最大限度地扩大其政治支持基础。

(4) 根据政党的纲领,可以分为共产主义政党、民主社会主义政党、保守主义政党、民族主义政党、生态主义政党、法西斯主义政党等。自由主义政党、保守主义政党、法西斯主义政党均属于资本主义政党,主要是维护资本主义制度、固守资产阶级世界观和价值观等。民主社会主义政党,大多是主张在维护资本主义制度的前提下进行政治、社会改良。共产主义政党,是各国无产阶级先进分子的组织,将马克思与恩格斯创立的科学共产主义与本国实际结合起来,指导政治实践。民族主义政党,是以争取或维护民族独立、发展民族经济为主旨的政党,大多以民族资产阶级的代表为主体。

(5) 根据政党的领导方式,可以分为革命党与执政党。革命党是以打破现存的国家政权,建立一个统一、集权的政权为目的的政党。执政党是掌握或领导国家政权,负责组织政府、维护社会稳定发展的政党。有学者认为,区别革命党与执政党的四个维度是党政关系的维度、党法关系的维度、党群关系的维度和党内关系的维度。[①] 可以从六个方面更进一步细致地区分革命党与执政党。第一,权力来源:革命党的权力来自党自身,执政党的权力来自民选。第二,权限大小:革命党的权力几乎不受限制,执政党则必须依照宪法、法律的规定活动。第三,组织构成:革命党以阶级为严格的划分标准,执政党一般以社会大多数阶层为组织基础。第四,中心任务:革命党以革命的专政为中心,执政党以经济建设为中心。第五,行为手段:革命党以命令、计划手段领导,执政党则转向间接调控、协商为主。第六,口号政策:革命党的政治性政策较多,执政党以经济、社会事务为主。

(6) 根据群众基础,可以分为精英型政党与群众型政党。何增科指出,精英型政党一般强调精英在政党政治中的重要作用,"对党员资格有着严格的要求,注重从社会精英人物或优秀分子中吸收党员,党内实行严格的组织纪律和自上而下的层级节制。决策权集中在党内高层精英手中,

---

① 参见张书林《区别革命党与执政党的四个维度》,载《理论探索》2006 年第 5 期,第 52–55 页。

普通党员在党内的发言权十分有限"①。而群众型政党为了赢得选举或其他目标，就会尽可能地扩大成员的数量，在成员资格方面采取宽松的标准，对成员的社会身份及入党条件等不做特殊规定。精英型政党相比群众型政党具有更强的内部凝聚力和对外的战斗力。

新加坡的人民行动党是个精英党。新加坡尽管是一党执政，但政治体系是向社会开放的。从建国开始，新加坡的领导人就意识到，在一个没有任何资源的国家，政治人才是国家生存、发展和提升的关键。新加坡要培养这些最优秀的人来从政。在新加坡，政府的公务员是内部选拔的，但政治精英很多是社会为执政党培养的，领袖人物在成为执政党领导人之前，都是社会各方面的精英人才。他们在哪个领域成功了，执政党才邀请他们入党，为国民服务。

中国共产党也是一个精英党，中共十八大 2270 名党代表中，大专以上学历的代表 2122 名，占 93.5%。中共十九大 2287 名代表中，大专以上学历的代表 2154 名，占 94.2%。②

二、政党的定义和特征

（一）政党的定义

英语中的"政党"（party）一词，源自拉丁语的动词"partire"，意为划分或分割，在 17 世纪之前没有以任何重要的方式进入政治语汇。③ 最先进入英语的词汇形式是 part，意为社会的一部分。17 世纪后，表示"部分"的 part 演化成"政党"party，意为某种政治组织。政党和宗派不同。宗派是一个更加古老的术语，一直被用来指从事干扰和有害的极端行为的政治集团，因此，"自罗马时代到 19 世纪，宗派这个名字之令人厌恶是不需要任何证明的。在西方政治思想整个传统中，几乎没有任何一个作者提出不同的意见"④。政党与宗派同样具有贬义，虽然较少一点。萨托利援引博林布鲁克的话指出，"政党之治理……必终结于宗派之政府。……政党

---

① 何增科：《政党的转型与现代化》，载《理论参考》2003 年第 2 期，第 81-84 页。
② 参见《中组部就党的十九大代表选举工作情况答记者问》，新华社，2017 年 9 月 30 日，见 http://news.cctv.com/2017/09/30/ARTIYWrVBOWYXk3a19tBZgV4170930.shtml。
③ [意] G. 萨托利：《政党与政党体制》，王明进译，商务印书馆 2006 年版，第 13 页。
④ [意] G. 萨托利：《政党与政党体制》，王明进译，商务印书馆 2006 年版，第 12 页。

乃政治之邪恶，而宗派则为所有政党中最恶者"①。美国第一任总统华盛顿在 1769 年的离职演说中提醒当时美国的政治精英要警惕政党的有害影响，而几十年后，托克维尔在《论美国的民主》一书中指出，"政党是自由政府生来就有的恶"②。

"党"这个概念的贬义内涵，不只是在西方才有，在古代中国也一直将其作为贬义词来使用。在古代中国，"党"这个字并无政党的含义，不是现代政治文明所指的概念，主要指官场中的小集团或小圈子，大多与极端化利益、私利、权斗有关，如"党羽""党徒""结党营私"等。直到 19 世纪 70 年代，现代意义的"政党"一词才从日本引入中国，19 世纪末 20 世纪初，它才成为中国政治生活中的流行词汇。

"政党"这个概念在世界各国有不同的理解和观念。关于什么是政党，由于历史和文化传统的不同，西方政治学者们在不同时期给出过不同的定义，其中具有代表性的有如下几种。

1. 政党是实现某种主义的团体

埃德蒙·伯克（Edmund Burke）认为，政党是建立在一些人们集体认同的特别的原则至上、以共同努力促进国家利益的联合起来的实体基础上。政党是人们能够利用国家的全部力量和权威实施他们共同计划的恰当的手段。这种政党意图，明显区别于宗派那些为地位和薪水而进行的卑劣而自私的斗争。③ 主义不过是政党要求和利益的集中反映，而不是政党存在的前提。萨托利指出，伯克在政党问题上的突破就在于，他把政党放在了政府范围之内，政党不再是臣民和主权者之间的分界线，而是主权者的一部分，政党是"如何、通过谁依据宪法实行统治"这一问题的答案④。

2. 政党是进行政治选举的手段

当代政治学家哈罗德·D. 拉斯韦尔（Harold D. Lasswell）认为，政党是在选举时以自己的名义提出候选人和问题的特殊化组织。这种看法把政党仅限于选举工具，实际上忽略了政党的其他社会政治功能。

3. 政党是一种权力的组织机构

《美国百科全书》对政党的定义：政党是由个人或团体为了在某种政

---

① 参见［意］G. 萨托利《政党与政党体制》，王明进译，商务印书馆 2006 年版，第 16 页。
② 转引自包刚升《政治学通识》，北京大学出版社 2015 年版，第 183 页。
③ Edmund Burke. Thoughts on the Cause of the Present Discontents, 1770. Perspectives on Political Parties, 2002, pp. 37 – 43.
④ 参见［意］G. 萨托利《政党与政党体制》，王明进译，商务印书馆 2006 年版，第 25 页。

治制度内，通过控制政府或影响政府政策以期行使政治权力而建立起来的组织。① 这种看法把政党简单地归结为政治权力组织机构，既没有指明政党的基础，也没有表明政党与其他政治权力组织有何区别。

4. 政党是获得公职的工具

戴维·杜鲁门（David Truman）认为，政党是一种在追求公职的人们中挑选合适者的机制。② 政党是被官方认定在选举中提出候选人，并能够通过选举把候选人安置到公共职位上去的政治集团。这种看法实际上忽略了人们结成政党的根本目的并不是挑选公职人员，而是为了实现自己的利益。

5. 政党是表达的渠道

萨托利认为，理解这一点是理解政党的一个前提。政党首先而且最主要的是表达的手段：它们是工具，是代理机构，通过表达人民的要求而代表他们。政党的发展是向当权者表达人民的愿望，而不是相反。正是因为政党为表达、沟通及实践被统治者的要求提供了渠道，负责任的政府才成为真正意义上的反应型政府，才确立了政党的基本功能、功能角色和体系地位，才确立了政党赖以存在的理由。③

结合上述内容，政党可以被定义为，是在一定的历史阶段，一定阶级、阶层中的成员，基于共同的意志，为了共同的利益，采取共同的行动，以取得政权或维持政权，或者影响政治权力的运作而建立的政治组织。

（二）政党的特征

政党属于政治组织，但又有别于一般政治派别；政党属于政治上层建筑，但又有别于国家权力机关；政党属于社会组织，但又不同于一般社会团体。作为一种特殊的社会政治组织，政党具有自己的特征。

1. 政党具有明确的政治纲领

政治纲领主要是关于政党获得政权的方法和途径，以及获得政权后的执政目标。政党之间的区别主要表现为政治纲领的不同，不同的政党有不

---

① 转引自吴惕安、俞可平《当代西方国家理论评析》，陕西人民出版社1994年版，第382页。
② 参见［美］戴维·杜鲁门《政府过程：公共利益与公共舆论 political interests and public opinion》，陈尧译，天津人民出版社2005年版，第294页。
③ 参见［意］G.萨托利《政党与政党体制》，王明进译，商务印书馆2006年版，第56页。

同的政纲，这是因为政党要代表更广泛的阶层，吸引更多的选票，获取执政权力并持续执政。一个政党如果没有明确的纲领，就不可能始终坚持自己路线。政治纲领作为一个政党的指导思想，通常规定了政党的政治目的、任务和方针政策，集中反映了政党所代表的阶级、阶层或社会团体的根本利益和意志。

2. 政党具有明确的政治目标

政治目标主要是为了获得和维持执政权力。任何政党都有自己的政治目标，具体表现为：赢得选举、控制议会和组织政府。明确的政治目标一般包含两个方面：一是获取和维持执政权力，这是所有政党的核心政治目标，政党的各种活动一般都是直接指向政权的；二是实现社会良治和推进社会发展，也是政党为获取和维持执政权力而提出的政治见解和政策主张。为了有效地进行社会动员和组织政治力量，政党需要把党派政治目标升华为特定的政治纲领。

3. 政党具有健全的组织系统和领导机构

固定的组织系统和领导机构是政党组织化运作的基础，也是政党存在的组织表现形式。政党为了获取和维持执政权力，必须广泛吸引优秀成员加入党的精英队伍，用统一的组织规章和纪律，把分散的党员聚集起来，有序地开展各项政治活动，实现自己的政治目标和政治纲领。因此，健全组织系统是政党存在的重要前提，也是政党发挥作用的一条重要途径。现代政党的组织系统，从中央到地方形成一个倒立的树状结构。一般全国性的大党均设有健全的领导机构，如全国代表大会、中央执行委员会、主席等。

4. 政党有一定的组织纪律

随着政党的规模扩张，政党的动员能力和组织能力有所提高，需要政党有严明的纪律支持。一般而言，组织化的政党通过党纪来控制和约束其成员的行为。不同的政党对党员纪律的要求不同，许多西方国家的政党只在选举活动中对党员有一定的要求和约束。奉行保守主义和自由主义的资产阶级政党纪律松散，对党员也无所谓纪律要求，甚至可以自由选择转党。相反，法西斯性质的政党党纪最森严，党员按军事组织进行编制，进入和退出都有严格限制。无产阶级政党是建立在党员自愿服从的基础上，党内的严明纪律和党内的开明民主是相辅相成的。

三、现代政党的政治功能①

(一) 利益表达与利益聚合

利益表达是指提出政治要求的行为与过程,而利益聚合则是指把各种政治要求转变成重大政策选择的行为与过程。正如萨托利所言,一般而言,政党的首要功能是表达,尤其是作为代理人进行利益表达。在阶级社会里,人们分属于不同的阶级、阶层,他们都有自己的利益要求,都希望得到权力上的承认和保障。但这些散乱无序、彼此间千差万别的利益,需要一个组织进行筛选和协调,形成共同的利益诉求,以传达到国家决策机构,使之按照一定的程序加以采纳和立法。在现代社会,阶层分化日益加快、日益多元化,各种利益关系错综复杂,各种利益诉求愈益强烈,对于同一问题也可能有多种民意,这就需要政党将大同小异的民意进行整合,并加以系统的表达。历史和现实表明,能够承担这种利益表达的就是政党,利益表达的能力与程度决定政党的生命力。利益整合是政党的重要功能,体现在政党能决定什么样的要求可直接进入政治决策层,而哪些要求会被搁置。

(二) 政治教育与政治社会化

政治社会化是政治文化的教育和传递过程,社会成员在政治实践活动中接受社会政治规范、政治原则与政治价值,逐步获取政治知识和能力,形成政治意识和立场的过程。政治社会化是政党的重要功能之一,它是社会成员与政治体系之间相互联系、相互影响的互动过程,是社会意识继承与创新的统一。政党通过多方式、多渠道、多手段的社会政治互动,教育社会个体,巩固政治统治,推动政治发展。一方面,从社会成员个体的角度讲,政治社会化是通过学习和实践获得有关政治体系的知识、价值、规则和规范的过程;另一方面,从社会整体的角度讲,政治社会化是社会将政治文化通过适当的途径广泛传播的过程。

---

① 胡伟认为现代政党有五个主要功能:利益表达与利益聚合、政治教育与政治社会化、政治录用与精英输送、参与动员与选举动员、政治整合。这一概括还可以做进一步的扩展。参见胡伟《现代政党发展规律探析:以党建科学化为视角》,载《天津社会科学》2012 年第 1 期,第 48–57 页。

(三) 政治录用与精英输送

政党为了实现自己的政治目标,需要大量的各级干部去贯彻执行,故需要政治录用。录用政治领导人是代议民主的基本价值取向,是民主体制赖以运行的重要基础。政治录用决定了政治体系的容纳范围和担任政治角色者的代表性。政党以其聚集、发现、培育本阶级的政治精英和中坚分子,向选民推出国家各个层级领导人的候选人。但是,培养的政治骨干分子并不限于在党内发挥作用,往往会把自己的骨干分子输送到其他社会政治团体和政府中去,从而扩大政党的作用范围,发挥政党的政治影响力。

一般而言,政党提名候选人是精英输送的重要渠道,主要有四个方面的考虑。①民主 (democratic):在党内政治生活中,根据党章和党的其他有关规定,党员按照有关的民主程序和形式提名候选人。②公平 (fair):全体党员被提名的机会均等。③效率 (efficient):提名候选人是德才兼备的、能够符合标准的。④有效 (effective):提名的候选人能够更好地为社会服务。

同时,政党提名候选人有多种方式。①公民投票:公民投票是一种直接民主制的体现,只要符合条件的公民都可以进行投票。②党内初选:常见于两党制或多党制的国家,这些国家一般会在自己的政党内部几个候选人中选举更为符合的,作为自己政党的代表,参加国家领导人的选举。③选区干部投票:这是间接的选举方式,由选民选出的代表为他们投票。④党中央决定:由党中央集体讨论决定哪个人更适合,党内投票决定。⑤利益团体:在很多情况下,政党的候选人与某些利益团体、财团有千丝万缕的联系。⑥全国性派系领袖:派系领袖一定程度上可以利用自身的人脉,为自己的当选奠定基础。⑦党魁决定:党组织和行政组织的一切事务的决定权力集中于党魁,下级处于被动受控地位,凡事都依据党魁的命令或秉承党魁的指示办理的组织体制。

(四) 选举动员、组织政府或监督政府

选举动员是政党为了完成某项政治性的任务,在群众中所做的宣传鼓动工作。竞争性的政党制度下,政党的重要功能之一就是选举动员。政党如果赢得选举,则负责组织政府、任命官员、掌管国家的内政外交、把自己的纲领与政策付诸实施。为了达到自身的政治目的,政党就必须进行有

效的社会动员。政党为民众提供了经常性、规范性的参与渠道后,一方面保证了人们的正常参与,另一方面又抑制了人们过度参与的倾向。如果不能执政,则可以行使监督政府的权力。

(五)政治整合

现代民主政治的基本状态是利益、价值观念和意识形态的多元与共生。如何整合政治行为主体之间高度分化的利益、价值观念与意识形态,如何在冲突的主体间寻求政治共识,是政党的重要功能。政治整合主要体现在政党将具有不同利益、价值观念与意识形态的社会和政治力量,有机纳入一个具有共识性的理念与行动框架中,维持社会发展稳定和现代国家价值认同的过程。

第二节 政党制度

一、政党政治

政党政治,从狭义上讲,是指一个国家的政权通过政党来行使;从广义上来理解,是指由政党掌权并在社会政治生活、国家事务和政体运作中处于中心地位的政治,这种政治所涉及的内容主要是政党介入政治的原则、方式、状态和结果,以及法律和社会对这些方面的认同程度。它随着政党的产生、发展和在社会政治生活及政体运作中发挥的作用而逐渐形成。就目前的情况而言,政党政治反映了当代民主国家各政党之间的相互关系。

然而,政党政治时而会出现危机,具体表现在五个方面。

(一)寡头政治与民主政治的矛盾

寡头政治不是靠把政权经常保存在同样一些人物手中而使自己永存下去,而是采用轮流的方式使政权从一只手中放下去,又立即被另一只手抓住。不少人有一种错觉,以为民主就意味着一致。其实,民主政治要求在宪法允许范围内,采用矛盾和冲突的形式,构成运行机制和制约机制。正是在这矛盾和冲突的表象下,才有各种政治因素和力量通过对话达成一致。

(二) 政党的结构危机

任何政党都有自己特定的政治目标和相应的组织结构与功能，政党组织还必须不断适应外部变化的环境，持续学习，保持组织弹性、环境适应性和组织活力。政党目标具有一定的稳定性，相对于外部变化的环境，同时又具有一定的滞后性。当外部环境发生变化时，政党追求自身目标实现的困难度和复杂性无疑就会增加，这时就要求政党要么调整组织目标，要么调整组织结构，要么调整组织运行机制，简而言之，政党必须做出回应，否则结构危机爆发，组织终将被淘汰。

(三) 政党的意识形态困境

政党是意识形态的载体，不同政党总是与不同的"主义"连在一起。政党不仅要靠意识形态动员民众、凝聚人心，而且执政后会把意识形态的观念转化为治国理政的政策，以实现党的价值目标。但随着时代的发展，政党特别是有些执政党的意识形态陷入了某种困境，其吸引力和号召力在衰弱，人们的党派意识逐渐弱化。

(四) 权力政治与分赃政治

权力政治是公共权力在政治领域中的特殊表现，它是一种政治性的依赖关系，与所要实现的目的与政治相联系。权力政治是人们选择以力量对比和力量制约方式作为实现和维护自己利益要求的过程中，聚集形成的一种力量，它是在特定的力量对比关系中，政治主体拥有的对其他社会和政治力量及其他政治客体的制约力量。分赃政治是议员在法案上附加的对自己的支持者或亲信有利的条款，从而使他们受益的手段。权力政治和分赃政治导致特权横行、社会断裂、贫富分化、腐败横行，最终将使政党堕落。

(五) 金钱政治与政党腐败

金钱政治用来形容现代政治，主要是金融、实业界的企业家，向政党或政治家提供大量金钱，政党或者政治家利用金钱实惠收买选民，赢得选举，巩固自己的地位，并指使官员给予特定企业好处，从而形成导致政党腐败的特定政商关系，从而衍生了政党活动领域特有的腐败形式。

二、政党制度的含义

政党制度是一个国家关于政党结构及其活动规范的总称。广义的政党制度,是指有关政党本身的组织形态,政党与政党之间的关系及政党与政府、社会之间关系的各种制度的总和。从党际或外部关系的角度看,政党制度主要是指一党制、两党制、或多党制,或是一党领导的多党合作制;从自身或内部关系来看,是指政党自身的意识形态、政治纲领、组织原则、组织体系、活动规范等各项规定。政党制度是国家法律规定或实际的政治生活中形成的政党执掌政权,或者是政党参与和影响国家政权的合法方式。政党制度由国体决定,是政体的组成部分,同选举制度、议会制度和政府体制有着密切的联系。

影响和制约政党制度形成和发展的因素主要有四个。

(一) 社会利益结构

社会成员掌握或支配利益资源的状况决定了社会成员之间的关系,社会资源总体上是匮乏的,因此某些社会成员之间形成了依赖关系。那些能够掌握和支配关键资源的社会成员,在社会生产和政治活动中就占有主动的和优势的地位。对匮乏的社会资源的无序争夺,会产生更大的社会成本,因此,国家及国家的代理机构政府及其代理人必须对这一过程进行控制和调节。这一控制和调节是通过国家来实现的,不可避免地要受到占有主动和优势地位的那部分社会成员的影响,做出的决策必须有利于他们利益的实现。所以,利益结构表达着不同的利益矛盾,利益结构既是利益矛盾达至均衡态势的结果,又是社会成员之间利益关系运作中的动态平衡。

(二) 政治力量的均衡态势

政治力量在国家治理过程当中始终处于从非均衡状态到均衡状态之间往复循环的动态均衡过程之中。任剑涛教授指出,"在国家相对贫困、资源较为短缺、平均配置资源绩效较低、民众政治参与缺失、国家需要精神激励的情况下……由于政治力量在其间发挥着决定性作用,国家政治体制注定的、举国体制下的超大型项目,自然便会将国家治理层面需要考量的资源均衡配置与技术严格程序后置,因此必然导致国家资源宏观配置的失衡"①。国家治理中过程中的政治力量非均衡态势,往往会产生压倒性的政党政治,进而产生独大的政党制度。

(三) 国家的政体

政体是统治阶级采取何种方式组织政权,实现其意志的国家管理形式。不同国家政体规定着政党在不同的国家政治生活中有不同的作用、作用方式和程序。议会君主制政体中,政党需要取得议会中多数席位,才能获得执掌政权的资格。在议会共和政体中,政党的主要活动场所在议会,其主要活动方式是竞争议会席位、控制议会席位,进而控制国家权力。在总统共和制政体中,政党制不仅仅与议会相关,而且与总统直接相关,政党不仅争夺议会席位,而且争夺总统职位,取得总统竞选胜利才能获得执掌政权的资格。在法西斯独裁政体中,只允许一个政党存在和活动,从而形成法西斯一党制。

(四) 选举制度

选举制度影响政党制度的形态。

三、政党制度的基本类型

(一) 按照政党竞争程度,划分为竞争型政党制度与非竞争型政党制度

1. 竞争型政党制度

当今资本主义国家的政党结构主要有两种基本表现形式,即两党制和多党制,政党通过竞争选票或议席的方式而上台执政。两党制是指在一个国家里存在着两个或两个以上的政党,但其中两个主要的政党以轮流上台执政的方式交替控制国家的行政权力的政党制度。取得执政地位的政党称为在朝党或执政党,失败的则在台下牵制和监督执政党及其领导的政府,称为在野党或反对党。英国、美国是最典型的两党制国家。多党制是指在一个国家里存在着多个政党,并由两个以上的政党掌握国家政权的政党制

---

① 任剑涛:《国家的均衡治理:超越举国体制下的超大型项目偏好》,载《学术月刊》2014年第10期,第11-18页。

度。在多党制国家里,往往是由在议会占最多席位的政党单独或以它为主联合其他政党作为执政党组建政府。当代资本主义国家多数都实行多党制,主要有德国、法国等。①

竞争型政党制度的特点包括:①各个政党通过竞选获得执政机会;②选民能够在不同的政党中间选择能够代表自己利益的政党,有利于民主;③竞选执政的政党相对更好地代表民意,并能够接受选民的监督。

2. 非竞争型政党制度

国家长期由一个政党执政的局面,不存在政党之间的竞争。非竞争型政党制度主要有法西斯主义的一党制、民族主义一党制、一党领导制、一党领导下的多党合作制等。

非竞争型政党制度的特点包括:①领导党的权力集中,代表整个国家;②人们的利益表达主要通过各种政治团体;③政党与政府机关的关系密切,政党的组织化、制度化程度较高。

相比较而言,两党制和多党制比一党制更具有竞争性,但是,竞争型并不随着政党数量增长而提高。竞争型政党制度的存在主要是防止政党沦为宗派和精英掌权的工具,积极促进其代表、组织和稳定等功能。竞争型政党制度为处于权威结构之外的普通人提供了接近政治权力的通道,从而实现对权力的分享,使政党政治逃脱"寡头统治的铁律"。②

(二) 按照政党数量,划分为一党制、两党制和多党制

1. 一党制

一党制是指一个国家长期由一个政党执掌国家政权的制度,又可以分为一党独存的一党制和多党共存一党独大制。一党独存是指一个国家只有一个合法政党,党的领袖也是国家领袖,也是军队领袖,实行党化国家的模式。多党共存一党独大制,是指一个国家中允许多党存在,实际上只有一个政党垄断政权,其他政党只有理论上的执政可能。

(1) 法西斯主义一党制。法西斯主义一党制实际上为一党独裁制,明确禁止其他政党的存在,取消议会等民主制度,政党垄断国家政权。法西

---

① 参见沈远新《国外执政党代表机制研究》,中共中央党校博士学位论文,2002年。
② 参见[美]西摩·马丁·李普赛特《寡头统治铁律》(英文版序言),见[德]罗伯特·米歇尔斯《寡头统治铁律:现代民主制度中的政党社会学》,任军锋等译,天津人民出版社2003年版,第25页。

斯主义是垄断资本与封建专制主义、军国主义相结合的产物。在两次世界大战期间，意大利、德国、日本等法西斯国家都实行这种一党制。为了维护自己的统治地位，放弃了资产阶级民主，利用本国的封建专制和军国主义文化传统实行一党专制，进行直接的恐怖活动，公开取缔一切其他政党，严禁一切其他政党和政治团体的活动，实行恐怖专政、血腥统治，对外进行疯狂的军事扩张并发动侵略。

（2）民族主义一党制。民族主义一党制是政治生活中只有一个政党，同时又有议会等民主制度，一定程度上承认公民的民主权利等，主要存在于非洲国家。这些国家为争取民族独立和发展民族资本主义，社会政治的领导力量逐步发展成为民族主义政党，并实行一党制。这种一党制代表本国民族资产阶级的共同利益和要求，承认公民的权利，保障社会经济的发展，维护国家主权和民族尊严，维护国家的统一和独立，抵制外国强权势力的威胁和干涉，反对帝国主义的分裂和奴役。因此，在特定社会发展阶段和政治背景下，实行强有力的一党制有明显的益处。但"冷战"结束后，在政治民主化浪潮的冲击下，民族主义一党制大多解体。

（3）一党独大制。在一些国家国内存在多个政党，但一党占据绝对优势，并且长期处于单独执政的地位，其他政党很难单独上台执政，只能以其他方式影响政策。一党独大制只是形式意义上的多党制。从理论上看，其他政党都有执政的可能，但是实际上小党处于劣势，很难打破一党独占政权的局面。日本占有议席的政党主要有自由民主党、社会党、公民党、民社党、共产党等，其中，自由民主党势力最为强大，自1955年以后长期连续执政，内阁席位只是在自由民主党内的不同派别之间进行分配。1993年后，自由民主党的信誉直线下降，日本国民的矛头不仅指向自由民主党的腐败，更是对准了旧的政治体制和政党体制，政治改革的呼声越来越高。羽田派宣布脱离自由民主党建立"新生党"，另一些人又建立了"先驱新党"，加上6个在野党，组成8党联合阵营，最终自由民主党痛失政权，沦为在野党。从1955年到1993年，自由民主党保持了长达38年的一党独大制。

2. 两党制

两党制是指资本主义国家中两个势均力敌的政党通过竞选取得议会多数席位，或赢取总统选举胜利而轮流执掌政权的一种政党制度。两个主要政党处于垄断地位，通过互相竞争而轮流执政。在野党以合法监督政府、制约执政党的活动为己任,在执政党陷入政治危机时取而代之,从而使整个国家机器正常有序运转。两党制最初产生于英国,目前以英国和美国最为典型。事实上,在实行两党制的国家,除了轮流执政的两大政党以外,往往还存在着其他若干个小党,由于政治力量弱小,因而不可能作为主要政党单独执政,而只能以其他方式和途径影响政府决策和社会政治生活。两党制的优点是有利于政局的稳定;是一个较负责任的体制;比较公平,鼓励竞争,鼓励政府更换,有效防止某一政党无限期地垄断行政权力;是鼓励温和政治活动的体制。缺点是对中小政治力量和新兴政治力量的排斥。

3. 多党制

多党制是指资本主义国家中由多个政党竞争国家政治职位并轮流执政或联合执政的制度。当今世界上,大多数资本主义国家都实行多党制,典型的多党制国家是法国、德国、意大利、日本、瑞典、瑞士等国。

(1) 绝对多党制。有多个政党存在并都在政治生活中扮演重要作用的政党制度。一般而言,很难有一个政党可以单独执政,因此会出现政党联盟执政的局面,容易导致政局动荡。绝对多党制以意大利、法国,尤其是历史上的魏玛共和国和法兰西第四共和国为代表,其特点是政党间的意识形态距离较大,左翼和右翼存在着互不妥协的纯纲领政党。相互排他的在野党势力向执政党挑战,向心力受阻,离心竞争盛行,政权交替频繁。有机会掌握政权的大多是中右或中左势力。

(2) 有限多党制。政党数量有限,一般三到五个,各个政党之间的意识形态和政策倾向接近,政党间的相互作用基本上是"向心力竞争",比较容易形成执政联盟,并且具有鼓励联合政权的趋势,政局比较稳定,主要以比利时、瑞典和荷兰等为代表。有限多党制的优点是给中小政党和新兴政党多少留出一点发展的余地。缺点是不利于实现政府稳定;政府的组成在讨价还价中决定,选民的作用弱化;居支配地位的政党的影响远远超过它所得选票的影响力;政党之间的斗争以观念为核心而非政府权力;等等。

4. 中国共产党领导的多党合作制

在第二次世界大战中,各种民主力量在反对法西斯侵略斗争中联合起来,相互合作、相互信任。第二次世界大战以后,由民主革命过渡到社会主义革命,这些国家的民主党派认识到共产党代表着他们的利益,继续与共产党合作。中国共产党领导的多党合作制度，共产党是执政党，而民主党派是参政党。中国人民政治协商会议第一次全体会议的召开和中华人民共和国的成立，标志着中国共产党领导的多党合作的政治制度的形成。它是中国共产党和各民主党派在中国革命和建设的长期实践中共同确立和发展的，是符合中国国情的基本政治制度。各民主党派是实现祖国统一、民族振兴的一支重要力量，中国共产党与各民主党派长期共存、互相监督、肝胆相照、荣辱与共，共同致力于建设中国特色社会主义。

这一政党制度的主要特征表现在四个方面。

（1）共产党在中国各政党中处于领导地位，各民主党派接受共产党的领导。坚持中国共产党的领导是多党合作的首要前提和根本保证。中国共产党对民主党派的领导是政治领导，即政治原则、政治方向和重大方针政策的领导。通过广泛深入的协商讨论，使党的主张成为各民主党派的共识；要充分发扬社会主义民主，切实为民主党派和无党派人士履行职能、发挥作用创造条件。

（2）各政党共同致力于社会主义事业。共产党和各民主党派都以四项基本原则为共同的行为准则，以实现不同时期的总任务为共同纲领。在新的历史时期，以建设中国特色社会主义为共同的奋斗目标。

（3）共产党与民主党派之间实行政治协商、互相监督。政治协商是中国共产党领导的多党合作和政治协商制度的重要组成部分。中国共产党与民主党派实行互相监督，通过提出意见、批评、建议的方式进行的政治监督，是我国社会主义监督体系的重要组成部分。由于中国共产党处于领导和执政地位，更加需要自觉接受民主党派的监督。

（4）共产党和民主党派都享有宪法规定的权利和义务范围内的政治自由、组织独立和法律地位平等。各政党都以宪法为根本活动准则，负有维护宪法尊严、保护宪法实施的职责。

第三节　选举与政党

一、选举内涵

选举是人们以投票的方式选择统治者的过程，这里的统治者既包括一个国家的最高立法机关的议员，也包括最高行政机关的行政首长，个别情况还包括选举地方立法机关议员和地方行政机关行政首长。

这种经由选举产生统治者的方式通常存在于民主政体之中。在民主政体之中,公民是挑选仆人的主权行使者。统治者由被统治者依照宪法定期选举产生,由此体现出"同意的统治"。

选举是民主政体的核心。可以说,没有选举就没有真正的民主。当然,选举并不代表民主政体的全部,从选举的历史看,并不是有选举的地方就有民主。罗伯特·达尔认为,现代意义上的民主政体,至少包含六个要素:①选举产生官员;②自由、公正和定期选举;③表达意见的自由;④公民有权解除多种信息来源;⑤公民有权结成相对独立而自治的社团;⑥包容广泛的公民身份。选举是保证统治者充分代表和体现被统治者利益的一种途径,除此之外,还有游说、政治结社、全民公投等途径。为了保障民主政体的运行,民选官员与非民选官员相互独立,前者不受后者的牵制;立法机构与行政机构相互独立、相互牵制。

选举的核心是投票。尽管投票并不等于选举的全部,但是没有公民真实自愿意义上的投票,就不可能有自由的选举。因此,对公民行使投票权必须进行制度化保障。这些保障包括四种措施:①为了使被统治者有机会进行挑选,就必须要有差额候选人和相关候选人的信息;②为了使被统治者真实表达自己的意志,就必须要保障投票的安全;③为了使选举的过程能够顺利进行,就必须要有选举的主持和管理机构;④为了解决统治者和被统治者在选举过程中的争议,还必须要有中立的仲裁机构对选举事务进行仲裁。①

二、选举原则

现代国家通常实行普遍与平等、直接(或间接)选举和秘密投票、定期选举等选举原则。

(一) 选举的普遍原则与平等原则

选举的普遍原则,是指凡达到选举年龄的公民,除被剥夺政治权利者外,普遍享有选举权。选举的普遍原则的内涵不断发展。在现代民主发展的早期阶段,资产阶级虽然提出"普遍选举"的口号,动员人民群众参加

---

① 参见何俊志《选举政治学》,复旦大学出版社2009年版,第5-6页。

反封建专制的斗争，但还是对选举权进行了限制，规定了诸如居住期限、财产资格、教育程度、性别、种族等选举资格的条件。直到19世纪末，财产资格被破除之后，性别、人种和受教育程度的限制才逐步废除。20世纪初，普遍选举才成为一些资本主义国家的选举原则。当然，选举的普遍原则仍然是相对原则，各国大都设置了法定年龄、国籍和精神状态三种消极条件。中华人民共和国选举制度规定，凡年满18周岁的公民，不分民族、种族、性别、职业、家庭出身、宗教信仰、教育程度、财产状况、居住期限都享有选举权，依照法律被剥夺政治权利的人除外。

选举的平等原则，是指选民在平等的基础上参加选举。每个选民在一次选举中只有一个投票权，每张选票的效力相等。西方国家曾实行过一人多票原则。如英国曾实行复数选票制，即选举人除可在其住地选区投票外，如占有一定数量的财产或达到一定学历，还可在其营业地选区或大学选区再次投票。这种不平等的选举资格直到1948年才废除，"一人一票，一票一价"现已成为各国普遍采用的原则，中华人民共和国的选举制度也采用这一原则。平等原则的制度性要求包括：①公民享有平等的选举权，不受任何歧视性条款限制；②一人一票；③同票同值；④平等划分选区；⑤保证选区之间平等。[①]

（二）直接选举和间接选举原则

直接选举，指国家代表机关的代表（议员）或其他公职人员由选民直接投票选出。间接选举，指先由选民选出代表或选举人，再由代表或选举人选出上一级代表或国家公职人员。西方国家的议会，下院议员一般由选民直接投票选出；上院议员或总统，有的国家采用直接选举，有的国家采用间接选举。我国采取直接选举和间接选举并用的选举制度，即县级及其以下人民代表大会的代表实行直接选举，县级以上的人民代表大会的代表实行间接选举。这种制度有利于人民能真正选出自己了解的、信得过的代表。

（三）秘密投票原则

秘密投票又称无记名投票，指选举时投票人不在选票上署名，填写的

---

① 参见何俊志《选举政治学》，复旦大学出版社2009年版，第38页。

选票不向他人公开，并亲自将选票投入票箱。秘密投票有利于选民更真实地表达自己的意愿。法国在 18 世纪大革命时开始承认秘密投票，美国独立战争时《纽约州宪法》已有秘密投票的规定，后为许多国家采用。中华人民共和国各级人民代表大会代表的选举都实行无记名投票。

（四）定期选举原则

定期选举作为民主政体的制度保障，免除了统治者一次选举上台就长期占据统治者地位的可能性。通过定期的选举，潜在的精英可以通过选举成为统治者，人民可以根据自己的意愿选择符合要求的统治者。定期选举要求选举必须根据法律设定的时间限制定期进行，除非有明确的法律依据或经由法定程序，任何人不得随意变更选举的期限和时间。

三、选举程序

选举一般包括以下程序：设立选举机构，划分选区，确定选民资格，进行选民登记，提出候选人，竞选，进行投票和计票，等等。

（一）设立选举机构

选举机构是办理国家代表机关代表（议员）或其他国家公职人员选举事务的机构的通称。各国的选举机构有的由立法机关兼任，有的由行政机关兼任，有的则专门设置机构。如荷兰设中央选举委员会，各选区设区选举委员会，各选举分区设分区选举委员会；美国的选举委员会只在州设立，主要由民主党、共和党人员组成，政府委派官员参加；法国的选举工作由内政部监督，各选区设选举局，由行政首脑及其所委任的官员负责监督选举工作。

《中华人民共和国选举法》第八条对我国选举机构进行了规定："全国人民代表大会常务委员会主持全国人民代表大会代表的选举。省、自治区、直辖市、设区的市、自治州的人民代表大会常务委员会主持本级人民代表大会代表的选举。不设区的市、市辖区、县、自治县、乡、民族乡、镇设立选举委员会，主持本级人民代表大会代表的选举。"

（二）划分选区

选区指选举国家代表机关代表（议员）或其他国家公职人员时划分的

区域单位,是选民开展选举活动和产生代表(议员)的基本单位。现代各国一般都实行区域代表制(又称区域选举制),即按照地域划分选区,由各选区分别选出本选区的代表(议员)。选区的划分,通常采取两项原则:①行政区原则,即以行政区为选区划分的依据;②人口分配原则,即按现有人口的多寡为划分选区的依据。

西方国家的选区分为大选区制和小选区制两种。大选区制,又称多名选区制,指在每个选区选出两名以上代表。小选区制,又称单名选区制,指在每个选区只选出一名代表。选区的划分直接与该国的政党制度有关。实行两党制的国家一般采用小选区制,而实行多党制的国家则多采用大选区制。

《中华人民共和国选举法》第二十四条对我国选区划分进行了规定,"选区可以按居住状况划分,也可以按生产单位、事业单位、工作单位划分"。《中华人民共和国选举法》第二十五条规定,"本行政区域内各选区每一代表所代表的人口数应当大体相等"。

(三) 选民登记

选民登记,是指选举机构代表国家依法对享有选举权的公民予以法律认可,使其成为有权参加选举活动的选民的一项选举程序。选举机构依法审查和确认公民的选举资格,将审查合格的公民编入选民名册,并发给选民证。西方国家登记和编制选民名册的方法主要有四种:①职权编制,由选举机构对选民资格经过审查确认后登入选民名册;②申报编制,由选举机构根据选举人的申报登入选民名册;③随时编制,每举行一次选举,编制一次选举人名册;④继续名册制度,由选举机构根据以往的名册进行定期修订,形成新的选民名册。选民登记制度在法国最早实行,英国于1832年开始有选民登记。

《中华人民共和国选举法》第二十六条对我国选民登记进行了规定:"选民登记按选区进行,经登记确认的选民资格长期有效。每次选举前对上次选民登记以后新满十八周岁的、被剥夺政治权利期满后恢复政治权利的选民,予以登记。对选经登记后迁出原选区的,列入新迁入的选区的选民名单;对死亡的和依照法律被剥夺政治权利的人,从选民名单上除名。精神病患者不能行使选举权利的,经选举委员会确认,不列入选民名单。"

（四）提出候选人

西方国家的议员和总统、副总统的候选人的提出有自荐（亲自登记）与推荐两种方式，一般都有政党背景。申请人均须向所属选区的选举机构提出书面申请。有的国家规定，个人申请须提交申请书并付一定数额的选民签名支持（如英国、印度等国）。自荐和推荐均须交付一定数额的选举保证金，如其选票达不到一定票额时，选举保证金即不予退还。

《中华人民共和国选举法》第二十九条对我国代表候选人的提出进行了规定："全国和地方各级人民代表大会的代表候选人，按选区或者选举单位提名产生。各政党、各人民团体，可以联合或者单独推荐代表候选人。选民或者代表，十人以上联名，也可以推荐代表候选人。"

（五）竞选

西方国家在投票选举国会议员和其他国家公职人员（如总统、副总统等）之前，各候选人为使自己当选而展开的争夺选票的活动叫竞选。大选开始后，各政党推出自己的候选人；候选人组织竞选机构，公布竞选纲领，筹措竞选经费，利用电台、电视台、报刊等宣传工具开展宣传，拉选票。这种竞选活动需要大量金钱。例如，1984年美国总统竞选费用高达1.844亿美元。

《中华人民共和国选举法》第三十三条规定："选举委员会或者人民代表大会主席团应当向选民或者代表介绍代表候选人的情况。推荐代表候选人的政党、人民团体和选民、代表可以在选民小组或者代表小组会议上介绍所推荐的代表候选人的情况。选举委员会根据选民的要求，应当组织代表候选人与选民见面，由代表候选人介绍本人的情况，回答选民的问题。但是，在选举日必须停止代表候选人的介绍。"

（六）投票

投票有公开投票和秘密投票两种方式。公开投票有欢呼投票、唱名投票、举手投票、记名投票等方式。现在各国一般采用秘密投票方式，并对投票站与投票箱的设置、投票时间、委托投票、投票监督等方面做出规定。

《中华人民共和国选举法》对投票进行了规定。第三十七条规定："选举委员会应当根据各选区选民分布状况，按照方便选民投票的原则设立投票站，进行选举。选民居住比较集中的，可以召开选举大会，进行选举；因患有疾病等原因行动不便或者居住分散并且交通不便的选民，可以在流动票箱投票。"第三十九条规定："全国和地方各级人民代表大会代表的选举，一律采用无记名投票的方法。选举时应当设有秘密写票处。选民如果是文盲或者因残疾不能写选票的，可以委托他信任的人代写。"第四十条规定："选举人对于代表候选人可以投赞成票，可以投反对票，可以另选其他任何选民，也可以弃权。"第四十一条规定："选民如果在选举期间外出，经选举委员会同意，可以书面委托其他选民代为投票。每一选民接受的委托不得超过三人，并应当按照委托人的意愿代为投票。"

（七）选票计算

西方国家实行非常复杂的选票计算方法，参见选举制度有关论述。

《中华人民共和国选举法》第四十四条对选票计算进行了规定："在选民直接选举人民代表大会代表时，选区全体选民的过半数参加投票，选举有效。代表候选人获得参加投票的选民过半数的选票时，始得当选"，"县级以上的地方各级人民代表大会在选举上一级人民代表大会代表时，代表候选人获得全体代表过半数的选票时，始得当选"。

四、选举制度与政党体系

（一）选举制度

选举制度大致可以分为三大类：多数决定制、比例代表制及混合选举制。①

1. 多数决定制

多数决定制，即在选区内获得多数选票的代表候选人或者政党，可当选或独占该选区议员（或其他国家公职人员）席位的制度。多数决定制又称多数代表制、领先者当选制和得胜者囊括制。

---

① 阿伦·李帕特认为，选举制度最为重要的两个向度是选举公式和选区规模，选举公式主要被区分为多数决定制、比例代表制及半比例代表制；选区规模为一个选区应选的名额。还有当选门槛和议会规模，尤其是"议会规模对于比例代表性与多党分化程度具有强烈的影响力"。参见《选举制度与政党制度：1945—1990年27个国家的实证研究》，上海世纪出版集团2008年版，第10-12页。

多数决定制又分为相对多数决定制和绝对多数决定制。

（1）相对多数决定制。即只进行一轮选举，获得相对多数选票的政党或候选人便当选，或占有该选区全部应选名额。根据选举产生代表的数量，相对多数决定制可以分为两种。①复数选区多数决定制，即是在相对多数决定的原则下，每个选区可以产生两名以上的代表。根据选民投票可选择的候选人数量的多少，可以分为全额连记法、限制连计法和单记名让渡投票制。②单一选区相对多数决定制，又称为简单多数决定制。每次选取只产生一名代表，选民在投票时只能勾选一名候选人，得票最多的候选人即可赢得选举，不需要过半数选票。

（2）绝对多数决定制。又称过半数当选制，当选代表必须获得过半数的选票才可当选。这一制度可以分为两种。①二轮选举制，即参加选举的政党或候选人在选区第一轮选举中，必须获得过半数选票才能当选或占有该选区全部应选名额，否则要进行第二轮选举。在第二轮选举中，各国采用的方法不同，有的采用相对多数决定制，有的则规定须获得过半数选票才能当选，但只对第一轮中获票最多的两个候选人进行再投票。②选择性投票制，又称为偏好投票。选民在投票时，在选票上对候选人进行排序。开票之后，某一候选人所获得的第一偏好票数超过有效票数一半，即可当选。如果没有任何候选人所获得的第一偏好票数过半，则将获得"第一偏好票"最少的候选人淘汰，并将投给这位候选人的"第二偏好票"分别转送给其他候选人。转票之后，如果某一候选人所获得的"第一偏好票"加上转送来的"第二偏好票"超过有效票数的一半，即可当选。如果第一次转票之后还无人得票过半，则再进行一次转票，直到有人得票过半。①

2. 比例代表制

比例代表制是按各政党所获选票数在总票数中所占比例分配议员席位的制度。比例代表制的优点明显：①更能体现选举的公平性；②更能强化政党通过政治纲领赢得选举；③更能体现诚实原则。比例代表制的优点也恰恰能反映出其明显的缺陷：①比例代表制所体现的按选票比例分配议席的原则，可能导致极端主义或者不负责任的政党获得进入议会的机会；②政党有可能成为阻隔选民与代表进行沟通的障碍，使代表不能直接表达选区的利益；③政党领导人在选举过程中可以通过影响选举名单和政治纲

---

① 参见何俊志《选举政治学》，复旦大学出版社2009年版，第70-75页。

领来操纵选举,违背诚实原则。

根据政党内部候选人所获选票是否可以转让,可以将比例代表制分为政党名单比例代表制和单记名可让渡投票制。

(1) 政党名单比例代表制。这一选举制度主要由三个要素构成:①各个参选的政党以选区的代表名额为基础,在每一选区都列出数名候选人;②选民无论投票给政党的哪一位候选人,最后都计入政党的得票;③各参选政党根据在选区所获得的选票比例分享该选区的议席。

(2) 单记名可让渡投票制。单记名可让渡投票制可以看作是选择性投票制和政党名单制的结合体。这种选举制度在大选区实施,与选择性投票制类似,选民在投票时,将候选人进行排序,而与政党名单制不同,选民还可以进行跨党挑选候选人。按照选择性投票制的计票方式计算,选出当选候选人,直到将所有的议席分配完毕。

3. 混合选举制

这是多数决定制与比例代表制糅合而成的一种选票计算制度。混合选举制至今至少有30多个国家实行,超过全球1/5的人口采用混合选举制度。正是因为应用广泛,所以也发展出了比较复杂的形态。

王业立根据多数决定制和比例代表制之间的搭配关系,将混合选举制分为两种:联立制与并立制。①

科特雷等将混合选举制分为三种类型:偏重多数决定制的混合制、偏重比例代表制的混合制和平衡的混合制。②

(二) 选举制度与政党体系

1. 迪韦尔热定律

选举制度直接影响着政党制度的类型。法国政治学家迪韦尔热对此提出了一项定律,被称为"迪韦尔热定律"。"①比例代表制倾向于导致形成多个独立的政党……②两轮绝对多数决定制倾向于导致形成多个彼此存在政治联盟关系的政党;③简单多数决定制倾向于导致两个政党的体制。"③迪韦尔热提出"两个机制"来解释为什么简单多数决定制(即单一选区相对多数决定制)容易产生两党制。第一,机械机制。赢者通吃的基本规则

---

① 参见王业立《比较选举制度》,五南图书出版股份有限公司2006年版,第34-35页。
② 参见[法]让-马里·科特雷等《选举制度》,张新木译,商务印书馆1996年版,第81页。
③ 转引自包刚升《政治学通识》,北京大学出版社2015年版,第181-182页。

之下，小党难以在选区获得席位，小党会被大党吞没。第二，心理机制。选民基于对规则的认可，在投票时不愿将自己的选票浪费投给没有希望的小党，政治精英也不愿意组建小党。

2. 迪韦尔热定律的批判与修正

学者们在研究中发现，即使是在单一选区相对多数决定制的国家，议会当中也存在着两个以上的政党，这是迪韦尔热定律不能解释的现象。从机械机制来看，选举制度不是形成特定政党数量的直接原因，两党制的出现和维系，乃是两党制下政党为了维护和巩固已有地位而产生的结果。从心理机制来看，选民的心理因素是不可捉摸的，选民有时会理性地将选票投给有获胜希望的大党，有时也会甘愿将自己的选票投给没有机会的小党。

迪韦尔热在1986年对自己的定律做了进一步的解释，选举制度对政党体系起到决定性的作用，与政党数量的关系主要体现为"加速"或者"刹车"的作用。迪韦尔热定律仍然有不能涵盖的例外情况，因此，这是一条弱定律。

布赖斯等人根据实证研究的结果，提出迪韦尔热定律的两种机制在选举过程中是发挥了作用的。从心理机制的角度看，这主要是投票前的影响因素，在单一选区相对多数决定制的情况下，精英有收缩政党数量的倾向；而在比例代表制之下，精英有创建新政党的动机，选民也有不同的理性投票模式。从机械机制的角度看，这主要是投票后的影响因素，在选票转换为议席的过程中，选举制度和政党数量之间存在着正相关关系。多数决定制相对于比例代表制，对政党数量的筛选作用更强。①

本章小结

所谓政党，一般是指一个有政治理想的、以执掌政权为政治目标的政治组织，其根本宗旨是通过选举或者斗争等手段来控制政府的重要职能及其运作。从根本上来讲，现代政党的目标是执政。本章梳理了资本主义与社会主义政党的产生与演变的历史，概括了政党产生的五个条件：经济条件、社会条件、政治条件、法律条件和思想条件；区分了合法政党与非法

---

① 参见何俊志《选举政治学》，复旦大学出版社2009年版，第122-123页。

政党、体制内政党与体制外政党、左翼政党与右翼政党、革命党与执政党、精英党与群众党等不同的政党类型。本章还分析了六种典型的政党定义：政党是实现某种主义的团体，是进行政治选举的手段，是一种权力的组织机构，是获得公职的手段，是表达的渠道。在此基础上，本章认为，政党是在一定的历史阶段，一定阶级、阶层中的成员，基于共同的意志，为了共同的利益，采取共同的行动，以取得政权或维持政权，或者影响政治权力的运作而建立的政治组织。现代政党在现代政治中扮演特定的角色，承担特定的功能，包括利益表达与聚合、政治教育与社会化、政治录用与精英输送、选举动员、组织政府或监督政府，以及政治整合。

现代政党政治的开展既受制于政党制度，同时也形塑着政党制度。政党制度既受国体和政体的影响，也受到选举制度的影响，"迪韦尔热定律"被认为是最具有说服力的一种理论，这一理论在现实中也在不断地被修正。政党政治与国家良治水平和政府的稳定性及民主本身等稳定性密切相关是不争的事实，尤其是极化政党体制不利于政府与民主政体的稳定。①

案例 1

中国共产党十九大代表的构成与遴选

从中国共产党十九大当选代表情况看，结构与分布比较合理，各项构成比例均符合中央要求，具有广泛代表性。主要特点有六个。

一是生产和工作第一线党员代表比例明显提高。当选代表中，生产和工作第一线党员771名，占33.7%，比党的十八大增加79名，提高3.2个百分点。其中，工人党员代表198名（农民工党员27名），占8.7%；农民党员代表86名，占3.8%；专业技术人员党员代表283名，占12.4%。

二是女党员代表、少数民族党员代表数量增加。当选代表中，女党员551名，比党的十八大增加30名，占24.1%；少数民族党员264名，比党的十八大增加15名，占11.5%，涵盖43个少数民族。31个省区市女党员代表和少数民族党员代表所占比例，均高于女党员、少数民族党员占本地区党员总数的比例。

三是代表分布广泛。当选代表来自方方面面，经济、科技、国防、政

---

① 参见［意］G. 萨托利《政党与政党体制》，王明进译，商务印书馆2006年版，第284－397页。

法、教育、宣传、文化、卫生、体育和社会管理等各行各业，省、市、县、乡镇村组和街道社区等各个层次，机关、企事业单位、人民团体等各个方面都有代表。

四是代表年龄结构合理。当选代表平均年龄为51.8岁，比党的十八大降低0.2岁。其中，55岁以下的1615名，占70.6%，比党的十八大增加144名，提高5.7个百分点；45岁以下的424名，比党的十八大增加25名，占18.5%。

五是代表文化程度较高。当选代表中，大专以上学历2154名，占94.2%。其中，大学学历727名，占31.8%，比党的十八大提高1.5个百分点；研究生学历1227名，占53.7%，比党的十八大提高1.5个百分点。

六是各个时期入党的都有代表。当选代表中，有新民主主义革命时期入党的，有社会主义革命和建设时期入党的，有改革开放和社会主义现代化建设新时期入党的。其中，1978年12月以后入党的2009名，占87.8%；2000年1月以后入党的416名，占18.2%。改革开放以来入党的成为党的十九大代表的主体。

中国共产党有8900多万名党员，党的十九大代表是严格按照中央规定的程序步骤选举产生的。各选举单位认真落实中央要求，坚持党的领导与发扬民主有机统一，采取自下而上、上下结合、反复酝酿、逐级遴选的办法产生党的十九大代表。具体来说有以下几个方面。

一是认真组织推荐提名。中央将党的十九大代表名额分配给各选举单位，各选举单位结合实际，采取适当方式推荐提名，有的按分配名额适当扩大比例进行推荐提名，有的按分配名额进行全额推荐提名，有的把两种方式结合起来。各级党组织坚持走群众路线，深入宣传、广泛发动，组织广大基层党组织和党员积极参与推荐提名。

二是逐级遴选比较择优。从基层党组织开始，到推荐单位党组织，再到选举单位党组织，逐级对代表人选进行遴选择优。基层党委根据多数党支部和党员的意见，遴选上报推荐人选，推荐单位召开党委全体会议讨论决定推荐人选，选举单位分别召开党委常委会（工委会议、党组会议）和党委全体会议，集体研究确定代表候选人初步人选、预备人选。一些选举单位差额确定推荐人选、初步人选、预备人选，做到全程差额、遴选择优。

三是严格进行组织考察。各选举单位按照代表应具备的条件，全面深入考察，多渠道、多层次、多侧面了解情况，切实把人选考准考实。考察组深入农村、社区和企业、机关单位，注重听取分管部门、联系服务对象、身边工作人员等知情人的意见，近距离了解人选情况。对金融、企业等方面的人选，还听取工商、税务、安监等行政执法和行业监管部门意见。

四是周密组织会议选举。精心筹备开好党代表大会或党代表会议，制定科学合理的选举办法。选举前认真做好人选名单说明，讲清楚中央精神、代表条件、结构要求和人选产生过程，组织对人选进行充分酝酿讨论，引导代表正确行使民主权利，实现发扬民主与贯彻组织意图有机统一，保证了选举圆满成功。

案例资料来源：《中组部负责人就党的十九大代表选举工作情况答新华社记者问》，新华社，见 http://www.gov.cn/xinwen/2017-10/09/content_5230217.htm。

讨论思考题：

1. 根据中国共产党的党代表构成，分析中国共产党是精英党还是群众党，抑或是其他。
2. 建构中共十四大到中共十九大党代表数据库，分析其中的变化及发展趋势。

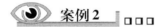

美国选举人团制度争议

2016年12月19日，美国总统选举举行选举人团投票，确认唐纳德·特朗普以304票当选总统，其竞争对手希拉里·克林顿获得227票。

美国总统选举的选举人团制度是历史产物，自1788年第一次实行以来，已经历了200多年的发展与演变。第一，在形成之初，部分制宪者对民主抱有忧惧的心态，认为民众易被煽动蛊惑，应该把挑选总统的权力交给更靠得住的精英。第二，对大众民主的防范只是次要原因，更根本的成因在于大州与小州、北方自由州与南方蓄奴州之间的妥协。人口小州担心全民直选会削弱自己在总统人选上的话语权。而南方蓄奴州既不愿赋予黑奴投票权，又不想"浪费"庞大的黑奴人口，于是极力鼓吹按人口分配选举人票的办法，作为加入联邦的前提之一。北方州最终只得以每名黑奴只能换算成3/5人口，作为接受选举人团制度的条件。第三，能够较为迅速地、一步到位产生总统。

选举人团由代表50个州和首都华盛顿哥伦比亚特区的538名选举人组

成。总统候选人获得超过半数选举人票，即270张就可当选。目前美国50个州中有48个采用"赢者通吃"的方式，即由选民中得票率最高的候选人独占该州所有选举人票。不过，经验显示，大多数州由于两党支持者人数悬殊，成为大选中牢不可破的"红州"（共和党基本盘）和"蓝州"（民主党基本盘），在选举中毫无悬念。这使竞选主战场往往集中在寥寥几个"摇摆州"，摇摆州"性价比"要高得多。2000年时，赢得了全国普选的戈尔，只因在佛罗里达州比小布什少获537张普选票，最终以266：271输掉大选。

支持者认为，第一，选举人团制度是美国宪法最伟大的成就之一，既维护了联邦制体系、保障了小州的利益，又能充分利用选举人的个体能动性，比如可以在当选者意外身亡时迅速反应，决定适合的替代者。第二，各州普选票分开统计，有助于把涉及票数差距的争议"隔离"在各州内部，避免引起全国性的纠纷。第三，选举人团制度造就了美国两党轮替的格局，为政策连续与政治稳定提供了基础，抵御了大众民主中潜在的多数暴政与民粹主义风险。

反对者认为，第一，该制度非但没有保障小州的利益，反而让摇摆州挟持了国家政策。为了获得连任，现任总统往往会在竞选前一两年就开始给予摇摆州大量的政策倾斜与优惠，而"毫无悬念"的"红州"与"蓝州"的许多需求却遭到忽视。第二，以州为单位的计票模式非但无法"隔离"争议，反而会加剧管理混乱、计票误差、选举舞弊等地方性问题，从而对全国大选结果造成影响。第三，至于两党轮替与政策连贯性，许多研究表明，这事实上是更复杂的政治制度与社会政治潮流共同作用的结果。第四，"选举人团"制度最根本的问题在于缺乏民主合法性：各州在大选中权重的差异显著，同时在"赢者通吃"的模式下，"红州"民主党支持者和"蓝州"共和党支持者手中选票意义大为降低；更严重的是，历史上曾经有4次（1824年、1876年、1888年、2000年）总统候选人赢得全国普选，却因输掉选举人票而落选。毫无疑问，这与现代民主政治中一人一票、人人平等的基本价值观背道而驰。

案例资料来源：改编自《美国告别"选举人团"制度?》，载《南方周末》2012年12月1日。

讨论思考题：
1. 关于美国选举人团制度的支持者与反对者的理由，哪一方更合理?
2. 美国选举人团制度的存废对美国政党制度产生哪些影响?
3. 如何化解美国选举人团制度所产生的分歧?

复习思考题

1. 如何理解政党？政党有何功能？
2. 选举制度有哪些类型，相互之间的区别是什么？
3. 如何理解选举制度与政党体制之间的关系？
4. 如何认识迪韦尔热定律及其限度？

第三章 权　力

第一节　权力概述

一、权力的定义与内涵

"权力"的概念源于政治学。正如埃尔斯特（Jon Elster）所言，"如同效用（utility）之于经济学，权力在政治理论中是最重要的一个概念"[①]。不仅个人与个人之间存在着权力关系，个体与群体、群体与群体之间也存在着权力关系，权力关系是因客观需要而产生的，并成为人类社会存在和发展的基础。没有一定的权力维持、调整或发展社会生活的基本秩序，社会便会瓦解，人类社会就是由各种权力关系网络交织而成的权力社会。

在西方，英语中的"权力"（power）一词来源于法语"pouvoir"，意指"能力"。而法语的"pouvoir"又来自拉丁语的"potentia"或"potestas"，这两个词都是由动词"poters"引申而来的，意为能够做某件事，能够通过意志的运用以达到某种目标。西方"权力"一词的基本语义就是"能力"。

依据斯宾诺莎的观点，因为只要某个人服从于另一个人的权力，那么，他就是服从于另一个人所具有的正当性，或者依赖于他；如果他能够抵制所有强力，对施加于他的伤害予以他能够满意的某种报复，并且通常来说，能够依据他自己的本性和他所判断要求的那样生活，那么，他就拥有他自己的权力或者自由。[②]

西方政治学观点而言，权力的定义有三种说法。

第一，能力说。能力说认为，权力是有效地执行或行动的能力或才能、力量，权力可被看成一种对别人行为产生预期影响的能力，即权力指

[①] Jon Elster. Some conceptual problems in political theory. In Brian Barry. Power and Political Theory: Some European Perspectives, London: John Wiley & Sons, 1976, pp. 245–270.

[②] 参见周伟、谢维雁《宪法教程》，四川大学出版社2012年版，第64页。

影响或者控制他人行为的力量。

第二，强制意志说。强制意志说认为，权力是实行控制的能力或官方的权力、权威，是一个人或一些人在某一社会行动中甚至不顾其他参与这种行动的人的抵抗的情况下实现自己意志的可能性。

第三，关系说。关系说认为，权力是一个人或许多人的行为使另一个或其他许多人的行为发生改变的一种关系，即强调权力是行使者与受动者之间的一种不平等关系。

而在中国文化中，"权力"是一个很古老的概念。在汉语中，权力是由"权"和"力"组成的合成词。"权"在中国古代有多种含义，最初是衡量审度的意思，如孔子说："谨权量，审法度，修废官，四方之政行焉。"另外一层意思是权柄。如《谷梁传》中提到，"大夫执国权"，指的是制约别人的能力。

权力的概念有广义与狭义之分。

狭义的权力一般指政治权力，是特定组织赋予某个个体对其他个体的控制力。德国社会学家马克斯·韦伯（Max Weber）认为："权力就是一个人或若干人在社会活动中即使遇到参与该活动的其他人的抵制，仍有机会实现他自己意愿的能力，是有一定社会地位的人，在某种社会制度内，对其他人存亡所系的问题规定条件、做出决定及采取行动的能力或潜力。"[1]

广义的权力则去掉了权力的强制性约束条件，一般指的是一个人或一个团体从自己的目的出发，影响他人行为的一种能力，它本质上意味着"能够"或"具备"做某种事的能力或"产生某种结果"的能力。托马斯·霍布斯（Thomas Hobbes）把权力定义为"获得未来任何明显利益的当前手段"。丹尼斯·H. 朗（Dennis H. Wrong）则认为"权力是某些人对其他人产生预期效果的能力"。凡是能够使他人改变意志的人或团体，都可以认为具有某种权力。因此归纳起来，广义的权力就是行为主体凭借所掌握的资源而形成的对其他行为主体的影响力和控制力。权力受多种因素制约和影响，包括武力、财富、知识和信息、形象与声望、组织形式及规模、个人魅力等[2]。

---

[1] ［德］马克斯·韦伯：《社会组织和经济组织的理论》，A. M. 亨德森、T. 帕森斯译，芝加哥自由出版社1947年英文版，第152页。

[2] 参见张屹山等《资源、权力与经济利益分配通论》，社会科学文献出版社2013年版，第15页。

综合以上认识，我们对权力含义的认识可以归纳为三个方面：①权力表明了施动者与受动者之间"支配—服从"的双向关系；②权力的运用具有明确的目标意图性；③权力的施动者具备影响权力受动者行为的强大的能力。①

二、权力的属性

（一）关系性

社会活动中的权力现象只有当权力主体与客体之间发生支配行为时才会产生，离开主体与客体双方的关系，无法谈双方谁对谁有权力。社会活动中存在无数的个体，但并非每一个体都对其他个体具有权力，只有某些个体之间发生相互关系时，才可能有权力现象。从关系的角度理解权力是一种动态的观点，它强调了静态时的权力只是一种潜在的状态。

社会关系的存在是权力得以产生的前提，脱离相应的社会关系，权力是不可能存在的，而这种社会关系最主要的是有权力主客体的存在。"没有权力客体，权力主体就失去了权力作用的对象，也就失去了权力，从而不成其为主体；同样，没有权力主体也就没有权力客体。"② 这种社会关系还表现为基于一定的利益诉求的不对等的主客体关系。而利益的满足是权力现象的本质反映，主客体在权力关系中有着不同的利益，这种不对称性表现为主体的要求与支配，客体的接受与服从，或者压制与惩罚、抵制与反抗。

（二）支配性

在权力关系中，不管相对人愿意与否，权力都会影响、控制和支配其行为。权力的"支配性是其功能上的根本特征，权力如果不具有主体支配性，那它在实践中也就没有任何功能"。"权力之所以引人特别关注，在于权力对人们所具有的支配性，并因此而形成的权力者的优越性。"③ 如行政机关有权要求行政相对人遵守相应的行政法规，履行相应的法律义务，有

---

① 参见聂平平、武建强《政治学导论》，武汉大学出版社2012年版，第26－27页。
② ［德］哈贝马斯：《在事实与规范之间》，童世骏译，生活·读书·新知三联书店2003年版，第181页。
③ 李元书、李宏宇：《试论权力的实质、渊源和特性》，载《学习与探索》2001年第6期，第32－38页。

权做出一定的行政决定或者行政命令等来支配行政相对人的行为，如果没有这些权力，行政机关就不可能完成对社会和公民个人的管理。

（三）非对称性

只有在权力主体的影响力大于权力客体的影响力时，权力才能显现出来，其外在表现是一种非对称性。当权力主体和权力客体的影响力相同时，权力表现为一种隐性的关系。

（四）自我强化性

从权力的运行关系来看，权力一旦形成，它具有自我强化的属性。虽然人们总是不断地在试图改变这种趋势，但从社会发展的历史来看，约束权力自我强化的属性是十分困难的，常常需要付出很大的成本。如果没有约束，权力边界会不断扩大，直至遇到约束为止。

（五）合法性

实现权力手段的强制力有多种形式，如有形的军队、警察、监狱，无形的舆论等。只有合法的强制力才能有效维护权力的继续、权力的存在。非法的强制力往往带来对权力的否定。如野蛮与越权执法、非法扣押等最终还是会被否定。

三、权力的分类

马克斯·韦伯指出，任何一种组织都是以某种形式的权力为基础的。没有这种形式的权力，其组织的生存都是非常危险的，也就更谈不上实现组织的目标了。权力可以消除组织的混乱，使组织有序运行。因此，韦伯把这种权力划分为三种类型。①合理的法定的权力（legal authority）。它是指依法任命，并赋予行政命令的权力。对这种权力的服从是依法建立的一套等级制度，这是对确认职务或职位的权力的服从。②传统的权力（traditional authority）。它是以古老的、传统的、不可侵犯的和执行这种权力的人的地位的正统性为依据的。③超凡的权力（charisma authority，又称之为魅力型权力）。它是指这种权力是建立在对个人的崇拜和迷信的基础上的。韦伯认为，在这三种权力中只有合理和法定的权力是行政组织的基础，因为这种权力能保证经营管理的连续性和合理性，能按照人的才干来选拔人才，并按照法定的程序行使权力。这是保证组织能够健康发展的最好的权力形式。①

不同的资源决定了不同的权力性质，从而形成不同的权力主体。现代社会权力通常可以分为政治权力、社会权力、经济权力、宗教权力等。政治权力在政府部门又表现为行政权力，是我们通常认为的狭义的权力概念。

（一）政治权力

政治权力，是指政治主体为实现某种根本利益（包括共同的利益和原则）而凭借政治资源支配、制约政治客体的能力。一个社会的政治主体有三类，即公民、政治性社团和政府。三种主体关心的是社会系统整体或某些大的社会集团的利益，为了实现这些利益和目的，他们要创造价值，进行价值分配，或以各种资源影响该社会价值的创造和分配。政治权力具有以下四种特征。

1. **公共性**

政治权力尤其是政府权力，是施于社会公共事务的。政治权力的公共性根源于政治和国家的两重性，政治和国家既具有阶级性又具有社会公共性。在阶级社会，政治权力既是阶级的政治统治权力，又是社会性的管理社会公共事务的权力。

2. **合法的强制性**

政治权力不同于其他权力的一个重要特点就在于它的特殊强制性，国家政治权力是以暴力为基础的，暴力机器主要有军队、警察、法庭和监狱等。当然，并不是国家政治权力的每一次行使都伴随着暴力，只有到政治斗争白热化时才使用暴力，在多数情况下并不伴随暴力，但暴力机器的存在则是政治权力实现的基础。

3. **扩张性**

政治权力的扩张性是指政治权力突破它本身的作用范围而渗透到其他领域，在现代社会，政治权力的渗透功能已大大增强，它已渗透到社会生活的各个领域。例如，政府的决策范围扩大到经济、社会、文化、意识形态等领域。

---

① 参见［德］马克斯·韦伯：《经济与社会》（第 2 卷），阎克文译，上海人民出版社 2010 年版。

4. 工具性

权力是一种工具，政治权力是一种政治工具。政治权力工具性的特殊性在于它总是与特定的组织和机构相结合。政治主体为了实现某种政治目的，总是要建立一种政治组织和政治机构，并赋予这些组织和机构以权力。

行政权力是政治权力在日常事务管理中的表现和执行形式，行政权力的主体一般表现为政府的各个层级和部门。在市场经济条件下，政府的行政权力一般主要表现为决定公共品供给、市场的制度建设及政策法规的制定与执行等。

（二）社会权力

社会权力是社会主体为达到一定目的，利用社会资源支配、影响社会客体行为的能力。社会权力通常体现在宗教、家庭和行业协会等各种非官方、非营利的社会组织中，一般不具有强制性。历史上，社会的宗教权力曾经处于主导地位，宗教主体为了达到一定的目的，运用宗教教规等手段支配或影响教徒、异教徒和非教徒。宗教的权力是复杂而广泛的，既有其组织内部的权力关系又有其对世俗社会的影响和统治，在某些国家，这种宗教等级制度与社会等级制度融为一体。政教合一的统治形式在古埃及、古罗马、古印度都长期存在过。在欧洲的中世纪，教权和王权经过激烈的争夺，最终确立教权高于王权，具有无上的权力。现在非洲、西亚的某些国家依然存在着某些变相的政教合一的统治形式。

在经济活动中，社会权力也能产生一些影响，如引导作用。在现代市场经济中，相对于政治权力和经济权力而言，社会权力一般处在弱势地位，经济主体接受不接受、行使不行使这种权力全凭自愿。

（三）经济权力

经济权力就是经济主体凭借掌控的经济资源，为实现自己的目的而影响他人（经济客体）的能力。在这里，所谓资源是指从事经济活动所必需的一切，既包括厂房、设备、材料、资金、组织等有形资源，又包括体力、智力、信息、信誉等无形资源。经济主体在某项经济活动中的权力大小，是由其所掌握资源的重要性、稀缺性和替代性所决定的。资源在经济活动中越重要、越稀缺、越不可替代，其拥有者在讨价还价中对其他经济主体的影响力和控制力就越强,所以,资源的禀赋决定权力的禀赋。

经济权力来源于所有权。所有权即产权,是经济主体对经济资源的占有权。所有权一般是受国家的法律保护的,别人不能侵犯。所有权和经济管理权可以由同一主体即所有权的拥有者行使,也可以分别由两个主体行使,所有者行使所有权,经营者行使管理权。但是经营者要行使经济权力必须事先经过所有权拥有者的授权,否则就不能行使经济权力。

在经济领域,不管是企业、政府,还是消费者都具有相应的经济权力,即都可以凭借自己所掌握的资源而形成对其他经济主体的某种影响和控制。例如,消费者一方面可凭借自己的体力和智力而拥有出卖或不出卖劳动力的权力,另一方面又可以凭借自己的所得而具有购买与不购买某种商品和劳务的权力。而企业则可以凭借自己所掌控的生产资料决定生产什么和不生产什么;政府更可以凭借税费收入和财政预算来确定其采购和投资的领域、对象和数量。

(四)宗教权力

《中国大百科全书(社会学卷)》认为,宗教是人们的信仰活动及相应的规范体系,是人们慑于未知的超自然力量,幻想摆脱现在的痛苦,以求达到自我平衡与精神安慰而形成的一种文化模式。宗教的本质是对现实生活颠倒的反映。宗教权力是宗教主体为了一定目的,运用宗教教规等手段支配或影响教徒、异教徒、非教徒的能力。宗教的权力是复杂而广泛的,既有其组织内部的权力关系,又有其对世俗社会的影响和统治,还有其对异教徒的权力。[①]

第二节 公共权力

一、公共权力的来源

(一)早期的人民主权说

公共权力的来源最早出自资产阶级的人民主权思想。人民主权思想的

---

① 参见金成晓、李政、袁宁《权力的经济性质》,吉林人民出版社2008年版,第66—70页。

提出是近代西方政治发展史上一个重要的理论成果。在人民主权成为资产阶级民主共和国的一面旗帜以前，君主主权论和议会主权论曾是新旧两个政治时代的路标，人民主权论则以对君主主权论的彻底否定和对议会主权论的批判改造而确立了人民的自由意志在国家政治生活中的最高地位。

卢梭的社会契约论是早期人民主权论的直接来源。社会契约论的一个鲜明特点是否定霍布斯把君主主权视为社会契约之产物的看法，同时也反对洛克认为只要政府忠于职责，社会的授权就使人民丧失权力的观点。在卢梭看来，社会契约完全是出自人类自身的理性要求，是通过每个人把自己的一切权利全部转让给整个集体，从而使自己完全融入整个集体，成为整个集体不可分割的一部分而实现的。这样，由社会契约产生的"道德和集体的共同体"，就是一个"公共的大我"。卢梭由此引出他的"公意"概念。所谓公意，即"国家全体成员的经常意志"，因此公意构成主权。按照卢梭的观点，人民主权有四个原则。①主权是至高无上的。这是因为构成主权的公意——人民的整体意志在国家政治生活中居于"最高指导"地位。主权的至高无上性规定了人民主权的权威地位。②主权是不可转让的。主权是人民意志的体现，是公意的运用、集体的生命。③主权是不可分割的。④主权是不能代表的。卢梭的人民主权论第一次以如此完整的形式、如此彻底的精神打开法国近代历史的大门，深刻地影响了西方资产阶级政治制度的建立。他坚持人民主权的绝对性、神圣性和不可侵犯性，也极大地鼓舞了大革命时代的政治先驱们。

（二）近代公共权力形成的途径

历史性地考察公共权力的形成，可发现三种主要途径。一是自然的结合和自愿的联合，在这种途径中，共同体所有成员的主体资格没有实质性的变化，权力所及的范围主要是共同体所属的物性资源，行使权力的方式主要是对物性资源的管理，人对人的服从关系建立在自觉自愿或约定俗成的基础上。二是强者对弱者的征服，在这种途径中，共同体成员的主体资格发生分化，强者的主体地位被强化，成为统治者；弱者的主体地位被弱化甚至被剥夺，成为被统治者。权力所及的范围除物性资源外，还包括被统治的人。人对人的服从关系具有阶级统治的强制性。三是强者主导下的约合，在这种途径中，共同体成员的主体资格被法律、法规约定在不同的名分下，权力在体现强者意志的同时，也兼顾众人的意志，权力所及的范围由约法界定，人对人的服从关系根据法律规范确定。

公共权力的本质一方面体现在它的来源和结构上，另一方面体现在它的功能上。公共权力的功能主要有五个方面。一是社会化的组织功能，人类的社会化过程是通过群体组织实现的，公共权力具有构建组织、实现组织目的的社会功能。二是公共意志的实践功能，公共意志的实践需要决策、领导和指挥，公共权力的配置和使用是实践公共意志的必要条件。三是公共资源的管控功能，管理和控制公共资源需要公信力和强制力，只有公共权力才具有这种效力。四是建立和维护公共秩序的功能，公共秩序的建立和维护需要人人遵守的规则，只有凭借公共权力，才能制定和实施这种规则。五是实现公共利益的功能，公共利益的实现需要协调各种利益关系，需要方向和目标的一致性，只有凭借公共权力才能进行协调，才能确保一致性。根据公共权力的来源和功能的分析，我们可以将公共权力的本质概括为：公共权力是在民众个人权力的基础上，经过自然结合、自愿联合、竞争组合、约法契合的不同途径，为实践公共意志、管控公共资源、建立和维护公共秩序、实现公共利益而形成的具有组织性的社会化的权力。①

就公共权力的来源看，公共权力不是天然的，更不是神授的，它来源于公众的同意和授权。公众将公共权力委托于政府，本质上是公共权力的主体。公共权力是凝聚和体现公民意志的力量，起源于维护公共利益和社会公共生活秩序的需要。公共权力的作用就在于通过处理公共关系、提供公共服务和维护公共利益来维持、调整和发展社会生活的基本秩序。没有公共权力，社会管理就难以进行。明确公共权力的所有权归宿问题，才能把握阶级社会中公共权力异化为统治阶级的意志和工具的本质，才有利于消除权力私有的心理和观念，防范权力私有化和公权私用、以权谋私的腐败行为。

（三）现代政治权力的构成

美国学者希尔斯曼在《美国是如何治理的》一书中曾经对权力的来源做了基本概括，认为权力来自暴力或军事力量、财富、社会地位、组织制度、专门知识和社会舆论等多种途径。② 他的归纳有助于我们回答政治权

---

① 参见张振立《理治论》，社会科学文献出版社2013年版，第328页。
② 参见赵宝煦《政治学概论》，北京大学出版社1982年版，第98页。

力来源的问题。中国的政治学教科书对上述问题的解释有不同的角度。20世纪90年代以前出版的政治学教科书一般根据马克思主义的基本原理,从阶级统治和暴力镇压的角度出发,间接地回答政治权力的来源和基础。20世纪90年代以后出版的政治学教科书一般是从分析政治权力的构成要素来解释上述问题,认为政治权力中包含着主观和客观两个方面的构成要素。①

1. 客观构成要素

政治权力的客观构成要素,是指政治权力形成过程中,外在于政治权力主体的促成因素和条件。就其内容来说,它主要是指政治资源,但并不仅限于政治资源。政治权力的客观构成要素是多种多样的,其中最主要的有四个。

(1) 生产资料。劳动是人类社会得以生存和发展的前提,而生产资料则是人类劳动得以进行的必要条件。所以,谁占有生产资料,谁就可以获得支配社会生存和发展的能力。生产资料的占有者必然成为政治权力的主体。

(2) 物质财富。物质财富一般是指劳动形成的物质产品。任何物质财富本身都代表着一定的力量,物质财富的积累就意味着力量的扩大,物质财富的占有就意味着力量的拥有。同时,物质财富又具有使用价值,这种使用价值从两个方面影响着社会政治权力:首先,物质财富的使用价值可以解决政治力量形成和活动中的技术要求,比如通信工具的拥有可以解决政治力量内部的沟通。其次,物质财富的使用价值可以满足人的各种需要,掌握满足人们实际需要的物质财富,也就具备了对他人的支配能力。

(3) 暴力。暴力本身就是一种力量,因此,它构成了政治力量的有机组成部分。暴力具有直接强制力,而强制和制约是政治权力的基本特性。作为政治权力构成要素的暴力包含三个方面的基本内容,即暴力执行者、暴力组织和暴力工具。这种表述来自恩格斯的观点:"构成这种权力的,不仅有武装的人,而且还有物质的附属物,如监狱和各种强制机关。"暴力的强弱取决于暴力执行者的能力、暴力组织的严密程度和运行的有效程度、暴力工具的技术水平和适用程度等因素。

(4) 其他。政治权力的客观构成要素还包括所拥有的自然资源、所处的地理条件、有益的文化传统、有利的形势变化和时机及政治权力客体的服从心理等。

---

① 参见燕继荣《现代政治分析原理》,高等教育出版社2004年版,第161-163页。

2. 主观构成要素

政治权力的主观构成要素，是指政治权力形成过程中，政治权力主体自身的状况和条件。政治权力的主观构成要素主要有四个。

（1）能力素质。政治权力主体的能力素质是其智力和体力的总和。不过，由于政治权力主体有个人和群体之分，因而政治权力主体能力素质的实际含义也不一样。就个人来说，其能力素质主要有知识水平、品德修养、经验阅历、性格意志，在政治生活中表现为分析判断能力、领导决策能力、组织动员能力、革新创造能力等。而对于群体来说，主要包括群体的教育水平、心理素养、体能素质、文化传统、成就状况等。能力素质是政治权力主观构成要素中最为基本的要素，它是政治权力得以形成和保持的基础。

（2）身份资格。政治权力主体的身份资格的含义同样因主体不同而相异。个人的身份资格主要指个人的资历、所担任的职位、所具有的威望及某种血缘关系或法定关系的继承资格等，概而言之，个人身份资格就是人的社会政治角色。群体也有其特定的身份资格，主要有群体的社会形象、社会地位、社会政治威望和声誉等。

（3）理论与策略。理论是政治权力主体对社会政治目标及其原则的构思。作为政治权力的主观构成要素，理论实际上反映和代表着多少人的利益和要求，即政治权力主体的政治目标及其原则符合于多少人的利益。策略是政治权力主体在具体的客观条件下强化自身力量、弱化对方力量的方式，因此，策略是与实际政治生活的具体时间、地点、性质、内容、对象、矛盾程度等复杂因素紧密联系在一起的，从这个意义上讲，策略是政治权力在具体情况下能否形成和保持的关键。

（4）组织。组织是若干个人的有机集合。组织的力量取决于组织基础、组织原则、组织结构、组织运行方式及组织成员的相互关系等多方面因素。

二、公共权力的特性

（一）公共权力的内涵

从上述公共权力的来源及演变过程看，与一般权力相比，公共权力的获取和构成都有其特殊性。公共权力一般是通过授权方式获得的，以职位权力为主，其中主要有合法权、强制权和奖惩权。

因此，所谓公共权力，是指在公共管理活动中，由政府和其他公共组织掌握并行使的，用以处理公共事务、维护公共秩序、增进公共利益的权力。它是公共管理主体管理社会公共事务所享有的合法资格和强制力。公共权力的内涵具体地表现为四点。①公共权力的拥有者是全体社会成员，而行使者是公共管理者。②公共管理者获得的权力是按照由全体社会成员授权赋予的合法权，不同层级的公共组织或同一公共组织内部的不同层级的公共管理者获得的权力是按照由上向下逐级授权的权力分配方式而形成的权力体系。③公共权力的最终作用对象是公共事务。公共权力的作用关系非常复杂，它包括公共组织间（上级对下级或同级间）的相互作用、公共组织内部的权力分配和相互作用、公共组织对私营部门组织或个人的影响。不论是直接或间接的权力作用，最终都指向公共事务。④公共权力的目标是谋取公共利益。

（二）公共权力的特性

理解公共权力的特性是为了更客观全面地认识公共权力，对公共权力的特性在国内存在着不同的观点。概括而言，公共权力主要有以下七个方面的特性。[①]

1. 公共性

就公共权力的来源看，公共权力不是天然的，更不是神授的，它来源于公众的同意和授权。公众将公共权力委托于政府，本质上是公共权力的主体。公共权力是凝聚和体现公民意志的力量，起源于维护公共利益和社会公共生活秩序的需要。公共权力的作用就在于通过处理公共关系、提供公共服务和维护公共利益来维持、调整和发展社会生活的基本秩序。没有公共权力，社会管理就难以进行。明确公共权力的所有权归宿问题，才能把握阶级社会中公共权力异化为统治阶级的意志和工具的本质，才有利于消除权力私有的心理和观念，防范权力私有化和公权私用、以权谋私的腐败行为。

2. 强制性

公共权力的实施必然要有权力主体和权力客体、管理者和被管理者，产生权威威慑与服从的关系。公共权力的强制性表现在两个方面：一方面由外在的强制性力量使人们屈从，另一方面由这种强制力所产生的导向、

---

① 参见孙继虎主编《政治学原理》，华中科技大学出版社2013年版，第149–151页。

规范等作用使人们服从。强制性是公共权力不可缺少的要素和特征，是对社会实施控制、管理、协调的必要条件。就其实质而言，公共权力的强制性来源于利益关系的分化、利益矛盾的激化和冲突及其有效调解的客观需要。也就是说，公共权力主体以国家的名义颁布法律、发号施令，以强制力量为后盾，权力客体不论是否愿意都必须接受权力主体的指令，所以这种强制效果非常明显。当然，这并不是说公共权力主体行使权力在任何情况下都使用暴力手段，但强制作为一种威慑力量始终是存在的。

3. 服务性

公共权力的强制性并不意味着公共权力主体可以随心所欲地支配权力客体，公共权力的强制性不是其合法性的依据。在价值意义上，公共权力指向社会公共事务，其目的是协调社会关系，促进社会经济发展，提供公共产品和公共服务，满足社会公众需求，增进公共利益。违背"权为民所用"的原则，放弃"以权为公""为人民服务"的原则，也就违背了政府的公共性和公共权力的公共性这一根本属性。

4. 工具性

公共权力本身不是人们追求的最终目的，而是达到一定政治、经济目的的工具性手段。人们使用公共权力，乃是为了调控各种社会关系，处理公共事务，维护公共秩序，提供公众所需的公共产品和公共服务。英国政治学家霍布斯明确指出，"政治权力是一个人取得未来具体利益的现有手段"。恩格斯也曾经指出，"政治权力不过是用来实现经济利益的手段"。虽然表面上看政治权力似乎是被追求的目标，但实际上，追求公共权力的人的真正目的是运用它。对公共权力的追求者来说，公共权力不是终极目的，而仅仅是其借以满足自身需求和谋求自身利益的手段。公共权力之于追求者的真正价值，并不在于权力本身，而在于它是获得其他价值和利益的有效工具。

5. 综合性

公共权力并不是单一的，而是综合的。公共权力的综合性表现在两个方面：其一，公共权力是政治权力、经济权力、文化权力的综合，对社会政治、经济、文化领域产生不同的影响，其中政治权力处于中心地位；其二，公共权力通过组织和个体来掌握，组织或个人成为权力的象征，社会化与政治参与是获得权力的综合途径。

6. 政治性

在阶级社会中，公共权力必然带有阶级色彩，这是因为掌握权力的阶级往往要通过公共权力来维护和体现本阶级的利益。因此，在阶级社会中，阶级斗争往往表现为对公共权力这一社会管理权力的争夺。虽然在阶级和阶级压迫消灭以后，国家与社会不再分离，国家真正成为社会的代表，对人的统治将由对物的管理和对生产的领导所代替，但仍然存在着公共权力的掌握和配置问题。公共权力在配置当中，作为稀缺资源，也就具有了垄断性。这种垄断性可能给政府带来某种利益，一旦失去监督和制约，就将导致腐败。

7. 排他性

排他性，是指公共权力只能由专门机构和特定社会成员独享。公共权力作为一种在社会群体上分离出来的专门支配力量，以群体的名义控制与约束群体成员，这种权力倾向于排除其他权力的介入。因此，在同一地域内只能存在单一的政治权力，只能由单一的机构来承载政治权力的运作。进一步来说，社会中的公共事务只能由单一权力机构进行统一治理而不能出现治理的多样化，政治治理在确定时间内也只能是唯一的。公共权力存在的唯一性、承载机构的单一性、运行过程的统一性，便是政治权力的排他性特征的具体表现。排他性并不排除政治合作，但是政治合作和妥协只在权力资源和能力不足的时候才有必要和可能。

三、公共权力的制约与监督

公民权利是公共权力的基础，对公共权力的根本制约来自公民权利。在间接民主的条件下，人民当家做主并不意味着人民实际管理国家和社会事务，而在于人民对管理国家和社会事务的公共权力的控制，这种控制是通过行使公民权利实现的。由于广大人民作为国家的主人既广泛地享有公民权利又牢牢地掌握国家权力，决定了人民有权选举自己的公仆，有权监督自己的公仆，有权罢免那些不称职、不胜任的公仆；决定了任何公仆，无论地位多高、权力多大，都必须服从人民的意志，维护人民的利益；一旦违背了人民的意志，损害了人民的利益，就要受到应有的追究，承担相应的责任。这种制约监督是通过权力的委托、权力的控制、权力的收回这些具体环节来实现的。①

---

① 参见王寿林《权力制约和监督研究》，中共中央党校出版社2007年版，第149页。

(一) 公共权力监控的类型

对公共权力的监控，涉及监控主体、监控对象和监控过程等问题。由于监控主体、监控对象及监控过程的多样性，我们可以从不同角度划分出多种监控的类型。例如，从公共组织行使公共权力的过程看，可以分为立法监控、执法监控和司法监控；从监控主体的划分看，可以分为立法组织监控、审判组织监控、监察组织监控、群众组织监控、新闻单位监控、公民监控等；从隶属关系上划分，可以分为上级对下级的监控（或称为"下行监控"）、下级对上级的监控（或称为"上行监控"）、同级之间的监控（或称为"横向监控"）等；从监控手段上划分，可以分为立法监控、法律监控、执法监控、舆论监控等；从公共权力职能上划分，可以分为财政监控、审计监控、税收监控等；从时间或范围划分，可以分为事前监控、事中监控、事后监控或宏观监控、微观监控等。

(二) 公共权力监控的机制

既要有监控，又要是有效监控，而且要建立一个有内在联系的、规律性的监控方式，这就是我们所说的监控机制，也有的称为监控体系。

公共权力监控机制是在严密的法律体系基础上建立起来的，即依法监控。因此，公共权力监控机制是否完备取决于是否有一个完善的、科学的法律体系。在对各监控主体依法授予监控权时，必须明确监控权力作用的目标、范围和方式等，如监控对象、监控方式、监控手段等。由于监控权力本身就是一种公共权力，因此，它也同样受到法律的约束。也就是说，任何一个公共权力组织在对其他组织行使监控权力的同时，也受到其他监控主体对该公共权力组织的监控。因此，公共权力的监控体系是公共权力相互作用的结果，任何一个公共权力组织既是监控主体又是被监控对象，它们同时具有双重角色。对一个公共权力组织而言，所有该公共权力组织之外的监控主体，从不同的角度行使着监控权力，它们共同构成了一个有机整体，这一整体我们称之为外部监控机制，它是独立于一个公共权力组织之外的各种监控主体对该组织的公共权力行使过程实施监控的机制。与外部监控机制相对应的是内部监控机制，内部监控机制指一个公共权力组织在行使公共权力过程中，通过该组织内部形成的一套监控机制发挥监控作用。内部监控机制与外部监控机制相互依存、相互补充，共同构成了公共权力的监控机制。[①]

1. 外部监控机制

公共组织的外部监控是整个公共组织的运行机制和组织形式的综合表现,它反映出公共权力的分配关系、公共组织地位和作用及其受到的制约。外部监控机制包括以下五个方面。

(1) 立法监控。立法组织监控的主要内容一般包括:监控宪法的实施、监控立法组织制定的法律和法规的贯彻执行、监控行政法规的合法性、处理其他公共组织之间的争端,等等。

在实行"三权分立"宪法原则的国家中,公共权力被分为立法、司法和行政三个部分。这三部分权力分别由三个公共权力组织独立行使,三者之间是互相牵制、互相约束的关系,立法机关对行政的控制,主要是通过质询权、调查权、弹劾权、不信任表决权等方式实现。

在中国,实行的是人民代表大会制度,它既不同于西方的议会制也不同于总统制。《中华人民共和国宪法》第二条规定:"人民行使国家权力的机关是全国人民代表大会和地方各级人民代表大会。"全国人民代表大会是国家最高权力机关,行使国家立法权,以及对重大事务的决定权、任免权和监控权。它既是议事机关又是工作机关,不存在与其他国家机关分权的问题。《中华人民共和国宪法》第三条规定:"中华人民共和国的国家机构实行民主集中制的原则。""国家行政机关、审判机关、检察机关都由人民代表大会产生,对它负责,受它监督。"这明确了我国的政体,以及权力机关对行政机关进行监督的宪法依据。

根据我国的宪法、有关组织法和人民代表大会及其常务委员会的议事规则,人民代表大会监督政府的方式和内容主要有:听取和审议政府工作报告,审查和批准国民经济计划和财政预算、决算,审查政府的法规,发布决定和命令,进行视察和检查,受理申诉和检举,罢黜职务,等等。

(2) 司法监控。当行政部门实施法律需要协助时,当一项争端的发生并非行政者的权限所能解决时,或者当行政者在工作过程中有侵犯人民的合法权益时,这时候便需要司法的介入。在历史上,司法与行政原是一体,即使在当代,政府虽然分设行政部门与司法部门,但一般的行政程序在功能上仍具有裁判效力,只是在行政程序无能为力或裁定错误时,才由

[①] 参见黎民《公共管理学》(第2版),高等教育出版社2011年版,第233-237页。

法院提出补救。正如立法对行政的控制一样，法院的力量也是监督行政的一种重要力量。一旦公共管理者有违法行为，法院便采取制裁行动。一旦权限被误用或滥用，法院便有最后的制裁权。宪政便是法治，因此，公共部门必须受到法院的控制，而法院是否能实行有效的控制，这也是关系到责任是否实现的一个大问题。

从公民权益的角度来看，司法控制不仅有助于维护行政之责任，更重要者，在行政权力导致人民的权益受到损害的情况下，给予受损的权益以司法上的救济，这本身便是责任政府的核心要求。在司法控制的责任机制中，司法审查和宪政赔偿责任是最为重要的两个方面。

（3）政党和社会团体监控。政党和社会团体是公共组织外部监控机制中的重要组成部分。政党和社会团体出于本集团利益考虑，对公共权力的作用施加影响，同时为了保障本集团的利益不受损害，对公共权力的行使过程实施监控。就政党和社会团体而言，这种监控行为是一种自觉的行为，是利益机制作用的体现。由于一些政党或社会团体的成员本身就是公共权力的拥有者，他们的利益倾向也许会影响其他政党或社会团体的利益，因此，政党或社会团体对公共组织行使公共权力过程的监控是必要的，而且这种监控的力度也非常大。监控力度大主要表现在以下三个方面：首先，政党或社会团体的成员分布广泛，这为监控者提供了更加充足的信息来源，使监控更及时、准确；其次，由于政党或社会团体的监控行为是一种自觉行为，这使监控的效率更高，而且相对其他监控形式而言，监控成本较低；最后，政党或社会团体作为监控主体，其部分成员又是公共权力的拥有者，这使外部监控内在化，监控更为直接有效。

（4）社会监控。社会监控是指社会公众对公共权力行使过程的监控，又称为群众监督。《中华人民共和国宪法》第二条指出："中华人民共和国的一切权力属于人民"，"人民依照法律规定，通过各种途径和形式，管理国家事务，管理经济和文化事业，管理社会事务"。《中华人民共和国宪法》第二十七条指出："一切国家机关和国家机关工作人员必须依靠人民的支持，经常保持同人民群众的密切联系，倾听人民的意见和建议，接受人民的监督，努力为人民服务。"这为群众监督提供了最根本的法律依据。在此基础上，依法建立和健全方便群众监督、保护群众监督、激励群众监督的运行机制便理所当然地提到重要的议程上。同时，国家公共权力组织建立了群众监督机制，如信访制度、举报制度、申诉制度、政务公开制度等。

(5) 舆论监控。随着社会的发展与进步,舆论监控日益成为社会关注的焦点,成为社会调控公共权力关系的重要手段。改革开放以来,中国的舆论监控有了质的进步。这表现在以下三点:第一,舆论监控逐步得到法律的比较坚实的保障。《中华人民共和国宪法》规定公民有言论、出版等自由,在实践中取得了相当大的进展。第二,加强舆论监督的内容已经被写进了党和政府的有关文件。其中,党的十三大报告中首次使用了"舆论监督"的概念,明确指出:"要通过各种现代化的新闻和宣传工具,增加对政务和党务活动的报道,发挥舆论监督的作用,支持群众批评工作中的缺点错误,反对官僚主义,同各种不正之风做斗争。"第三,舆论监督的制度化和法规化进程已初见成效,在党风廉政建设中发挥了重要作用。

2. 内部监控机制

内部监控机制,是指公共管理组织内部的监督机制,包括组织内部的机构间的监督和人员间的监督。内部监控体系的各类监督是依据下级隶属关系而组织起来的,具有权威性,因此它们是最有力、最直接、最迅速的监督。内部监控体系的主要监控类型包括一般监控、业务监控和专职监控。公共组织的内部监控机制是公共组织结构形式和内部运行机制的综合表现。它反映了公共组织自身作为监控主体对组织内部各部门行使公共权力过程的监控过程。内部监控的目标是保证公共权力行使的统一和提高公共权力活动的效率。内部监控机制包括以下四个方面。

(1) 结构监控。结构监控是一种最主要的内部监控形式,它是指与公共组织结构形式相关的监控机制。结构监控包括两种类型:纵向监控(又称为垂直监控)和横向监控(又称为职能监控)。

纵向监控是与公共组织直线结构形式相联系的一种监控机制,调整的是组织内部指挥和服从、命令和执行的关系。监控内容主要包括:上级对下级的监控权力和责任,依法监控的法定内容,上级对下级的任免和奖惩等;也包括下级对上级的监控。这种监控体制主要是根据隶属关系确立的层级监控机制。

横向监控是与公共组织职能结构形式相联系的一种监控机制,目的在于保证公共组织的运行效率。横向监控是根据业务范围或行业范围分工协作的监控体系,如计划部门负责计划方面的监控、财政部门负责财政监控等。监控内容主要是计划、组织、人事、协调、预算等职能部门在职权范围内对其行使公共权力和承担公共责任的监控。

(2) 纪律监控。纪律监控是指在公共组织内部设立专门的监控机构（或由有关职能部门代为行使监控），负责对该组织内其他行使公共权力的部门进行监控。纪律监控主要是对公共组织内部的规章制度的执行情况进行监控。对违反组织纪律者予以惩处、对遵守规章制度者予以奖励是公共组织进行管理的常用手段。

(3) 法律监控。法律监控主要指对国家行政机关的监控。在国家行政组织内设立行政监察、监督或政法机关，对国家行政机关及其工作人员实施监控。其主要特点：一是实施监控的机关隶属于国家行政组织，一般由政府统一领导和管辖，不同于外部监控中的司法监控，但与司法监控有衔接关系；二是监控机关依法独立行使职权，不受其他行政机构和个人的干涉。

(4) 专职监控。专职监控是与一般监控相对应的，是专门设置的监督机构对所有部门及其个人工作的全面性监督。如我国内地的国家监察委员会和我国香港地区的廉政公署，这类监督具有很高的权威性、自主性和主动性。[①]

(三) 对公共权力监控的原则

1. 合法性原则

公共权力机关制定的法律法规，发布的决定和命令，采取的措施等行为，必须符合国家宪法、法律及政策要求，同时也是重要的监控内容。这意味着政府机关及其工作人员在公共管理过程中的一切行为均须合乎国家法律，否则将追究违法者的法律责任。在强调被监控者的行为合法性的同时，监控主体，即那些具有监控权力的机关，也必须依法行使监控权。

2. 公正性原则

对公共权力的监控必须遵循"公开、公平、公正"的原则，监控主体在实施监控过程中，对待不同的监控对象应采用统一的监控标准，不能随监控对象的变化而有所不同，应做到监控活动信息公开，同时接受全社会的监督。

3. 经常性原则

对公共权力的行使过程进行监控，不是临时性的工作，而应贯穿于公共权力行使过程的始终。监控本身不是目的，关键是实现组织目标，失去监控的组织是谈不上效率的，偶尔为之的监控也同样达不到监控的效果。因

---

① 参见章文光、李永瑞、王昌海等《公共组织行为学》，北京师范大学出版社 2009 年版，第 307 页。

此,监控行为和监控方式应遵循制度化和经常性原则。

4. 广泛性原则

对公共权力监控的广泛性原则主要体现在监控主体的多元性,同时也体现在监控客体和监控内容的广泛性上。一方面,由于公共管理者相对其他组织或个体而言,既是监控者又是被监控者,不可能出现一个具有公共权力的管理者只是监控者或只是被监控者的单一角色的情况,因此,监控者和被监控者包括了所有拥有公共权力的组织或个人。另一方面,公共权力的运行贯穿于公共管理的全过程,所以对公共权力监控的范围涵盖了整个公共管理活动的过程,说明监控内容的涵盖面非常广。

5. 系统性原则

建立一个制度化的、协调的公共权力监控机制是提高监控绩效的保障。当今世界公共权力的运行过程日趋复杂,权力分配体系和结构也出现分化,为了提高公共权力的绩效,必须加强监控的效率和力度,使监控行为制度化,而且有必要在多元化的监控主体之间做好协调工作。制度化和统一协调的监控机制是降低监控成本、加强相互分工合作的前提条件。

本章小结

"权力"的概念源于政治学,是政治理论中最重要的一个概念。学术界对"权力"的概念有多种,但几乎都蕴含着以下几重意思:权力表明了施动者与受动者之间"支配—服从"的双向关系;权力的运用具有明确的目标意图性;权力的施动者具备影响权力受动者行为的强大的能力。[①]。而公共权力是"权力"体系中重要的概念之一,它是公共管理主体管理社会公共事务所享有的合法资格和强制力,具有公共性、强制性、服务性、工具性、政治性、综合性等特点。公共权力的拥有者是全体社会成员,而公共管理者只是公共权力的使用者,他们获得的权力是由全体社会成员授权赋予的。因而在公共权力的运行中,以防权力腐败,我们要对公共权力进行制约和监督,通常情况下,在监督过程中,要遵循合法性、公正性、经常性、广泛性及系统性等原则,使公共权力的运行以处理公共事务、维护公共秩序、增进公共利益为目的。

---

① 参见聂平平、武建强《政治学导论》,武汉大学出版社2012年版,第26–27页。

案例1

法治政府建设与公共权力运用

法治犹如天平，一边是公共权力，一边是公民权利。在全面推进依法治国的今天，只有政府带头有法必依、严格执法，国家才能在法治的轨道上有序发展。党的十八大以来在以习近平同志为核心的党中央坚强领导下，深入推进依法行政、加快建设法治政府取得的伟大成就，以事实说明依法行政深入人心、深得民心，法治政府建设换挡提速、硕果累累。

制度约束是依法行政的关键。习近平总书记指出："权力不论大小，只要不受制约和监督，都可能被滥用。"建设法治政府，就要强化对行政权力的制约和监督，确保其在法治的轨道上运行。党的十八大以来，各级政府强化刚性决策程序，依法决策、科学决策、民主决策成为自觉行为。一是健全责任追究制度。全面推行规范性文件备案审查机制，普遍建立法律顾问制度，建立重大决策终身责任追究制度及责任倒查机制，为行政决策和行政执法加上"护身符"、戴上"紧箍咒"。二是力推政务公开制度。《关于全面推进政务公开工作的意见》要求各级政府坚持以公开为常态、不公开为例外，有效保障了群众的知情权。三是完善监督机制。从2014年起，国务院连续开展四次全国大督查，共问责和处理2500余名责任人，加强了政府内部的层级监督和专门监督。国家修订行政诉讼法，落实行政机关负责人依法出庭应诉制度，以司法监督促进行政权力规范行使。

服务人民是依法行政的根本。党的十八大以来，各级政府坚持行政执法以人民为中心，服务人民的观念在依法行政中落地生根，服务人民的行动在依法行政中开花结果。切实推进重点领域综合执法改革，创新执法体制，完善执法程序，特别是执法利剑直指网络诈骗、环保公害、假冒伪劣食品药品等重症顽疾，提升人民群众安全感。持续深化"放管服"改革，各级政府部门对手中权力和相关利益"割肉"，社会活力迸发，获得社会各界点赞。以法治方式推进改革，各级政府着力为人民群众谋全局、抓大事、办小事，增强人民群众的获得感，努力让人民群众生活得更加幸福、更有尊严。

在全面推进依法治国的今天，政府厉行法治的示范作用尤为关键。政府，既是人民的公仆，也要成为守法的榜样。只有坚定法治信仰，深化法治共识，坚持法治思维，掌握法治方式，坚持依法行政与依法治国、依法执政共同推进，坚持法治政府与法治国家、法治社会一体建设，才能将法治中国建设不断推向前进。

案例资料来源：付子堂：《法治政府建设提速前行》，2017年9月30日，见http://theory.people.com.cn/n1/2017/0930/c40531-29570030.html。

讨论思考题：

1. 请围绕整个"法治政府建设与公共权力运用"案例，讨论公共权力的约束如何在实践中加以运用。

2. 健全责任追究制度，为行政决策和行政执法加上"护身符"、戴上"紧箍咒"，是否会造成各级政府在服务人民时避免犯错或是懒政的借口？你如何看？

3. 如何看待习近平总书记"权力不论大小，只要不受制约和监督，都可能被滥用"这句话？

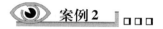 案例2

非洲的恩庇侍从关系

长久以来，大多数政治分析家都认为，非洲政治在很大程度上可以通过非正式制度而不是正式制度来加以解释，尤其是现代家产制（neo-patrimonialism）这一概念。这个词首创于20世纪70年代初期，用以区别马克斯·韦伯的世袭制概念，现在则是为了鉴别一种混合型政治制度，这种制度中的非正式恩庇侍从关系（patron-client relationships）不仅构成了法律理性规范（legal-rational norms）的基础，而且也凌驾于规范之上。这类观点尤其优待那些享有世袭特权的人，而法律理性规范则几乎是无关紧要的。根据这种正式性可以巧妙地脱离非正式性的二元观点，可以说非洲是"一个正式制度规则基本上均无多大意义的地方"。

现代家产制已经成为非正式主义（informalism）和个人统治的代名词，又或被当作了法治的对立面。因此，拉里·戴蒙德指出，在非洲的政治中，"非正式制度总是棋高一着，优胜于正式制度"。这种观点更为偏激的说法甚至认为，正式规则"实质上是一种附带现象，根本无法改变非洲政治的基本结构动态体系"。

现代家产制也是总统制（presidentialism）的同义词。在非洲，总统制是占据主导地位的政府形式，其特点是权力高度集中在总统手上，即通常所称的"大人物"（big man）。这位"大人物"往往可以执掌政权直至寿终正寝,把公共部门的工作及资源分配给他的追随者,使公共财产与私人财产之间几乎没有什么区别。他的助理人员则充当低级别政治掮客的庇护人角色。政治变成了一种侍从、任免的关系,是"腐败、无法可依、纯个人的统治"。

虽然不能否认,现代家产制和高度集权的总统制在非洲十分普遍,但是,目前的相关论著基本上都没有考虑到在这些现象的产生和持续过程中,正式法律所发挥的作用。非洲的现代家产制不仅仅只是法律缺失及失效的证明,它其实还受到了正式法律的激活或促进。同样,非洲的帝王统辖权(imperial presidency)不是一种附带现象,而是正式法律的产物。

非洲的法律制度授予宽松自由裁量权的例子不胜枚举。例如,法律法规授予官员广泛的权力时,通常并没有建立起有效的程序机制及规范原则,以限制权力的行使。在缺乏有效监管的情况下,那些正式法律往往因此成了现代家产制实行与持续发展的助推器。仔细研究法律在选举、国家安全事务、媒体监管及公共服务调控等方面作为工具的方式,就会发现,正式规则在非洲政治中始终占据着很重要的地位。通常,那些执掌政权的人,都分跨于世袭制和法律理性规范的边界,为了自身的利益,他们在采取行动之前,都会考虑正式规则或非正式因素,或两者的结合。

案例资料来源:米盖·阿凯奇:《非洲国家对政府权力的制约》,2011年10月13日,见http://magazine.caixin.com/2011-10-13/100313735.html。

讨论思考题:

1. 请根据韦伯划分的三种权力类型,讨论非洲的法律制度可能产生何种流弊。

2. 非洲公共职位与公共权力的来源,就制约与监督的角度来看,有何种缺失?

3. 在我们日常生活中是否也有正式规则与非正式规则的冲突?您如何看待呢?

复习思考题

1. 试就马克斯·韦伯的划分方式,说明权力的三种类型。
2. 请简述政治权力具有的特征。
3. 公共权力的制约与监督主要通过哪些监控的机制进行?
4. 简述现代国家公共权力监控的原则。

第四章　国家与市场

第一节　国家概述

一、国家的内涵

国家一般可被定义为一个独立自主的政权单位,包含众多不同的团体且接受一个中央政府的操控。中央政府高拥权威,有权颁布和实施法律、征收税,以及作为公民的合法代表与其他国家进行交流,包括发动战争。①

然而,国家的定义在不同的文化语境与时代背景中却有着不同的含义。

在东方,"国家"一词在两千年以前就已出现。如《大学》有云:"家齐而后国治,国治而后天下平。"当时,把"天子"统治的国家称为"天下",诸侯统治的领地称为"国"(或"邦国"),卿大夫统治的采邑称"家"(或"家室")。"国家"就是"天下""国"和"家"的总称。秦汉以后,中国实行中央集权制,皇帝的统治范围统称"天下",亦称为"国家"。

在西方,古希腊的小国寡民式的"城邦"即为国家,古罗马"共和国"称为国家,中世纪的"王国"为国家。到 16 世纪初,意大利的政治学家马基雅维利在其代表作《君主论》中,以新兴词语"stato"取代了拉丁文中代表国家的词汇"status",并赋予其不同于中世纪的含义。从此,"国家"(state)一词为现代所通用。自古希腊学者亚里士多德的《政治学》对国家的定义开始算起,两千多年以来,西方思想家对国家概念做过诸多解释,归纳起来,大致有以下几类:①将国家视为一种社会团体;②将国家视为一种管理或统治的组织;③将国家视为以权力(或权威)为中心的、由多种因素组成的复合体。②

---

①　参见[美]大卫·巴拉什、查尔斯·韦伯《积极和平:和平与冲突研究》,刘成译,南京出版社 2007 年版,第 181 页。
②　参见石永义《现代政治学原理》,中国人民大学出版社 2004 年版,第 67 页。

而马克思主义注重从阶级属性来为国家下定义。"一个阶级镇压另一个阶级的机器","是迫使一切从属的阶级服从于一个阶级的机器","国家是维护一个阶级对另一个阶级的统治的机器"。马克思主义对国家概念的理解包含两个层面：①国家是统治阶级借以进行阶级统治的组织；②国家是一部机器，是以公民权利为核心组成的一个机关体系。[①]

除了政治学对国家概念的界定之外，经济学尤其是制度经济学也讨论关于国家的实质。经济学界认为：第一，国家是一种具有暴力潜能的组织，并且国家是一种具有垄断权的制度安排，它的主要功能是提供法律和秩序。国家作为一种具有垄断权的制度安排，在许多方面不同于一些竞争性的制度安排（如市场、企业等）[②]。第二，国家是一种第三方实施的暴力机制，它在一定程度上比其他机制更有利于契约的实施。国家愿意实施的法律权力取决于对界定权力与调解纠纷的交易成本的比较[③]。第三，国家决定着产权制度的效率。国家常常会为了收益而进行大量的产权交易（如在一个封闭的市场中发许可证），这样做的结果是抑制了经济增长[④]。

在经济学中，国家的分析模型主要有三种，即"无为之手""扶持之手""掠夺之手"。这"三只手"都有其理论基础。"掠夺之手"的理论基础是新制度经济学。建立在"掠夺之手"基础上的国家模型，可以探讨如何让国家在制度变迁中发挥积极作用，历史上有些国家成功地通过制度安排限制了国家的"掠夺之手"[⑤]。因此，在经济学家看来，国家是一个具有合法使用暴力和强制提供法律、秩序的组织，以及拥有垄断权，最终要对造成经济的增长、衰退或停滞的产权结构的效率负责的制度安排。

因此，我们可以说"国家"的内涵可以包括以下几个方面：第一，国家是社会的上层建筑；第二，国家是阶级矛盾之不能调和的产物；第三，

[①] 参见中共中央马克思恩格斯列宁斯大林著作编译局《马克思恩格斯选集》（第3卷），人民出版社1972年版，第13页。参见中共中央马克思恩格斯列宁斯大林著作编译局《列宁全集》（第4卷），人民出版社1984年版，第33页。参见中共中央马克思恩格斯列宁斯大林著作编译局《列宁全集》（第4卷），人民出版社1984年版，第31页。

[②] 参见［日］青木昌彦《比较制度分析——起因和一些初步的结论》，见孙宽平《转轨、规制与制度选择》，社会科学文献出版社2004年版，第129页。

[③] 参见［美］科斯、诺思等《制度、契约与组织——从新制度经济学角度的透视》，刘刚、冯健等译，经济科学出版社2003年版，第246页。

[④] 参见［美］科斯等《财产权利与制度变迁——产权学派与新制度学派译文集》，刘守英译，上海三联书店上海分店1994年版，第206–207页。

[⑤] 卢现祥、朱巧玲：《新制度经济学》（第2版），北京大学出版社2012年版，第281页。

国家是一种公权力的建立,而公权力是超出于社会之上的一种特殊力量;第四,国家是有组织的经济剥削的工具或制度安排;第五,国家是生长流变的,有着发生、发展、消灭的过程。[1]

二、国家与政府

国家与政府是两种不同的制度,但它们之间有密切的联系,因而还必须弄清国家与政府的关系。国家同政府是两个关系密切而又互有区别的概念。卢梭曾正确指出:"政府是国家之内的一个新的共同体","国家是由于它自身而存在的,但政府只能是由于主权者而存在的"。[2] 国家是一种政治实体,而政府是国家表现意志,处理事务的机关,它依赖于国家。

从公共权力的角度看,政府是行使国家公共权力的机构,也就是说,政府是公共权力的执掌者。同时,政府是按照一定规则建立起来的组织机构体系。在政治学的研究中,政府概念在不同层次上是不同的,可以归纳为:①最广义的政府,是指制定规则,为居民提供服务的机构;②次广义的政府,是指治理国家或社区的政治机构;③广义的政府,是指执掌公共权力的所有的国家机构,包括各级立法机关、行政机关和司法机关;④狭义的政府,是指各级国家行政管理机关,即按照立法、行政、司法三权分立的原则而建立起来的行政机关,包括中央和地方的行政机关。

国家与政府的联系就在于:政府从属于国家,代表国家,为国家服务,它的存在必须以国家权力的存在为前提。具体表现在:政府行使的权力是国家授予的权力,政府实现的统治是国家的统治,政府执行的职能是国家的职能,政府的活动是国家本质的体现。可以说,国家是权力主体,而政府则是国家权力的代表和执行机关。国家掌握和操纵政府,政府服从和执行国家意志。国家与政府的区别在于:国家权力是本原,是一种主动的权力。主权是国家构成要素的首要要素,是因国家的存在而形成的,也可以说是任何国家所固有的。而政府的权力则是一种派生的权力,即以委托的被动的权力。[3][4]

作为公共管理主体的政府,我们理解为广义的政府。因为,政府在对

---

[1] 参见邓初民《新政治学大纲》,商务印书馆2011年版,第93页。
[2] [法]卢梭:《社会契约论》,何兆武译,商务印书馆1963年版,第80-81页。
[3] 参见吴少荣《国家理论与实践》,广东高等教育出版社1998年版,第101页。
[4] 参见张良、何云峰、郑卒《公共管理导论》,上海三联书店1997年版,第48-49页。

公共事务进行管理的过程中，必然要遵循和体现一定阶段内国家的基本原则和基本任务。这些基本原则和基本任务的形成和确定，既需要经过行政机关，也需要经过立法机关和司法机关。另外，在目前的情况下，执政党的机构也起到了政府的某种作用。因为，一方面，执政党按照政府机构的规则和形式建立了自身的组织机构；另一方面，执政党及其机构广泛而深入地参与了政府管理中的决策过程，并且发挥着重要的作用。所以，在论及作为公共管理主体的政府这个概念时，不仅指包括了立法、行政、司法等国家机构的广义政府，还往往涉及执政党的机构。

三、政府职能

（一）政府职能的含义

现代政府作为全体社会成员共同利益的代表，通过民主程序产生，其权力得到社会公众的认同，具有合法性和强制性。在社会生活中，政府负有承担公共服务的主要责任，旨在追求有效增进与公平分配社会公共利益的调控活动。从公共管理理论上看，政府是公共管理的核心主体，其理由有三个。

1. 政府制约着公共管理活动的基本范围、性质和方向

公共管理活动的基本范围、性质和方向取决于社会生产力和社会分工的发展状况。处于不同的历史发展阶段，公共管理的范围和性质也会存在差异。虽然政府不能从根本上违背历史发展的客观要求，但在多大程度上反映这一客观要求，则很大程度上取决于政府的认识及其所受的环境约束。

2. 政府决定着整个公共管理体制及其运行

所谓公共管理体制，是指为实现管理目标，由具有不同职责权限的管理主体按一定的分工原则组成的多层次管理系统。其中，各管理主体的基本地位和职责权限及相互间的关系都是由相关法律所规定的。政府虽然也是整个公共管理体制中的一部分，但由于政府在社会中的特定地位，公共管理体制的运行规则在很大程度上取决于政府所制定的法律法规，因而政府决定着整个公共管理体制的运行。

3. 政府直接或间接地管理着其他公共管理主体

在公共管理主体体系中，政府始终居于主导地位，除了公共管理的基本规则由政府制定,政府还负有对其他公共管理主体进行管理的责任。这种管理既可以是直接的行政监督,也可以是运用法律手段进行制约。因此,公共管理主体中的非政府公共组织既作为管理者和公共服务的提供者,同时也接受政府业务上的指导与监督。①

(二) 政府的角色

政府作为公共管理的核心主体,其角色是多重的。②

1. 作为雇主的政府

在西方社会,公营部门雇用了相当大比例的劳动力。这些部门包括市政服务、监狱、地方当局(教育、警察和消防部门)、公营矿山等。因此,政府在这些部门的行为对整个劳动关系具有重大影响。政府作为公共部门的雇主,应该向雇员提供合法、合理的雇佣条件,否则也会引发劳资之间的矛盾和冲突。

2. 作为调解者的政府

政府要支持劳动关系中的调解和仲裁程序,维持产业制度中的产业和平,鼓励劳资双方尽可能利用调解和仲裁程序解决劳资纠纷,避免采取产业行动。

3. 作为立法者的政府

在一个社会中,人们之间相互依赖,也相互对立冲突。要建立秩序,就需要国家法律的调节,法律决定着资源如何利用和分配。因此,立法是政府的一项重要职能,政府通过出台法律、法规来调整劳动关系。

由于劳工相对于雇主来说,总是处于弱势地位,所以劳动立法必须对雇主的权力加以限制,对劳动时间、最低工资、休息休假、健康和安全保护等都要有所规定。

4. 三方机制中的政府

由政府、雇主组织和工会通过一定的组织机构和运作机制来共同处理所有涉及劳动关系的问题,如劳动立法、经济与社会政策的制定、就业与劳动条件、工资水平、劳动标准、职业培训、社会保障等。在三方机制中,政府兼具谈判者、协调者、立法者三种角色。一方面,政府作为谈判

---

① 参见楚明锟《公共管理学》,河南大学出版社2013年版,第101页。
② 参见李秀丽《中国近代民族企业劳工问题及企业文化研究》,东北财经大学出版社2013年版,第144-145页。

主体，具有独立的发言权和表决权；另一方面，政府在提出自己利益主张的同时，也协调三方的利益，最后通过出台涉及劳动关系的法律、法规、协议来规制人们之间的相互关系，把阻碍合作的因素降低到最小，使各方的利益得到最大限度的满足。

（三）政府的职能

除了在公共管理、政治学上对国家职能的探讨外，经济学也从制度理论对国家职能进行了广泛的争论，其焦点在于政府应该管什么、不应该管什么。争论的中心问题，则集中在政府与市场的关系、国家与社会的关系、公平与效率等问题上。政府与市场、政府与社会的关系决定着政府的职能。在市场经济条件下，政府职能的主要内容可以概括为六个方面。

1. 维护宏观经济稳定

在经济运行中，市场虽然能自动调节供求，使之实现均衡，恢复平稳，但是过程漫长而损失巨大。因此，各国政府都奉行积极干预政策，认为很有必要运用经济发展战略和产业政策促进结构平衡，对国民经济全局进行总体调节，维护宏观经济稳定。同时，政府也会根据市场变动，运用宏观经济政策如财政金融杠杆调节短期供需，使之达到总量平衡。

2. 提供公共物品和服务

公共物品和服务在消费上具有共享性和非排他性，极易导致"搭便车"的行为。因此，此类产品和服务的生产及经营，私人部门不愿意介入。诸如基础设施建设项目的公共物品供给具有投资额巨大、工期长、投资回收慢的特点，私人资本也不愿意投入。因此，政府必须填补因私人资本空缺而留下的空白，为全社会提供公共物品及服务和基础设施。

3. 促进市场有序竞争

市场机制的正常运行以一定的规则和契约关系作为前提，一旦这些规则及关系遭到破坏，市场机制就会失效。市场机制的无序性会引发市场行为的无政府主义，放任自由的市场竞争将导致垄断。因此，维护市场秩序是政府的一项基本职能。维护市场秩序，使市场能够成为资源配置的基础，换句话说，政府经常运用自己的工具来矫正那些显著的市场失灵，提高经济效益。

4. 减少社会不公平

市场竞争能产生效率，但不能兼顾公平。政府拥有强制征税的权力，在进行再分配方面显然处于有利地位;拥有强制征税权使政府能从全社会的整体利益出发,对各阶层的收入和财产进行再分配;并且政府能够通过建立和健全社会保障体系来实现社会公平。

5. 消除外在负效应

外在效应又称外部性或外部经济。外部性既可能产生积极的正效应,也可能带来消极的负效应。保护共有资源由于外部性的存在无法通过市场机制加以解决,必须依靠政府。政府或者通过管制措施保护共有资源和环境,或者实行收费,以减轻过度使用问题。政府通过补贴或直接由公共部门生产来推进正外部性的产出,通过直接的管制来限制负外部性的产出。

6. 执行国际经济政策

政府在国际舞台上代表的是国家的利益,与其他国家就广泛的问题进行谈判。国际经济政策的一个重要方面是协调有关法规,减少贸易壁垒,以提高劳动分工和国际生产专业化的水平。近年来,各国经过谈判,达成了一系列贸易协定,降低了农产品、工业制成品和服务的关税,减少了贸易壁垒。历史上的经验告诉我们,国际货币体系不可能依靠自身来运转,稳定运行的汇率体系是有效率的国际贸易体系的先决条件之一。在世界经济危机中,各国政府只有联合应对,才能使危机不扩大化。[①]

第二节 市场及市场功能

一、市场的内涵

人们对市场的传统认识是"商品交换的场所"。不过,交易的完成未必需要一个特定的场所,比如网上购物,交换的"场所"涉及买方的电脑桌、卖方的电脑桌、邮递公司的办公地、卖方的发货地、买方的收货地,等等。不难看到,市场所要表达的核心内容其实就是交换。因此,在任何地方,没有交换就没有市场,有交换才可能有市场。[②]

因此,按照狭义的概念,市场是指买卖商品的场所,即买方和卖方聚集在一起交换货物的场所。而按照广义的概念,市场是在一定时间、地点

---

① 参见[美]萨缪尔森、[美]诺德豪斯《经济学》(第19版),萧琛主译,商务印书馆2013年版,第280-281页。

② 参见邓宏《经济学的一元论原理》,社会科学文献出版社2013年版,第168-169页。

条件下商品交换关系的总和，即把市场看作商品交换的总体。① 这是马克思主义政治经济学的观点，是以一定的经济关系来说明市场的性质。

而按照西方经济学的观点，在市场经济体制下，"市场"是一种资源配置系统，政府也是一种资源配置系统，二者共同构成社会资源配置体系。完整的市场系统是由家庭、企业和政府三个相对独立的主体构成的。在市场经济下，政府构成市场系统的一个主体，这是毋庸置疑的。比如，政府为市场提供诸如基础设施、教育和社会保障之类的公共产品和准公共产品，同时从市场采购大量的办公用品。但政府又是一个公共服务和政治权力机构，具有与市场不同的运行机制，因而在市场中又具有特殊功能和特殊的地位，可以通过法律、行政和经济等手段"凌驾"于市场之上，介入和干预市场，因此，为了说明政府与市场的关系，需要先从没有政府的市场系统说起。这时市场只有两个主体，即家庭和企业。

家庭是社会的基本细胞，是社会生活的基本单位，它为市场提供劳动力、资本和土地等生产要素，并通过提供生产要素获取收入，而后用家庭收入到市场购买生活消费品或从事投资，家庭的基本目标是满足需要和效用水平的最大化。企业是社会的基本生产单位，它从家庭那里买进生产要素，通过加工转换为商品或劳务，而后将商品或劳务又卖给家庭并获取企业收入和利润，企业的基本目标是利润最大化并实现扩大再生产。因而，从经济学的角度来看，市场并不仅仅是指商品交易的场所，还包括在无数个买者与卖者的相互作用下形成的商品交易机制。市场机制的基本规律就是供求规律，通过价格和产量不断波动，达到供给和需求的均衡。

市场是一种结构精巧且具有效率的商品交易机制。亚当·斯密（Adam Smith）将市场规律形容为"看不见的手"，认为不需要任何组织以任何方式干预，市场可以自动地达到供给与需求的均衡，而且宣称当每个人在追求私人利益的同时，就会被这只手牵动着去实现社会福利。马克思同样赞叹市场机制的效率，并将价格规律提升为价值规律。马克思认为商品的价值是由生产商品的社会必要劳动时间决定的，而价格围绕价值上下波动来调节生产和流通，并促进技术进步和经济发展，同时他也指出了市场波动是导致经济危机的可能性因素。

按照西方微观经济学的理论，市场一般包含以下几个特性：第一，形

---

① 中共中央马克思恩格斯列宁斯大林著作编译局：《马克思恩格斯全集》（第23卷），人民出版社1972年版，第182页。

成市场的基本条件。形成市场的基本条件即存在买方与卖方、有可供交换的商品、有买卖双方都能接受的交易价格及其他条件。这三者具备了，商品的让渡才能实现，现实的而不是观念上的市场才能形成。第二，形成买卖行为的三要素。市场活动的中心内容是商品买卖，因而要形成买卖行为必须具备消费者、购买力和购买欲望三个要素。没有消费者就谈不上购买力和购买欲望，没有购买力和购买欲望，也不能形成现实的市场。只有三个要素结合起来，才能促成买卖行为。[1]

在市场经济理论中，最理想的模型就是"完全竞争市场"，指生产者在市场中的地位完全平等，从而能够充分竞争的市场。"完全竞争市场"一般应该具有以下几个方面的特征：一是每一个市场拥有众多的买者和卖者；二是市场上的商品是同质的；三是全体买者和卖者都能获得全部完整和畅通的信息；四是所有买者和卖者都适用于价格规律；五是全部资源可以自由流动。不难看到，现实世界很难满足上述"完全竞争市场"的特征，因为每个生产者的产品或多或少都是存在差异的。如果产品属性存在一定的差异，但差异不大，我们一般称为"垄断竞争市场"。在"垄断竞争市场"中，生产者之间的竞争关系和分配关系与"完全竞争市场"非常相似。[2]

二、市场的功能

市场产生的基础是存在社会分工，同时又存在不同的所有者导致的商品生产，市场活动的基本内容有其共同性。市场有以下三个主要功能。

（一）实现功能

市场是商品交换的场所。通过市场交易，商品与货币易位：商品生产者售出产品，实现了商品的价值，进而可实现价值补偿和实物替换；消费者取得产品，产品进入消费领域，成为现实的产品。

（二）调节功能

市场是经济竞争的场所。供求与价格的相互作用，供求形势的变化和

---

[1] 参见吴健安《市场营销学》（第5版），清华大学出版社2013年版，第21页。
[2] 参见［美］曼昆《经济学原理：微观经济学分册》（第6版），梁小民、梁砾译，北京大学出版社2012年版。

竞争的开展，对生产者、经营者和消费者的买卖行为起调节作用，使生产、经营规模和结构与消费需求适应，能促进社会资源的合理配置。

（三）反馈功能

市场是信息汇集的场所。买卖双方的接触和影响供求诸因素信息的传递，不仅为企业的微观决策提供依据，有利于其更好地组织生产经营活动，也为政府宏观决策提供依据，有利于其进行经济计划管理和加强宏观调控。

市场的历史和商品经济的历史同样久远。伴随着商品生产和商品交换的发展，特别是商业的发展，市场的作用也日益显著。商品经济的内在矛盾即使用价值与价值的矛盾，商品流通领域的主要矛盾即供给与需求的矛盾，都要通过市场反映出来，并借助市场得到解决。市场是满足人们多种多样需要的手段，是社会再生产顺利进行的基本条件。社会再生产各个环节的活动都离不开市场。生产者只有通过市场出售产品，才能实现生产目的；消费者只有通过市场购买货物，才能满足需要；国民收入的分配和再分配，也要通过市场才能得到完成。市场是国民经济的一面镜子，它能反映经济发展的速度和比例、繁荣和衰退。市场能反映社会需要的变化，灵敏地提供信息，以便把生产和消费、供给和需求更好地结合起来。市场机制的调节作用、市场供求和市场价格的变化，能引起或强迫人们调节生产和消费，并调节交换双方的经济效益，对企业的生产经营计划起着检验和校正作用，从而有助于促进国民经济持续、快速、健康地发展。

第三节　国家与市场概述

一、政府失败

从西方市场经济的理论与实践来看，市场缺陷及市场失灵被认为是政府干预的基本理由。公共选择学派的代表詹姆斯·M. 布坎南（James M. Buchanan）说："市场可能失败的论调广泛地被认为是政治和政府干预做辩护的证据。"[①] 政府在社会经济生活中扮演着公共物品提供者、负外部

---

① ［美］詹姆斯·M. 布坎南：《自由、市场和国家》，吴良健、桑伍、曾获译，北京经济学院出版社1988年版，第13页。

效应消除者、收入和财富再分配者、市场秩序维护者和宏观经济调控者等角色。然而,政府本身的行为也具有内在局限性,政府同样也会失败;市场解决不好的问题,政府也不一定能解决好;而且政府失败将给社会带来更大的灾难,造成更大的资源浪费。①

结合布坎南对政府干预行为局限性的表现及其原因的分析,我们认为政府失败主要有以下五个方面。②

(一) 公共决策失效

政府对经济生活干预的基本手段是制定和实施公共政策。以政策、法规及行政手段来弥补市场缺陷,纠正市场失灵。相对于市场决策而言,公共决策是一个更为复杂的过程,具有相当程度的不确定性,存在诸多困难和制约因素,使政府难以制定并执行合理的公共政策,导致公共决策失效。在布坎南等人看来,公共政策失效的主要原因来自公共决策过程本身的复杂性及现有公共决策体制的缺陷。

1. 社会实际并不存在作为政府公共政策追求目标的所谓公共利益

肯尼思·阿罗在《社会选择与个人价值》一书中所提到的"阿罗不可能性定理"已证明了将个人偏好或利益加总为集体偏好或利益的内在困难。布坎南也指出,在公共决策或集体决策中,实际上并不存在根据公共利益进行选择的过程,而只存在各种特殊利益之间的"缔约"过程。

2. 现有的各种公共决策体制及方式(投票规则)的缺陷

被选出的代表由于其"经济人"特性而追求自身利益的最大化,而不是选民或公共利益的最大化,而选民却难以对代表们实施有效的监督;现有的投票规则或表决方式(如一致通过、过半数、绝对多数、2/3 多数等)将出现多数人对少数人的强制;一致同意原则的决策成本太高,且容易贻误决策时机。同时,选民的意识有时会受到拥有不正当权势的利益集团的影响,政府议案和选民的投票行为受到背后某种力量的支配,从而使政府成为私人既得利益集团"俘获的政府"而难以做出最优的决策。③

3. 决策信息的不完全

决策信息的获取总是困难而且需要成本的,选民和政治家所拥有的信

---

① 参见楚明锟《公共管理学》,河南大学出版社 2013 年版,第 103 页。
② 参见陈振明《非市场缺陷的政治经济学分析——公共选择和政策分析学者的政府失败论》,载《中国社会科学》1998 年第 6 期,第 89–105 页。
③ 参见樊纲《市场机制与经济效率》,上海三联书店 1992 年版,第 183 页。

息都是有限的,因而许多公共政策实际上是在信息不完全的情况下做出的,容易导致决策失误。政治家和选民的"近视效应"也是导致公共决策失误的一个原因。由于政策效果的复杂性,大多数选民难以预测它对未来的影响,因而只能着眼于近期的影响,考虑目前利益。而政治家或官员由于受选举周期或任期的影响,为了显示政绩,谋求连任或晋升,他们就会迎合选民的短见,制定一些从长远看弊大于利的政策。

4. 政策执行上的障碍

政策可行性、执行机构、目标团体和环境是政策执行过程中所牵涉的重大因素。这些因素中的任何一方面或它们之间的配合出现问题,都可能招致政策的失效。例如,政策执行依赖于强有力的执行组织及各部门或单位的密切配合,执行机构不健全,各部门合作不协调,执行人员执行不力,必将引起政策失效。又如,由于中央与地方分权及中央与地方利益的差别,地方政府有可能与中央政府讨价还价,力求从中央获得更多的利益。

(二) 政府工作机构的低效率

政府工作机构的低效率,是指政府机构执行政策和公共物品供给的效率不高,官僚主义作风严重。导致政府工作机构低效率的主要因素有三个。

1. 缺乏竞争机制

市场竞争迫使私人企业设法降低成本和提高效益,那些不以最高效率的方式来有效使用资源的企业最终将被淘汰出局。而政府部门垄断了公共物品的供给,没有竞争对手,即使它们低效率运作,仍能持续生存下去,这就有可能导致政府部门过分投资,生产超出社会需要的公共物品,从而造成大量浪费,如不适当地扩大机构、增加雇员、提高薪金和办公费用等。

2. 政府机构及官员缺乏控制成本的积极性

与企业经理不同,官员的目标并不是利润的最大化,而是机构及人员规模的最大化,以此增加自己的升迁机会和扩大自己的势力范围。也许某些公共部门的效率与私人企业一样高,但却存在另一种浪费,即提供公共物品的公共部门具有超额生产公共产品的内在倾向,这种"过剩"的产品或服务最终是以社会所付出的巨额成本为代价的,是一种社会浪费。

3. 监督机制的缺陷

政府官员的行为必须受到立法者、公民或选民的监督。但是现有的监督机制是不健全的，许多监督形式是软弱无力的，特别是监督信息的不对称使对官员的监督徒有虚名。立法者和选民都缺少足够的必要信息有效地监督公共机构及其官员的活动，官员（被监督者）比监督者（立法者和选民）拥有更多的关于公共物品及服务方面的信息。由于政府部门垄断所导致的信息阻滞，选民无从了解被监督者的运行情况，甚至还会为被监督者所操纵，这就使选民对政府机构的工作情况无从下手，无法监督。[①]

（三）内部性与政府扩张

公共部门为了进行内部管理，需要发展管理的标准或规则，用来评价组织成员，决定工资、提升和津贴，比较下一级组织，以协助分配预算、办公室管理等。这些标准或规则即内部性。这些标准很接近"私人"的组织目标，内在性或组织目标是使机构中的全体成员发挥最大机构职能的重要因素。由于政府机构缺乏利润作为评判的标准，政府至少将预算规模作为其主要的目标，即无论政府的工作量是增加还是减少（甚至无事可做），官员都希望争取更多的预算收入，以获得各种好处。作为公共选择或公共决策执行机构及其官员也是按"经济人"模式行事的，他们的目标是自身利益的最大化，追求的是升官、高薪和轻松的工作及各种附加的福利。这可以通过扩大机构的规模及增加人员来实现。由于内部性的存在，政府机构运作的成本大大提高了，而这些成本却是普遍地加在公众（纳税者或消费者）身上。

除此之外，由于政府服务的非价格性而引发的不计成本行为，使政府在为社会提供公共品服务时，往往超出社会需要和社会所承受的限度，从而导致财政预算的增长。同时，当选的政治家往往更乐意公众的钱花在能够给他的选民带来明显收益的项目上，而不愿向这些选民征税。只要当政府借债支付公共开支所获得的边际投票收益大于通过增税来支付这种公共支出所造成的边际投票损失时，政治家就会不断扩大预算规模。也就是说，在多数选举制中，大多数人愿意享受公共服务，却不愿意纳税。[②] 而

[①] 参见汪翔、钱南《公共选择导论》，上海人民出版社1993年版，第77页。
[②] 参见阎慧蓉《西方政府干预与政府失败论析》，载《中国行政管理》1996年第8期，第35－37页。

政治家为讨好选民，又可以毫不费力，因而都乐意去干，其结果只会引起部门开支膨胀。

（四）政府寻租行为

公共选择理论认为，一切由于行政权力干预市场经济活动造成不平等竞争环境而产生的收入都被称为"租金"，而对这部分利益的寻求与窃取活动则称为寻租行为。寻租是政府干预的副产品，是政府利用行政、法律手段来阻碍生产要素在不同产业之间自由流动、自由竞争，以维护和攫取既得利益。其特点是利用各种合法或非法的手段（如游说、疏通、拉关系、走后门等），获得拥有租金的特权。寻租大致有三种形式：一是通过游说或贿赂等手段直接获取租金；二是通过各种手段改变政策环境来间接获得租金，如设定新的进口和生产配额等；三是进行表面上为了扩大生产的投资活动，如改进产品质量和扩大生产规模等，但其真正目的不是从这些生产中直接获得利润，而是要力争达到政府所确定的一些标准，然后据此获得政府的某些优惠或补贴性租金。

寻租活动导致政府失败，它使资源配置扭曲，或说它是资源无效配置的一个根源；寻租作为一种非生产性活动，并不增加任何新产品或新财富，只不过改变生产要素的产权关系，把更大一部分的社会财富装入私人腰包。它对社会资源的浪费表现在三个方面：其一，寻租者为获得政府的特殊保护要耗费巨大的精力和财力。这虽然能使寻租者获取个人效率，但对整个社会来说则是灾难。其二，政府及其公务人员要耗费时间、精力和财力进行反游说和反行贿，但同时仍有一些政府人员被腐蚀。其三，获得成功的寻租者借助政府干预使相关生产者和消费者白白付出沉重代价。正如同许多人买彩票，中奖的只是极少数。

寻租行为所导致的整个社会的资源浪费是极其惊人的，要限制和消除这一现象，关键在于调整政府的干预范围和程度。一般来说，有两种政府干预状态不会出现寻租行为：一是政府的职责只限于保护公民的生命、财产和监督而自愿达成合同执行的"最小政府"条件下，政府没有任何资源分配的职责，因而无租可寻。二是在国家承担一切资源分配职责，可以决定一切的"最大政府"条件下，企业和个人都是完全被动性的，无人去寻租。如果政府行为主要限于保护个人权利、人身与财产安全及确保自愿签订的私人合同的实施，市场这只"看不见的手"将能保证市场中所出现的任何租金随着各类企业的竞争性加入而消失。①

（五）政府职能的"越位"和"缺位"

政府职能的"越位"和"缺位"导致政府干预失效，主要可能发生于经济体制转轨国家。经济体制转轨的一个核心是明确政府与市场的关系，规范政府经济行为，转变政府经济职能。政府职能的"越位"，是指应当且可能通过市场机制办好的事情，政府却通过财政手段人为地参与，如政府热衷于竞争性生产领域的投资，代替了市场职能。政府职能的"缺位"，是指应该由政府通过行政手段办的事情而没有办或者没有办好，如公共设施、义务教育、公共卫生、环境保护的投入不足等，这些都是政府干预失效或失职的表现。

政府的运行是以政治权力为基础和前提的，而经济是政治的基础，政治权力不能创造财富，却可以支配财富，甚至凌驾于经济之上支配经济，这正是政府干预失效的根本原因。政治体制和经济体制是相辅相成的，政治体制改革和经济体制改革必须相互适应，政治体制改革迟滞，必然会导致经济改革效率的损失并制约经济的发展。因此，建立"统一、高效、公正、廉洁"的政府，健全政府机制，转变政府职能，是经济改革的内在要求，也是社会经济发展的重要保证。

二、市场失灵

市场是一种有效率的经济运行机制，这是毋庸置疑的。完全竞争市场经济在一系列理想化假定条件下，可以使整个经济达到一般均衡，从而使资源配置达到帕累托最优状态。但是市场不是万能的，一方面，现实中并不具备完全自由竞争的假设条件；另一方面，市场本身存在着自身难以克服的缺陷和不足，例如垄断、外部性、公共物品和不完全信息的存在，"看不见的手"的原理不能完全充分发挥作用。这就使完全依靠市场机制的作用无法达到社会资源的最优配置目标及社会福利的最佳状态。这些统称为"市场失灵"（market failure）。

一般而言，市场失灵包含三个方面的基本含义：第一，在完全依靠市场的情况下，依据一定的价值判断，认为市场解决问题的后果是"不理

---

① 参见孙学玉《企业型政府论》（修订版），社会科学文献出版社2013年版，第77-82页。

想"的;第二,作为特定制度安排,市场配置私人物品性质的资源有效,但本身不能对具有公共产品性质的资源进行有效配置,这种"失灵"与市场机制本身运作状况无关,是市场"拿它没办法"而造成的,不是"市场的错",是人们强加给市场"负责"的,对此,我们称之为"市场无能";第三,由于市场充分发挥作用的条件在现实中不完全具备,因而也就不能有效运转而造成资源配置无效和社会福利的损失,我们称之为"真正的市场失灵"[①]。具体看,市场失灵主要表现在七个方面。

(一)难以解决公共物品供给问题

在市场机制中,私人物品具有经济利益的可分性、所有权的确定性及效用的排他性,这使私人产品可以通过市场价格的竞争机制来提供。而满足公共需要的物品(我们姑且称之为公共物品和服务)具有非排他性和非竞争性的特点,却难以通过市场来提供。公共物品受益的非排他性,即是说公共物品在受益上是不可拒绝的,一旦被提供,在其效应覆盖的范围或区域内,不管愿意与否,任何人都得接受;同时它也无法阻止拒绝付款的人参与消费,某些产品即使在技术上可以阻止他人参与消费,但阻止的代价昂贵,最终难以实现。公共物品的非竞争性意味着公共物品的生产成本是固定的,与参与消费的人数变化无关,增加一个消费者带来的边际成本为零,即增加新的消费者不会影响原有消费者对既定公共物品数量所享有的消费量和效用程度。

由于以上两个特性的存在,使公共物品在经济利益上是不可分的,在所有权上是不确定的,所以无法通过等价交换的形式提供。这一方面使生产者无法通过定价来收回成本,所以追求利润最大化的生产者不一定能向社会提供公共物品;另一方面也使消费者都寄希望于别人付费购买公共物品自己免费享用,即所谓的"搭便车"行为。因此,公共物品无法通过市场来实现有效供给。

(二)难以解决外部效应问题

所谓外部效应,是指某个经济主体在追求自身经济利益的同时,其行为给其他的经济主体带来的影响。如果给其他经济主体带来了好处,则称

[①] 丁卫国、谢玉梅:《西方经济学原理》(第2版),上海人民出版社2014年版,第182页。

之为外部正效益；如果给其他经济主体造成利益损害，则称外部负效益。完全竞争市场要求所有产品的成本和效益都内在化，该产品的生产者要承担生产产品带给社会的全部成本，同时享有这一产品带来的全部好处。而出现外部正效益时，经济主体的行为给其他经济主体带来好处，却没能享受到其产品的全部利益，这就会因经济主体自身效益小于社会效益而减少资源配置；反之，出现外部负效益时，经济主体的行为给其他经济主体带来了损害，却没有付代价去赔偿，这就使其自身成本小于社会成本而进一步扩大资源配置。这就会使"损人利己"的行业进一步发展，而"利己、利人"的行业会萎缩，这与帕累托最优资源配置准则是相悖的。

一个常见的负外部性例子就是企业产生的环境污染。如果该企业无须支付对环境造成的污染费用，这将会导致污染程度加深。拥有正外部性的服务业典型例子是医疗和教育。一个有较高教育水准的劳动群体可以提高国家的国际竞争力、支持科研发展等。

（三）难以解决垄断和自然垄断问题

市场效率是以完全自由竞争为前提的，然而现实的市场并不具备这种充分条件。当竞争发展到一定程度会产生垄断——市场中一种商品只有一个生产者，而且这种商品没有相近的替代品。这是否意味着生产者这时可以随意提高或降低价格呢？不是的，企业销售一定数量商品的能力仍然受到消费者的需求限制——消费者愿意并能够为商品支付多高的价格。因此，该企业面对的需求曲线是典型的向下倾斜的需求曲线，跟完全竞争市场下的企业相比，垄断企业能够在不用担心损失全部销售额的情况下提高商品的价格。垄断者为了追求利润最大化，可能通过限制产量，抬高价格使价格高于其边际成本，从中获得额外利润，降低资源配置的效率水平。

同样，市场也解决不了自然垄断问题。自然垄断是垄断的一种特殊形式，这类行业一方面具有严格的地域性，别的地域的企业无法与其竞争；另一方面都是规模收益递增的行业，平均成本随着产量的增加而逐渐下降。比如，电话、供电、供水等行业中，大规模生产可以降低单位成本，提高效益，即存在着规模经济，一旦某个公司占领了一定的市场，实现了规模经济，就会阻碍潜在竞争者的进入，因为新进入该行业的公司由于生产达不到一定的规模，成本会远远高于大公司，难以与大公司展开竞争。因此，在规模经济显著的行业特别容易形成自然垄断，在自然垄断的情况下，垄断者凭借自身的垄断优势，往往使产品的价格和产出水平偏离社会资源最优配置的要求，从而影响市场机制自发调节经济的作用，降低了资源的配置效率。

（四）难以解决信息不充分、不对称问题

完全竞争市场要求所有的生产者和消费者都具有充分的信息，但现实的市场不具备这一条件。对生产者来说，由于信息不充分，其并不完全清楚消费者需要什么、需要多少，其他同类或相关企业的情况怎样，以至于当某种产品供不应求时，大家一哄而上，生产出现过剩；而当某种产品供大于求时，又纷纷转向其他产品，使这一产品出现供不应求的局面。对消费者来说，由于信息不灵、不了解市场行情及与生产者所掌握的产品信息的不对称性，购买产品支付了较高的价格，从而产生效率损失。

（五）生产要素的不流动性

自由竞争市场的一个重要特征就是价格可以协调资源的流动：价格引导资源从资源相对丰富的市场流向那些资源相对稀缺的市场。但是，资源往往不能在产业和区域间自由流动。影响流动的障碍可能来自一些人为的因素，像严格的劳动法，也可能是自然资源一些固有的特性导致。例如，劳动力很难在短期之内跨行业流动，这是因为人需要时间来学习新技能，学成后他们才能从一个行业转到另外一个新的行业。这种跨行业流动的困难，让工人们很难适应劳动力市场上技能需求的改变，这样就可能会导致工资急剧下降，甚至导致失业。

（六）难以解决收入公平分配问题

市场以各人对生产的贡献（主要包括劳动和资本）大小来分配收入，但是，一方面由于各人所拥有的体力、智力、天然禀赋和资本在质与量上会有很大差别，按市场规则进行分配会造成贫富差距；另一方面，社会中还存在已经丧失劳动能力、对生产不产生贡献的人，按市场规则进行分配就不会得到任何收入。而且这种差距又会成为收入分配差距进一步扩大的原因，最终使收入差距更为悬殊。

（七）难以解决经济的周期性波动问题

社会总供求的均衡是经济持续稳定发展的前提，但是在市场机制的自发调节下，社会总供求的波动是难以避免的。社会总需求大于总供给，出现经济过热；社会总需求小于总供给，就会出现经济衰退。经济过热时，价格就会持续上升，形成通货膨胀；经济衰退时，失业就会大量增加，而无论是经济过热还是经济衰退，都会使包括进出口在内的国际收支变得不平衡。

三、公共选择理论

（一）公共选择理论的概念与内涵

公共选择是指通过集体行动和政治过程来进行政府决策。公共选择理论帮助人们理解和加深对公共产品、公共权力、公共选择等核心概念的认识，主要从新政治经济学理论的视角介绍国家的起源、政府的权利和义务、公共所有权、公共资源、公共政策、宪法、宪政、共和、民主和自由、市场与国家等方面的基础理论与基本知识。公共选择理论研究选民、政治人物及政府官员们的行为。假设他们都是出于私利而采取行动的个人，以此研究他们在民主体制或其他类似的社会体制下进行的互动。公共选择理论也采用许多不同的研究工具进行研究，包括了研究对效用最大化的局限、博弈论或决策论。公共选择理论是一门介于经济学和政治学之间的新兴交叉学科，它是运用经济学的分析方法来研究政治决策机制如何运作的理论。学术界常常把公共选择理论称为"新政治经济学""政治的经济学"。有的时候又叫"官僚经济学"。

公共选择在本质上是一种政治过程。公共选择作为一种政治过程，有着不同的方面，即要经过立宪、立法、行政和司法三个过程。在第一阶段即立宪阶段，所进行选择的是制定根本性的法规来约束人们的行为；第二阶段即立法阶段，主要是在现行的规则和法律范围内展开集体活动；而在第三阶段，即行政和司法阶段则是执行阶段，它将立法机构通过的法案具体付诸实施，并且执行各项决策。在这三个阶段中，行政和司法阶段是最为重要的阶段。如果从行政的角度来研究和阐述公共选择理论的相关问题，这无疑是最有现实意义的。

（二）公共选择理论的形成与发展

公共选择理论产生于20世纪40年代末，并于五六十年代形成了公共选择理论的基本原理和理论框架；20世纪60年代末以来，其学术影响迅速扩大。英国经济学家邓肯·布莱克（Duncan Black）被尊为"公共选择理论之父"，他于1948年发表的《论集体决策原理》一文，为公共选择理论奠定了基础。

公共选择理论的领军人物当推美国著名经济学家詹姆斯·M.布坎南。当时在经济学理论界占主导地位的是凯恩斯主义，公共选择理论是建立在个人自由主义的非市场决策理论研究基础上的，显然与当时经济学界的主流观念差异太大，因此在这方面的研究受到了官方和一些大学的干预。而以詹姆斯·M.布坎南为代表的研究团体，不为所惧，以其独特的经济学视野和令人刮目相看的成果，引起了经济学界的关注，不仅受到了学术界的重视，而且为许多国家制定公共经济决策提供了一个崭新的视野。布坎南是从20世纪50年代开始从事公共选择理论研究的，他于1954年发表的第一篇专门研究公共选择理论的文章是《社会选择、民主政治与自由市场》。布坎南与戈登·塔洛克（Gordon Tullock）二人合著的《同意的计算——立宪民主的逻辑基础》被认为是公共选择理论的经典著作。布坎南因在公共选择理论方面的建树，尤其是提出并论证了经济学和政治决策理论的契约和宪法基础，而获得1986年度诺贝尔经济学奖。

传统经济理论主要是关于消费者和企业家如何做出关于商品购买、工作选择、生产及投资决策的。而布坎南的主要贡献在于，他将经济学中个人间相互交换的概念移植到了政治决策的领域中。于是，政治过程便成为一种旨在达到互利的合作手段。但政治秩序的形成要求人们接受一套规则、一种宪法，这反过来又强调了规则形成的极端重要性和宪法改革的可能性。布坎南认为，劝导政治家或试图影响特定问题的结局常常是徒劳的，事情结局在很大程度上是由规则体系决定的。通过将经济学的分析方法应用于政治领域，用经济交易的思维方式分析政治行为，让人们耳目一新。他提出，政客和官员就像经济体系中的其他参与者一样，都是出于自私的动机采取行动。

此外，著名经济学家阿罗和唐斯对公共选择理论的建立和发展也做出了重要贡献。20世纪70年代，公共选择理论的影响不断扩大，并传播到欧洲和日本。1969年布坎南和塔洛克在弗吉尼亚工艺学院创建了"公共选择研究中心"，同时出版了《公共选择》，从而促进了公共选择理论的迅猛发展。1982年"公共选择研究中心"迁到乔治·梅森大学，公共选择理论进入了繁荣发展阶段。①

(三) 公共选择的理论方法

公共选择理论是把经济学方法运用于政治学研究的一种理论,因而经济学的几种研究方法都在其中有所体现。根据布坎南的总结,公共选择理论的方法论由三个要点组成:个人主义的方法论、"经济人"假设和把政治过程视为一个交换过程的方法,即交易政治观。

1. 个人主义的方法论

个人主义的方法论认为,人类的一切行动,不论是政治行为还是经济行为,都应从个体的角度去寻找原因,因为个人是组成群体的细胞,个体行为的集合构成了集体行为。在此之前,传统的政治理论主要采用集体主义的分析方法。"集体行动被看成是个人在选择通过集体而不是经由个人来实现目的时的个人活动。"公共选择理论认为,市场过程和政治过程有着相似性。在市场中,个人行动通过市场而发生相互交换和相互作用,并由此产生宏观经济结果;在政治中,同样是个人行动导致了一系列政治结果。两者区别只在于,市场中的个人既直接承担个人行动的后果,又承担宏观后果;政治中的个人不承担其活动的直接后果,而承担集体行动的后果,且这种集体活动后果的好坏只能由个人评价。

对于公共选择理论中的个人主义方法,布坎南又做出了进一步解释。他认为:第一,个人在选择与决策时不是孤立的,其选择行为会随着制度环境的不同而不同;第二,方法论上的个人主义并不限定个人选择所追求的目标是什么,它既可以是利己主义,也可以是利他主义;第三,个人选择方案与选择结果是有区别的,可以做出个人选择,但不能选择总体结果,总体结果是个人选择不经意的结果。

2. "经济人"假设

"经济人"假设是经济学最基础的假设前提,即现实中的人是利己的,理性地追求自身利益的最大化。在公共选择理论产生前,对政治政策和决策的分析,抽象为简单的社会福利函数,似乎政府就是慈善的独裁者。公共选择论者认为,一个人不论在经济市场上还是在政治市场上,其行为动机都是一样的,政治决策过程中的人同样是经济人,即追求自己的最大效

---

① 参见蒙丽珍、古炳玮《财政学》(第3版),东北财经大学出版社2013年版,第48页。

用。这里,"经济人"的理性假设并不总意味着利己主义或一味追求个人经济利益。人们所追求的最大效用,可以是商品、收入、财富、社会地位、权利等利己主义因素或个人物质利益,也可以是慈善、友谊、和平、社会进步等非经济因素和利他主义因素。理性假设只是说利己主义因素或个人物质利益是值得追求的,但并没有完全否定利他主义的存在,相反,利己主义和利他主义都能实现个人效用的最大化。

3. 交易政治观

公共选择学派用交易的观点看待政治过程,强调政治是一种在解决利益冲突时进行交易而达成协议的过程。他们认为,个人的活动在两个环境里进行,一个是经济市场,一个是政治市场。人们通过经济市场进行的活动只能满足其一部分的目的,而另一部分目的必须通过政治活动而达成。但不论是在政治市场,还是在经济市场里活动,两者都是一种交易过程。在经济市场上,人们通过货币来交易,选择能给他们带来最大满足的私人产品。在政治市场上,人们通过选票来进行交易,选择能够给他们带来最大利益的政治家、政治法律等公共产品。因此,政治活动和经济市场的活动一样,本质上都是个人处于自利动机而进行的交易活动。

(四)公共选择理论的研究对象

公共选择,就是通过集体行为和政治过程来决定公共产品的需求、供给和产量,是对资源配置的非市场选择,即政府选择。从研究对象上看,公共选择理论研究的主题是政治市场,它直接打破了经济、政治间的间隔,从两者相互影响、相互依存的角度来理解政治市场的非市场决策,着重研究了政治过程中的公共选择问题。其研究对象包括以下几个方面。

1. 选民

公共选择理论认为选民是理性的"经济人",他们总是希望选出代表自己利益的政治家(或政党),从而改善自己的状况。其投票与否及投谁的票是建立在自己成本-收益分析的基础上。投票所能给选民带来的收益是潜在的,而选民投票与否及投谁的票需要去搜集信息。显然,搜集信息是有成本的,而且这成本是明显的。加上如果有足够多的人去投票,每个人就能清醒地了解到他那一票对投票最终结果丝毫不产生影响,在自己进行成本-收益计算的基础上,理性的选民将不去搜集信息,尽量减少成本,保持对政治、政党和候选人的无知,当然也就不会去参加投票了。当然，现实中很多时候有些选民还是会去投票的，这要考虑到其他的原因，如利他主义等的存在。

2. 特殊利益集团

公共选择理论认为，在政府决策过程中，具有共同利益的投票人往往结成特殊的利益集团来操纵政局，实现自己的利益。特殊利益集团一方面为缺乏信息的选民提供有利于自己的信息，竭力鼓动选民支持自己；另一方面又向政府官员游说，鼓动他们批准对本集团有利的议案。当然，政党和政府部门在某种程度上是需要这类特殊利益集团的存在，以便依靠他们的资助获得竞选胜利和实现自己的利益。这样，特殊利益集团往往会和当选议员、官员形成一个"铁三角"，从中获益。在这样的情况下，政府表面上代表公共利益，实际上是维护某些利益集团的特殊利益，在被"俘获"的行政、立法机构背后，都有其代表的特殊利益，显然是非效率的，会导致社会福利状况的恶化。

3. 政治家和政党

公共选择理论认为，政治家也是理性人，他从事政治活动的目的是追求自身利益最大化。对政治家来说，自身利益的最大化意味着获得政治支持最大化，政治支持最大化可以使他上台执政或竞选连任，这种政治支持最大化具体体现为获得选票最大化。民主政治中的政治家与经济中追求利润的企业家是类似的。为了实现他们的个人目的，他们制定了他们相信能获得最多选票的政策，正像企业家生产能获得最多利润的产品一样。这样，为了获得政治支持或选票最大化，政治家和政党力图制定为大多数人所欢迎的、能给他们赢得更多选票而不是失去更多选票的那些政策。然而，为使自己最少地承担公共产品的成本，选民们都会隐瞒自己对公共产品的偏好与动机，信息不对称使政治家和政党很难得到全体选民偏好的信息。而与此同时，一些特殊利益集团千方百计提供有利于他们的政策的信息，并且给出了一些使政治家和政党本身受益的条件。这些因素都使政治家往往屈服于代表特殊利益的压力集团。制定的政策并不能代表广大选民的偏好和利益，而是有利于少数特殊利益集团。

4. 官员（公共行政人员）

在公共选择论者看来，官员是由政治家任命的公共政策和公共项目的执行人，在政治市场中起着十分重要的作用。政府机构中的官员也像经济中其他人一样，是效用最大化的追求者。官员的效用函数包括下列变量：

他获得的薪金、他所在的机构或职员的规模、社会名望、额外所得、权力和地位。而这些变量的大小又直接和预算拨款规模呈正相关。因此，追求最大预算规模成为政府官员的目标。在政治市场上，政府机构的主要特征是其产出的非市场性质，官员与政治家之间的关系是一种双边垄断的关系，这就自然给政府官员创造了追求个人私利的机会和手段。官员可以利用自己的信息优势为自己牟利，官员们缺乏一种把公共产品的生产费用压缩到最低限度的动力，从而使社会支付的总服务费用大大超过了社会本应支付的总成本，导致了资源的浪费。为了实现自己的效用最大化，官员往往不管政府机构中的工作量是否增加，而只是不断地证明本部门比其他部门更重要，以便扩大其下属的人数和争取更多的预算。加上预算决策的分散化和制度约束的软化，现代税收结构愈来愈隐蔽和间接，选民容易出现财政幻觉，低估税收，倾向于支持更多的公共支出。政府部门的支出水平不断增长，政府提供的公共产品不断增加，相对于最优的产量有供给趋多的趋势。

5. 投票决策的规则

在民主社会里，典型的公共选择是通过投票来进行的。不同的投票规则对集体选择的结果和个人偏好的满足程度有着不同的影响。通常所用的规则有一致同意规则和多数同意规则。在公共选择理论看来，一致同意规则能使全体选民的偏好得到最大的满足，是实现帕累托最优的唯一途径，但它的决策成本太高，没有决策效率，甚至没有结果，因而只适用于选民人数很少或者人们的意见本来就比较一致的场合。现实社会生活中更为通行的是多数同意规则，因为其决策成本和预期外在成本之和较低。但多数同意规则会使一部分选民得到满足而另一部分选民利益受损，会产生收入和财富的再分配效应，在某些时候直接导致"多数人暴政"，而且多数同意规则很可能会出现循环票悖论和其他问题。因为多数同意规则只有在集体选择中的每个人对唯一的公共产品（或投票方案）进行表决，且选民的偏好是单峰的时候，才存在唯一的最终结果。所以，多数同意规则在很多时候也受到一些质疑。当然，公共选择理论还对直接民主制和代议制下的其他一些投票规则，比如互投赞成票等做了论述。

6. 竞租

这个领域结合了对市场经济和政府的研究，这也因此可以被视为一种新的政治经济学。这个领域的基本假设是要研究当市场经济与政府共存时，政府人员本身便是许多政治分肥（或称为政治分赃）和市场特权的来源。由于政府人员和市场的参与者都是出于私利而采取行动的，市场参与者会争相抢夺要租下（透过游说等手段）由政府颁布的垄断特权。当这样的垄断特权被颁布时，市场经济的效率便会被大幅削减甚至毁灭。除此之外，许多本来可以被消费者享用到的生产资源也被那些竞租者浪费掉了。竞租理论的范畴事实上大过了公共选择理论，因为它可以同时套用在独裁制度或民主制度上，也因此它并不完全是针对集体决策的研究。不过，这些竞租者对立法代表、政府首脑、官员，甚至法官所施加的各种影响，都是公共选择理论在研究集体决策制度时所必须考虑的。而且，那些最初设计了一个政府的集体成员也必须被视为竞租者看待，评估他们在设计体制时与自身利益产生的冲突。

（五）公共选择理论的主要流派及其基本观点

公共选择理论认为，人类社会由两个市场组成：一个是经济市场，另一个是政治市场。在经济市场上活动的主体是消费者（需求者）和厂商（供给者），在政治市场上活动的主体是选民、利益集团（需求者）和政治家、官员（供给者）。在经济市场上，人们通过货币选票来选择能给其带来最大满足的私人物品；在政治市场上，人们通过政治选票来选择能给其带来最大利益的政治家、政策法案和法律制度。前一类行为是经济决策，后一类行为是政治决策，个人在社会活动中主要是做出这两类决策。

目前，公共选择理论主要有三大学派，分别是罗切斯特学派、芝加哥学派和弗吉尼亚学派。

1. 罗切斯特学派

赖克（Riker）是罗切斯特学派的领袖人物。该学派有两个特点：一是坚持用数理方法来研究政治学，在投票、互投赞成票、利益集团和官员研究中使用数学推理；二是坚持把实证的政治理论与伦理学区分开来。其更多地运用理性选择理论和政治行为的博弈理论。赖克认为，政治活动是一个博弈过程，政党竞争是一个零和博弈，一方所得是另一方所失，每个政党的最优策略是让对手规模尽可能扩大，而自己只需保持略有优势（有时甚至是一票之差）就可以战胜对手。因此，在多数票选举制度下，最终将会形成在规模上略有差异，但仍然是势均力敌的两个政党。因而，冲突和冲突和解是公共选择理论必不可少的组成部分。该学派始终一贯地把实证的政治理论用来研究选举、政党策略、投票程序控制、政党联盟形成、立法机构和政府官员。直到20世纪80年代初，该学派论著的大部分内容都是理论性的和抽象的，基本上不涉及制度内容。这一派的成员大多对西方传统的政治学偏好制度主义持反感态度，而注重空间投票模型的研究。同时，该学派的大多数论著不讨论规范问题，他们试图站在中性立场上来研究民主选举中的多数票循环、互投赞成票所造成的缺乏效率、利益集团政治学、官员斟酌权等公共选择论题。

2. 芝加哥学派

该学派代表人物有贝克尔（G. S. Becker）、佩茨曼（S. Peltzman）、波斯纳（R. A. Posner）等。芝加哥学派的自由主义色彩尤其是"反历史"的色彩最为明显。该学派认为，经济学家可以观察、解释和描述历史过程，但是不能影响历史过程；总的来说，改变这个世界的努力是枉费心机的，是对本来就稀缺的资源的一种浪费。根据这个基本思想，该学派排除了经济学家向政府提供政策建议及政府干预的必要性。芝加哥政治经济学建立在效用和利润最大化的强假设基础上，它从价格理论和实证经济学的角度来分析政府，把政府主要看作是受追求自身利益的理性的个人所利用的、在社会范围内对财富进行再分配的一种机制。其否认政府是为公众谋利益的。它认为，政治市场只不过是满足起决定性作用的利益集团成员再分配偏好的技术上有效率的机制。它把私人市场分析中所使用的方法扩展应用于政治市场分析。它把政府也看作是一种市场，在这个市场上是货币与权力相交换。另外，芝加哥学派还认为，无论是瞬时均衡还是长期均衡，政治市场总是出清的。在均衡状态下，没有一个人可以增加他的预期效用而不减少另一个人的预期效用，即政治市场均衡是处于帕累托最优状态。

3. 弗吉尼亚学派

该学派代表人物有布坎南和塔洛克等。该学派的特色是强调方法论上的个人主义和宪法政治经济学。他们认为，个人是社会秩序的基本组成单位，政府只是个人相互作用的制度复合体，个人通过复合体做出集体决策，去实现他们相互期望的集体目标。只有个人才做出选择和行动，集体本身既不选择也不行动。社会选择仅仅是个人做出的选择和采取的行动的结果。宪法可以看作是能够使个人从相互交易中获得利益的一套规则，政府失灵的原因是约束政府行为的规则过时了或约束乏力。因此，要改善政治，就必须改善或改革规则。他们主张对投票规则、立法机构、官员政治和政府决策规则进行一系列的改革,通过这些规则起到约束政府,甚至是"守夜人"——国家的作用。他们不赞同把未经修改的私人市场理论原封不动地应用于政治市场分析,认为政治市场上的决策者并非总是对现状具有完全的信息;这些决策者不可能总是可以把未来的不确定性转化成确定性的等值,决策者不可能不犯错误。政府失灵是普遍的现象,关键是要进行制度建设和宪法改革。

本章小结

国家同政府是两个关系密切而又互有区别的概念。国家是一种政治实体,而政府是国家表现意志,政府是行使国家公共权利的机构,是处理国家事务的机关,它依赖于国家。虽然国家与政府是两种不同的制度,但它们之间有着密切的联系。政府从属于国家,代表国家,为国家服务,它的存在必须以国家权力的存在为前提。现代政府作为公共管理的核心主体,扮演着多重角色,有着重要的职能,包括宏观经济稳定、提供公共物品和服务、促进市场有序竞争、减少社会不公、消除外在负效应及执行国际经济政策,等等。因而,国家与市场的关系在很大部分上我们可以通过政府与市场的关系来理解。

从西方市场经济的理论与实践来看,市场缺陷及市场失灵被认为是政府干预的基本理由。然而,如同市场存在缺陷一样,政府也同样存在着失败,因而市场失灵与政府失败是我们用来理解经济社会政策的两大重要理论。之后,产生于20世纪40年代的公共选择理论从经济学的角度进一步阐释了政府与市场的密切关系,将市场中个人间相互交换的概念移植到了政治决策的领域中。公共选择理论认为政治过程实际上是一个交易过程,所以"经济人"假设和"个人主义"的方法论都可以运用到政治过程中。可以说,公共选择理论是我们理解"政治市场"的重要理论之一。

案例1

2017年美国拉斯维加斯枪击事件

2017年美国拉斯维加斯发生枪击事件,造成数百人死伤,成为美国近代史上死伤最严重的枪击事故。美国政府再次被指加强枪械管制不力,令惨剧接二连三地发生，但白宫指目前讨论枪管是言之过早。警员赶赴现场疏散民众，与枪手对峙，开火击毙凶徒；应对枪击案，逐渐成为美国警方的恒常化任务。

2016年6月，声称效忠极端组织"伊斯兰国"的枪手马丁，闯入佛罗里达州奥兰多一间夜店，向正在夜店消遣的民众开火，结果击毙49人，另外有超过50人受伤，当时成为美国史上死伤最严重的枪击案。但事隔仅一年多，"纪录"就被今次赌城枪击案打破。事实上，2017年发生枪击案的内华达州是美国枪械管制相对宽松的州，州内无枪械登记制度。民众买枪无须拥有枪牌，买多少亦不设上限。一如美国大部分州，内华达州并无禁止售卖和持有自动步枪。而有传媒报道，今次赌城枪击案的枪手连环开火，所使用的正是自动步枪。

加强枪械管制的呼声，再一次在美国响起。反枪械暴力运动发起人皮乌表示：你可以看见这枪击就是美国日常事，这样的人能够拥有这么多枪械，这直接跟美国全国步枪协会所做的事有关，投入了这么多政治献金。

全国步枪协会是美国最大的枪械拥有者组织，一直反对枪械管制。它与目前控制国会的共和党关系密切，在选举年对共和党反对枪械管制的候选人，捐款数以千万美元计，一直被视为共和党的"金主"。

而且《美国宪法第二修正案》，保障国民拥枪权利，令枪械管制激发出重大宪政争议，预计未来要在国会推动枪管立法，仍然会阻力重重。民主党人亦呼吁加强枪管，美国前国务卿希拉里在社交网站发帖，指单单为枪击案感到悲伤并不足够，呼吁各党派摒弃党派之分，"对抗"全国步枪协会。但美国白宫发言人桑德斯就表示，拉斯维加斯枪击案的调查工作目前仍然进行中，凶徒动机未明，呼吁各界勿过分揣测，现阶段谈论枪管是言之过早。

案例资料来源：《美国枪击案频生再掀枪械管制争议》，2017年10月3日，http://news.tvb.com/world/59d2b897e60383827a420ad6。

讨论思考题：

1. 请说明，国家力量与市场力量在美国枪支管制的不同争论点。

2. 拥有枪支是否为纯粹的经济行为？政府作为公共管理的核心主体，如何面对经济行为与市场自由竞争的呼声？

3. 美国宪法保障国民拥枪权利，令枪械管制激发重大争议。请就此谈谈，保障国民拥枪权利纳入宪法保障是否适当。

案例2

天津市政府打击非法传销

2017年8月7日,天津西青警方通报一起山东男子在天津静海区误入传销组织后死亡的案件。死者张超,25岁,内蒙古科技大学毕业生,7月10日来到静海区误入传销组织,7月13日病重被传销人员弃于案发地。目前,3名嫌犯因涉嫌过失致人死亡罪已被天津警方刑拘。7月14日,刚毕业的大学生李文星被人发现死于天津静海区一处偏僻的水坑里。8月6日,李文星被诱骗进入静海传销组织的经过基本查明,5名涉案人员被刑拘。接连两个年轻生命因传销而逝,天津提出决战20天,彻底清除全市非法传销活动。两天以来,天津已出动警力3000余名,排查村街社区621个,发现传销窝点420处,清理传销人员85人。问题是,非法传销活动,在天津存在已有20年时间,相关部门也曾多次打击,但这朵"恶之花"不仅仍然在天津野蛮生长,在其他地方也是屡禁不止。

相关部门对非法传销活动的漠视甚至纵容,无疑是一大原因。传销及其传销组织的危害性尽人皆知,非法传销活动在一些地方长期存在也是客观事实。但是,在李文星殒命之前,不管是非法传销活动高发的天津静海地区,还是一些"重灾区",相关部门既缺少主动作为的积极性,也没有形成一套常态化查处机制,未雨绸缪的防范机制更是阙如。

2005年11月1日施行的《禁止传销条例》,明确了县级以上地方人民政府、工商行政管理部门、公安机关及商务、教育、民政、财政、劳动保障、电信、税务等有关部门和单位,以及农村村民委员会、城市居民委员会等基层组织依法查处非法传销活动的具体职责。然而,一些地方并不重视非法传销活动的查处工作,即便查处也常常停留在运动式查处层面,而不是深入研究非法传销活动特点对症下药,收取"久久为功"之效。

从天津打击非法传销活动取得的成效看,传销并不可怕,可怕的是对传销危害的漠视,是对传销放松警惕,是在行动上的纵容。可以说,打击非法传销活动,减少其对个人及社会的危害,政府尽心尽职尽责是关键所在。为此,需要政府不放手、不放水、不放过,对当地的非法传销活动进行深入摸底、研判,整合各方力量,从流动人口管理、房屋出租备案登记等方面,建立起打击传销的有效机制,从街区摸查、日常排查开始,用驰而不息的行动打击已有的传销组织,从而让悲剧不再发生,让传销无处遁形。

案例资料来源:《打击非法传销》,2017年10月15日,见http://www.chndsnews.com/toutiao/2017/1014/80415.html。

讨论思考题:

1. 政府为何要打击非法传销组织?
2. 传销活动是否为纯粹的经济行为?
3. 请说明,政府应如何面对传销组织不断兴起的趋势。

复习思考题

1. 为何国家与政府是两个关系密切而又互有区别的概念?
2. 政府作为公共管理的核心主体,需要扮演哪些多重且关键的角色?
3. 市场产生的基础是社会分工,请说明市场的主要功能。
4. 简述政府失败与市场失败的原因。

第五章　国家与社会

第一节　社　会

一、社会的含义及本质

"社会"这个词在今天已经被人们广泛地使用,报纸杂志或日常谈话中,我们都频繁地使用这个词,实际上它已成为大众用语了。如我们生活在社会主义社会;把大学毕业参加工作称为"走向社会""进入社会";范仲淹的"居庙堂之高则忧其民,处江湖之远则忧其君,是进亦忧,退亦忧,然则何时而乐也。其必曰,先天下之忧而忧,后天下之乐而乐";有人说"人在江湖身不由己",这些日常关于社会的话语折射出了社会本质与现象的复杂性。那么,究竟什么是社会呢?

在我国古代,"社"与"会"最初是分开使用的。我国古人先有"社"的概念。例如,"周礼二十五家为社"(《说文》),"方六里,名之曰社"(《管子·乘马》)。而后又有了"会"这个字,"会,合也",有聚结、集合的意思。"社会"一词最早出现于唐代的古籍中。《旧唐书·玄宗本记》中就有"村闾社会"的说法。这是所见到的"社""会"二字最早的连用。其含义是指人们为了祭神而聚合到一起。此后,在历代的著述中"社会"一词也曾多次出现,但是其含义不尽相同,与我们今天的用法也相去甚远。今日使用的"社会"来源于英文"society"和法文的"societe",它们均来自拉丁文"socius",含义为"伙伴",英文"society"还有"团体、协会"的意义。日本学者在明治年间最先把英文"society"一词翻译为汉字"社会",近代中国学者在翻译日本社会学著作时沿用"社会"这个词,于是有了今天汉语里"社会"一词的含义。[①] 因而,从词源上讲,"社会"在我国古代主要指祭祀神灵的活动或人群,近代以后

---

① 参见肖云忠《社会学概论》,清华大学出版社2012年版,第31页。

受到西方文化的影响,"社会"一词多指各类人群。

西方社会学者对社会的解释多种多样,但概括起来主要有两大派别。

一派叫作社会唯实派(social realism,又称社会实在论),认为社会不仅仅是个人的集合,它是一个客观存在的东西,是真实存在的实体。社会外在于个人,并对个人具有强制性。社会虽然是由单个人组成,但是自从人与人组成一个集体后,社会所产生的现象都是由于集体的行为和活动所产生的,受制度和规范的约束,而不能再还原为个体的生理或心理现象。[①]持这种观点的代表人物有德国的格奥尔格·齐美尔(Georg Simmel)、法国的埃米尔·迪尔凯姆(Emile Durkheim)和美国的阿尔比昂·W. 斯莫尔(Albion Woodbury Small)等。

另一派叫作社会唯名派(social nominalism,又称社会唯名论),他们认为,社会是代表具有同样特征的许多人的名称,是空洞的名称而非实体,真正实在的只是个人。个人是社会学研究的对象,其研究方法是从个人行为的细节上,或者从其行为中可能推知的事项上加以研究。这一派的代表人物有英国的赫伯特·斯宾塞(Herbert Spencer)、德国的马克斯·韦伯(Max Weber)、法国的加布里埃尔·塔尔德(Gabriel Tarde)和美国社会学家富兰克林·亨利·吉丁斯(Franklin Henry Giddings)等,美国社会学家塔尔科特·帕森斯(Talcott Parsons)早期的"意志主义"社会行动理论中也带有社会唯名论的成分。

我们认为,两派的观点都有合理之处,但存在片面之处,社会的本质既不是在整体,也不是在个人之中,而只能在人与人的关系之中、在个人与整体的关系之中去寻找。

因而,科学地揭示社会本质的任务,是由马克思完成的。按照马克思的观点,社会是人们在交互作用中产生的各种社会关系的总和。"社会——不管其形式如何——究竟是什么呢?是人们交互作用的产物。生产关系综合起来就构成所谓社会关系,构成所谓社会,并且是构成为处于一定历史发展阶段上的社会,具有独特的特征的社会。"这句话揭示了社会的内涵及本质。

---

① 参见吴增基、吴鹏森、苏振芳《现代社会学》(第5版),上海人民出版社2014年版,第46页。

（一）社会是人与人的互动体系，是全部社会关系的总和

社会是由个人所组成的，但它不是单个个人的堆积或简单相加，而是人与人之间的联系或关系的总和。人们在交互作用中必然形成一定的社会关系并通过这种关系而实现社会互动。马克思指出："社会——不管其形式如何——究竟是什么呢？是人们交互作用的产物。"① 相互交往的个人结成了各种各样的社会关系，每个个人都处在特定的社会关系网络之中。正是这些社会关系的总和构成了社会。

（二）生产关系是社会的本质和基础

马克思指出："生产关系总合起来就构成为所谓社会关系，构成为所谓社会，并且是构成为一个处于一定历史发展阶段上的社会，具有独特的特征的社会。"② 因此，更确切地说，生产关系决定了社会。这样说的主要依据在于两点：第一，物质资料的生产是社会赖以生存的基础，因此在生产过程中人们结成的经济关系就成了一切社会关系中的最基本的、最原始的关系。第二，其他一切社会关系都是在生产关系的基础上产生和发展，受生产关系的性质所制约，并随着生产关系的变化而变化的。

（三）社会关系体系的发展变化表现出明显的阶段性和历史性

社会的发展表现为一个自然历史过程，用社会形态加以概括，有五种形态，即原始社会、奴隶社会、封建社会、资本主义社会和共产主义社会。

在马克思以前，政治学家、社会学家们曾经就社会的本质问题进行过广泛的探讨，但总是难以分清错综复杂的社会现象中的主要现象和次要现象。只有马克思才真正揭示了社会关系中最本质的关系。正如列宁所指出的，马克思"所用的方法就是从社会生活的各种领域中划分出经济领域来，从一切社会关系中划分出生产关系来，并把它当作决定其余一切关系

---

① 马克思：《致巴·瓦·安年柯夫》，见《马克思恩格斯选集》（第4卷），人民出版社1995年版，第532页。
② 马克思：《雇佣劳动与资本》，见《马克思恩格斯选集》（第1卷），人民出版社1995年版，第345页。

的基本的原始的关系"①。我们只有把社会关系归结于生产关系,又把生产关系归结于生产力的高度,才有切实可行的依据把社会形态的发展看作自然历史过程,才能把握社会发展的客观规律性。

由此,本书给"社会"下一个定义,社会是由占据一定地域空间并共享某种文化的人口在物质资料生产基础上形成的关系体系。这个定义揭示了社会的内涵:①社会起源于自然界,有一定自然地理空间,不是神创造的产物;②社会是由有意志的个体组成的,社会是人们共同生活的结合体;③社会是个人、群体、组织之间围绕物质资料生产这个基础而形成的;④社会的本质表现为互动形成的关系体系。

二、社会的类型及特征

(一) 社会的类型

1. 宏观社会的类型

宏观社会,是指社会的整体结构,是较大范围的社会关系体系。孔德(Comte)根据人类智力发展阶段的特点把人类社会分为三个阶段,也就是三种类型:①把社会看成是上帝产物的神学阶段;②用抽象的自然力来说明一切事物的形而上学阶段;③以科学方法探索社会发展规律的科学阶段。

斯宾塞以社会内部管理类型为依据把社会划分为军事社会和工业社会,军事社会的特征是强制性,表现为社会的各个组成单位的各种联合行动都是被强制的;工业社会的基础是自愿合作及个人的自我控制,特征是个人自由。

德国社会学家滕尼斯(Tönnies)从组织形式上区分社会类型,于1887年提出了"礼俗社会"和"法理社会"。礼俗社会又称为"共同体",指传统社会,规模小,分工与角色分化较少,家庭为社会核心单元,占统治地位的是个人的或具有感情色彩的初级关系,人们的行为主要受习俗、传统的约束,社会同质性强。法理社会又称为"交往社会",指现代工业社会,规模大,有复杂的分工与角色分化,经济的、政治的、职业的等社会组织取代家庭的核心地位,非个人的、不具感情色彩的次级社会关系居统

---

① 中共中央马克思恩格斯列宁斯大林著作编译局:《列宁全集》(第1卷),人民出版社1960年版,第117页。

治地位，人们的行为受正式的规章、法律等约束，社会具有很强的异质性。法国社会学家迪尔凯姆于1893年提出了机械团结的社会和有机团结的社会，前者依靠社会成员担任相同的角色和遵循共同的价值观念来维持社会团结，后者依靠社会成员担任高度专业化的角色因而互为依存来维持社会团结。1941年，美国人类学家罗伯特·雷德菲尔德（Robert Redfield）对小规模乡村社会和大规模城市社会做出解释，前者注重传统，人际关系密切；后者人际关系疏远，价值观念杂多。

马克思以物质生产方式为依据提出"亚细亚的、古代的、封建的和现代资产阶级的生产方式可以看作是社会经济形态演进的几个时代"[①]，并预见到共产主义社会的出现。后来人们将社会基本形态概括为五种：原始社会、奴隶社会、封建社会、资本主义社会和共产主义社会。

而丹尼尔·贝尔（Daniel Bell）的后工业社会、卡斯特尔（Manuel Castells）的网络社会也属于宏观社会的类型。其特征有：从生产产品性经济转变为服务性经济；专业与技术人员居于主导地位；理论知识处在中心地位，它是社会革新与制定政策的源泉；控制技术迅速发展，对技术进行鉴定，以及创造了新的"智能技术"。

宏观社会的分类指出了某种社会的最基本特点，对观察社会走向、指导微观社会研究具有重要意义，但难以对社会做进一步的实证研究。

2. 微观社会的类型

微观社会，是指可以进行经验研究的社会关系形式，包括以下几种类型。

（1）以血缘关系为纽带形成的社会生活共同体，有家庭、家族、氏族、种族。血缘关系是以血统或生理的联系为基础而形成的社会形式，是人的先天联系，在人类社会产生之初就已经存在。

（2）以地缘关系为纽带形成的生活共同体，有邻里、村落、城镇、社区。地缘关系是人类社会的区位结构关系或空间地理位置关系，人类要生存就必须占据一定的空间或者位置，由此形成人与人之间的地缘关系。

（3）以业缘关系为纽带形成的社会，有各种经济组织、政治组织、教育卫生组织、宗教组织。业缘关系是以人们广泛的社会分工为基础而形成的复杂社会关系，它不是与人类社会一同产生的，而是在血缘和地缘关系

---

① 中共中央马克思恩格斯列宁斯大林著作编译局：《马克思恩格斯选集》（第2卷），人民出版社1972年版，第83页。

基础上发展起来的。

（4）以兴趣而形成的各种非正式群体，这种群体表现形式多种多样，如工厂、班级里的小群体，民间各种兴趣小组。

（二）社会的特征

社会是社会科学用来探讨和试图解释的对象。就像在法国社会学家迪尔凯姆著作中所表明的那样，尽管社会有着多重特性，然而它却包括若干个不同的关键性要素，即它的整体性和完整性，也就是共同一致；而这正是与困扰马克思和韦伯的那种社会分化与冲突的观点相对立的。社会包括若干个主要特性：社会规范和法律，制度，文化、符号和仪式，以及劳动分工。迪尔凯姆在其许多著作中详尽地探讨了其中的每一个要素。①

1. 社会规范和法律

社会规范和法律是社会的基本要素。这些要素是被用来规定社会成员的行为和思想的指导原则。迪尔凯姆在他的研究中非常强调这样的基本社会事实。就任何社会发展而言，必须相应地制定规范和法律来全面控制社会成员的行为。在较小的和较原始的社会中，这样的规范和法律相对较少，与此相伴的是强权，并以死亡的痛苦威胁来强迫社会成员服从。在较大规模的社会中，这样的法律则易遭破坏，因而他们对所有社会成员的控制也变得更不容易。

此外，惩处或者制裁的性质在社会的两种形式之间是不同的。在较小规模和较原始的社会中，法律代表整个社会进行补偿；而在大规模和较复杂的社会中，法律设法补偿的只是个别政党。在更为现代的社会中，法律更有限的惩处往往反映了社会中不断增强的复杂性和差异性，以及随之而来的日趋明显的"个人主义"。于是，一方面是刑法，而另一方面是公民和社团法，这两者间的差异是明显的。刑法适合于小规模的和包容性的社会，即对罪犯从严实施强制性的惩处，而公民法则寻求归还受害者的利益。

2. 制度

在迪尔凯姆看来，教育、宗教和经济体现了社会的主要制度。前两种制度也正是他的社会研究中主要的和持久的关注点。制度为社会提供了指

---

① 参见［美］安东尼·奥罗姆《政治社会学导论》（第4版），张华青、何俊志、孙嘉明等译，上海人民出版社2014年版，第73页。

导规范和法律,而其形式上依据不同的任务和功能而有所不同。这里,教育乃是关键,因为教育给孩童提供了某一特定社会行为方式和规范的最早期基础。

在迪尔凯姆的社会观中,宗教制度也同样重要。在他看来,宗教似乎具有维护特定的社会秩序之黏合剂和整合性作用。宗教制度提供给社会以核心的守则或价值观念。迪尔凯姆介绍了宗教的一些重要特征,以明确宗教的性质及其对社会的重要性。最关键和最显著的特征是,存在于神圣与世俗之间的差异。神圣指的是那种独特的或圣洁的、具体对象的品质或日常的行为举止,诸如此类用来保持与宗教制度的一致性。

3. 文化、符号和仪式

规范和法律是社会运作的关键,它们有时能明确地进行传授,比如说在学校的教育中。不过,这种传授通常是以更为微妙的方式进行的。

迪尔凯姆坚决认为,社会联合体的成员具有共同的象征性符号,而正是这些符号长期以来对维系社会起到了重要的作用。这些符号包括许多似乎并不起眼的方面,比如国旗或国歌,以及起更关键性作用的特殊人物,如对国家创始人所表达的钦佩和敬重。在一个具体的政权或者国家的情况下,符号可能是一面国旗或者某些特殊人物,像美国的华盛顿。他们塑造形象,经常地重复宣传关于这些伟人的若干伟业,从而起到了激发社会成员归属感的作用。

仪式对激发和提醒人们记住这些符号是至关重要的。迪尔凯姆认为,"仪式是促使社会群体不断强化认同感的手段"[①]。实际上,仪式是人们经常地、定期地集中起来庆贺他们自己作为国家或社会一分子的活动。投票选举即可被视为这样一种仪式,它让人们感受到他们在民主制度下享有的自由。

通过经常性的和定期的集会来庆祝收获,或者庆贺某一特殊动物的诞生,这些社会群体就不仅只是庆贺某一具体对象,他们也由此而获得自己的新生。这些见解已在社会学家和社会人类学家中间产生了深刻的影响。比如说,宗教社会学家罗伯特·贝拉就运用这些观点来阐释美国的"公民宗教"。

---

① [法]迪尔凯姆:《宗教生活的基本形式》,渠东、汲喆译,上海人民出版社2006年版,第98页。

4. 劳动分工

迪尔凯姆在对社会本质的理解中，最后一个关键性要素是他的劳动分工概念。尽管马克思和韦伯曾经讨论过社会阶级，并依据人们的工作和职业粗略地定义为在经济活动中的共同境况，而迪尔凯姆则把它归结为劳动分工。他选择这一概念，其部分原因是来自赫伯特·斯宾塞提出的一个观点，即社会进化过程是同不断增加的复杂性和差异性相伴随的。

劳动分工本质上是某一社会为维护其成员的物质生存而规定的不同任务和功能。在原始部落中，这种分工包括打猎的步骤和宗族成员的聚集。而在现代社会中这样的分工则包括各种各样不同的方式，也就是我们今天所称的具体的工作和职业。劳动分工并非马克思所认为的把人们分隔开来，对迪尔凯姆来说，实际上就像规范和法律一样的一体化功能，即它为使社会的特征更为强大和坚固而提供基础。

（三）社会结构

学术界对社会结构的界定主要有这些观点：①以布朗（Brown）为代表的英国社会人类学家认为，社会结构是包括"某一时刻个人的社会关系的全部总和"，即社会体系在某一时刻的静止状态。②一些社会学家认为社会结构是社会地位和社会角色的相互关系。如美国社会学家波普诺（Popenoe）认为，社会结构是指一个群体或一个社会中的各要素相互关联的方式。日本社会学家富永健一认为，社会结构是指构成社会的诸要素之间相对恒常的结合，这些构成要素可以从接近个体行动层次（微观）到整个社会的层次（宏观）划分出若干阶段，即从角色、制度、社会群体到社会、社会阶级、国民社会。③中国社会学家陆学艺认为，社会结构是指社会诸要素及其相互关系按照一定的秩序所构成的相对稳定的网络。④中国社会学家郑杭生认为，社会结构是指社会行动者在互动基础上形成的相对稳定的社会关系协调体系。[1]

综合以上观点，社会结构是指在人的社会行动的基础上，各种社会要素按照某种方式或机制所构成的相对稳定的关系体系，社会结构的内涵包括两个部分：第一，由何构成，即作为统一体的社会或社会现象（单位）都是由一定要素组合而成的，因而是可以分析的；第二，如何构成，即这

---

[1] 参见肖云忠《社会学概论》，清华大学出版社2012年版，第34页。

些组成要素不是机械或杂乱的组合,而是遵循一定规则组合起来,维持较为固定的关系,使社会结构具有相对稳定性。

社会结构包含三个特征。

1. 整体性

整体性是指社会结构各要素在功能上产生的综合效果,整体对于部分具有优先性。家庭是社会结构中的细胞,政府、企业、教会等机构是社会结构的内部组织,了解社会结构就是了解这些细胞和组织的有机组合方式,以便说明它们是怎样相互协调和维持生存的。

2. 相对稳定性

相对稳定性是指社会结构一旦形成,在一定时空条件下大规模的结构性变迁一般不会轻易发生,一旦发生,也不会轻易消失。这是因为社会关系在时空条件下具有制度化的特征,而这种制度化的互动关系体系能够在较长时间上延续。如中国传统社会从秦一直延续到辛亥革命,持续两千多年,其间,尽管有农民起义的冲击与震荡,但基本组成要素即农民与地主及它的构成方式(自给自足的小农经济)并没有发生根本性的改变,由此形成中国传统社会的"超稳定结构"[①]。

3. 层次性

层次性是指社会的各个组成要素在社会发展中的地位和作用上的差异性。从宏观上讲,社会结构由政治、经济、文化等要素组成,社会的协调发展实质上就是政治、经济、文化的协调发展。社会群体之间的互动所形成的关系协调体系构成中观社会结构,其表现形式包含社会制度、团体单位或类群单位的组织形式,其核心是各种法规、制度和规章。

第二节 国家与社会概述

一、国家与社会的关系模式

(一)国家与市民社会

"国家与社会关系"理论的产生离不开"市民社会"(civil society)概

---

① 金观涛、刘青峰:《兴盛与危机——论中国封建社会的超稳定结构》,法律出版社2011年版。

念的复兴与实践应用。亚里士多德在其名著《政治学》开篇即使用"civil society"指代古希腊的城邦社会。文艺复兴时期，一些如洛克、霍布斯等自由主义思想家将"civil society"界定为凭借天赋人权、经过订立契约而结成的"市民社会"，有别于与自然状态相对的政治国家，初步奠定了市民社会理论的模糊架构。洛克认为，"市民社会先于国家而存在，国家权力来自社会权利的契约式委托，所以国家必须保护社会权利，而社会权利则可以用来限制国家权力"①。洛克这种"社会先于或外在于国家"的思想为市民社会与政治国家的分野奠定了理论基础，后来被边沁（Jeremy Bentham）和密尔（John Stuart Mill）继承，他们主张限制国家权力，扩大公民自由与权利空间。而黑格尔则对市民社会与政治国家做了质的区别，他批判道："市民社会是个人利益的产物，是一切人反对一切人的战场，市民社会也是私人利益跟特殊公共事务冲突的舞台。"② 黑格尔崇尚国家的至高无上，宣扬"国家高于社会"的原则。19世纪末20世纪初，凯恩斯（John M. Keynes）、霍布豪斯（Leonard T. Hobhouse）和罗斯福等人发扬了黑格尔的主张，积极倡导新国家干预主义，主张通过国家对市民社会的积极干预而达到发展市民社会的目的。由此可见，西方关于"国家—社会"的界定形成了分别以洛克和黑格尔为代表的"强国家"立场和"强社会"立场。

在洛克和黑格尔的两种路线基础上，研究者们继而列举了四种国家与市民社会关系的模式：①"弱国家—弱社会"模式见之于中世纪的西欧封建国家或者现代某些落后政体。②"弱国家—强社会"模式存在于"守夜人政府"时代，反映了传统自由主义理念，奉行社会对抗国家的"小政府、大社会"治理观点。③"强国家—弱社会"模式体现了国家主宰控制社会的"全能政府"观念，在传统社会主义国家和现代威权国家都有所反映。上述三种治理模式都被认为不适合现代中国社会的治理现状和目标要求。④"强国家—强社会"被许多研究者认为是现代中国实现"善治"的理性选择。

唐士其撰文指出："中国未来国家与社会的关系模式应该是一种既能保证社会的独立性与自主性，又能充分发挥国家作为社会总体利益的代表

---

① 转引自施雪华《政治现代化比较研究》，武汉大学出版社2006年版，第228页。
② ［德］黑格尔：《法哲学原理》，范扬等译，商务印书馆1961年版，第309页。

对社会经济生活的协调与控制的强国家—强社会模式。"① 而我们理解，这种"强国家"绝不是过去那种政府职能无所不包的强权高压的全能国家管控模式，而应该是建立在强有力的政府权威和超有效的政府能力基础之上。所谓"强社会"亦不是以对抗国家为目的，而是有着理性成熟的市民社会，高度合作、自觉参与国家建设的社会。"强国家—强社会"治理模式要求建构的国家与社会关系"绝非只有非白即黑的选择，毋宁是二者的平衡，亦即市民社会与国家间良性的结构性互动关系"。

但是，无论从学理角度还是从社会实体角度，市民社会都只是西方的产物，正如查尔斯·泰勒（Charles Taylor）为市民社会所定义的那样，"就最低限度的含义来说，只要存于不受制于国家权力支配的自由社团，市民社会就存在了。就较为严格的含义来说，只有当整个社会能够通过那些不受国家支配的社团来建构自身并协调其行为时，市民社会才存在于当这些社会能够相当有效地决定国家政策或方向时，我们便可称之为市民社会"②。因此说，在资本主义制度框架下，市民社会是作为制衡国家权力的对立面而存在并发挥作用的，这种功能经常性地使国家和社会之间处于对立和紧张的状态。而社会主义中国在改革开放之前由于实行高度集权的政治经济体制，形成了国家包揽和控制整个社会的"全能政府"模式和同质化社会，社会自治组织在国家超强控制下发育不良而过于衰弱，市民社会在强健的国家权威下不具备发生的可能。即使改革开放40余年的今天，中国进行了深刻的市场化和民主化改革，公民权利意识得以苏醒和重视，尤其在中国广大乡村，作为具体而真实存在的民间社会是乡土社会而非市民社会。从这个意义上讲，中国的"国家—社会"二元关系应是在国家主导下，逐步推进社会自组织的多元化发展，建立起国家与社会的良性互动治理模式。

（二）传统国家与社会关系的模式

1. 自由主义

自由主义是近代以来西方最重要的政治思潮之一。自由主义的出发点

---

① 邓正来：《国家与市民社会：一种社会理论的研究路径》，中央编译出版社2002年版，第109页。

② 邓正来：《国家与市民社会：一种社会理论的研究路径》，中央编译出版社2002年版，第27页。

是自我和个人，强调个人权利的优先性。自由主义关于国家与社会关系的核心观点在于国家是服务于公民社会的必要之"恶"，主张国家的最基本的功能就是维持社会内部的秩序，保护公民社会免受外部的威胁。

自由主义主张通过限制国家权力、建立"小政府"的方式来维护社会的自由和权利。自由主义奉行"看不见的手"理论，认为国家职能必须限制在特定的范围内，通过自由竞争的方式获取财富，保护权利和自由。亚当·斯密就认为，自由竞争可以增加社会福利，而国家干预则使某些社会成员的福利减少。限制国家权力，还因为权力自身的腐败倾向，所谓"权力导致腐败，绝对的权力导致绝对的腐败"。正是基于对权力的这种认识，自由主义主张建立"小政府"，减少政府干预，限制政府行为。

自由主义认为，社会是限制国家的主要力量。国家作为强力组织和管理机关，虽然来源于人们的契约，但并不必然自觉约束自己的行为，它具有某种扩张性。如何限制国家的扩张呢？自由主义认为，社会是限制国家的最好武器。一个相对独立的社会领域的存在对国家是一种约束，国家不能随意侵入社会领域，不能侵犯人们的权利和自由。如洛克在《政府论》中就多次使用"社会"概念，这个"社会"虽然还不是"政府"的对立物，但它代表着一种力量。[①]

自由主义主张社会是限制国家的主要力量，但他们并不轻视国家。他们认为，政治生活中必要的权力是有益的，但主张国家权力要有限度。国家不可缺少，这是自由主义与无政府主义的主要区别所在。早期资本主义国家的国家与社会关系大多属于自由主义模式，以英国和美国最为典型。但随着资本主义的发展，自由市场经济的弊端逐步显露，政府干预主义兴起，这种自由主义模式也得到了修正，并逐渐形成了所谓新自由主义、新保守主义等模式。

2. 国家主义

国家主义认为国家是自然的存在，国家与社会是相互分离的，国家高于社会，国家决定社会。国家主义否定了社会的主导地位，转而肯定了国家在二者关系中的主导地位，强调国家权力是绝对的、至上的。

与自由主义不同，霍布斯、黑格尔等人认为，国家是人们建立契约的结果，但国家主义模式强调人们通过契约建立起国家之后，必须服从国

---

① 参见［英］洛克《政府论》（下篇），叶启芳等译，商务印书馆1964年版，第78－80页。

家，因为国家解决了自然状态下的那种野蛮和无序。霍布斯认为，在国家产生之前的自然状态是一种"战争状态"，人与人之间是狼与狼的关系，相互厮杀，没有安全感；国家的产生正是人们为了摆脱恐怖和战争状态而建立契约的结果，国家的形成过程被其表述为"……这就不仅是同意或协调，而是全体真正统一于唯一人格之中……像这样统一在个人人格之中的一群人就称为国家，在拉丁文中称为城邦。这就是伟大的利维坦（Leviathan）的诞生"①。国家不是通过神意建立起来的，而是来自人们的委托和授权，但是，获得授权的国家（在霍布斯那里是君主）可以不受限制地采取措施改变战争状态，维护社会秩序和主权。因此，国家拥有绝对的权力，国家至上，个人必须服从国家，这种服从是单方面的。契约建立之后，人们就失去了独立判断的权利。从社会通过契约建立国家来改变战争状态推演出国家决定社会，社会必须服从国家，霍布斯开创了国家与社会关系上的国家主义模式。

与霍布斯不一样，黑格尔从精神伦理的普遍性出发，将国家描绘成"大厦之顶"，崇尚国家的无上权威，轻视社会在人类历史发展中的作用，并据此得出结论：国家决定社会。黑格尔确立的是国家与社会的分离，所以国家就成为家庭和市民社会的"真实基础"和"最高权力"，是它们的目的，家庭和市民社会只是达到国家的中介。②

国家主义虽然也肯定国家并不是神意的结果，社会与国家是分离的，但是他们否定了社会的主导地位，转而肯定了国家在二者关系中的主导地位，国家权力是绝对的、至上的，社会必须从属于国家。主张这种理论模式的思想家更多地考虑了国家政权的稳定、国家的统一等因素，以防止社会过于独立给国家造成的危害。在实践中，国家主义的模式在德国统一和资本主义政治发展中体现得比较明显，但是当其发展为极端形态——法西斯主义后便彻底被否定了。在现实政治发展过程中，国家主义仍然具有积极的意义，虽然它往往并不体现在主导理论中，但国家主义的某些因素却在国家政治生活中比较常见。

3. 无政府主义

在国家和社会关系问题上，部分人主张取消国家，这就是所谓的无政府主义。无政府主义主张社会至上，他们认为国家是各种社会问题的根

---

① [美]霍布斯：《利维坦》，黎思复等译，商务印书馆1985年版，第131－132页。
② 参见[德]黑格尔《法哲学原理》，范扬等译，商务印书馆1961年版，第174页。

源，国家的存在必然导致对社会生活和个人自由的过度干涉。无政府主义者抨击资本主义国家和政府，认为正是政府导致了人们的屈从，人们不能按照自己的意愿生活。他们提出了"自由即至善"的口号，认为个人意志高于集体意志，个人自由产生社会秩序。[①]

无政府主义可以追溯到古希腊时期，犬儒学派是最早追求取消国家、回归自然的思想流派，他们认为，自由回归自然才能实现人的本性，政治生活是无法实现"和谐"目标的。之后的无政府主义者有法国的空想社会主义者蒲鲁东（Pierre-Joseph Proudhon）、俄国的巴枯宁和克鲁泡特金（Petr Alekseevich Kropotkin）等。空想社会主义者，如欧文（Robert Owen）还为其无政府主义理想进行了长期的实验。蒲鲁东的无政府主义主张影响比较大，他第一个使用了"无政府"的概念。法国、俄国等国家的工人运动也曾经受到无政府主义的影响，而俄国革命中一度出现的民粹主义与无政府主义也不无关系。[②]

无政府主义的模式在现实政治生活中并不多见，除了小范围的实验和工人运动的实践外，它大多存在于理论上，而没有成为一种成熟的国家和社会关系的模式。由国家与社会关系衍生出的政治学的重要问题就是政治合法性问题。政治合法性的核心是国家的政治统治是否得到社会认同。不同国家的合法性有不同的基础，但在现代民主政治下，法治是普遍受到各国重视的合法性基础，而法治的基础也来源于社会，是国家与社会关系的固定形态。为了获取稳定的政治合法性，现代国家普遍强调将自己的统治建立在宪法的基础上，通过宪法来提供持续的、稳定的合法性基础。

4. 多元主义

进入20世纪以后，随着经济、社会的发展，国家与社会关系出现了一个明显变化，即众多利益团体、社会组织的出现和发展改变了国家与社会的力量对比，社会不再仅仅是与国家是否分离的问题，而是对国家产生了一定的影响和制约。从社会力量与国家间的不同关系出发，形成了多元主义的国家与社会关系模式。

多元主义（pluralism）至少有两种含义。一种是近代在西方发展起来的、尊重社会意识和政治文化的多样性的观念和学说。这是一般意义上的

[①] 参见曾峻《公共秩序的制度安排：国家与社会关系的框架及其运用》，学林出版社2005年版，第42－43页。

[②] 参见张静《法团主义》，中国社会科学出版社1998年版，第26页。

多元主义。另一种是 20 世纪以来在西方出现的多元主义民主理论,它主张在政治体制内,所有的利益都有平等的机会组织起来影响决策者,并在决策过程中反映团体的力量,实现自己的利益倾向。① 这里的多元主义指的是以多元主义民主理论为基础发展起来的国家与社会关系模式。

多元主义主要是以美国的实践为基础发展起来的一种国家与社会关系模式,并在 20 世纪中期成为一种主导性的话语,其主要代表人物是罗伯特·达尔（Robert A. Dahl）。多元主义揭示了现代社会政治生活的某些特征,特别是抓住了以美国为典型的现代西方民主社会中"利益集团政治"这一政治现象。

多元主义的国家与社会关系模式主要包括以下内容：第一,社会是由多重竞争性利益集团为代表的；第二,其核心观点是社会与国家之间的对抗性竞争；第三,多元主义模式的结果是"多重少数人的统治"②。这是多元主义的核心观点。社会中存在大量的利益集团,这些利益集团通过选出的代表来参与政治竞争,政治竞争的结果则是少数集团的领袖获得了统治的权力,政治统治也就是这些少数人的统治。

5. 合作主义

合作主义（corporatism,又称之为法团主义）作为一种关于国家与社会关系的理论具有较长的历史,但是以前的合作主义因为与威权体制联系紧密而遭弃。20 世纪中后期,得益于欧洲一些国家成功的实践,合作主义重新得到重视,并由德国学者施密特（Pilippe C. Schmitter）等加以系统概括,从而成为一种影响比较广泛的理论。

"合作主义,作为一个利益代表系统,是一个特指的观念、模式或制度安排类型。它的作用,是将公民社会中的组织化利益联合到国家的决策结构中。这个利益代表系统由一些组织化的功能单位构成,它们被组合进一个有明确责任（义务）的、数量限定的、非竞争性的、有层级秩序的、功能分化的结构安排之中。它得到国家的认可（如果不是由国家建立的话）,被授权给予本领域内的绝对代表地位。作为交换,它们的需求、领

---

① 参见晓林《当代西方多元主义理论和政治现象评析》,载《当代世界与社会主义》2001 年第 3 期,第 30 - 37 页。

② [美]罗伯特·达尔：《民主理论的前言》,顾昕等译,生活·新知·读书三联书店 1999 年版,第 181 页。

袖选择、组织支持等方面受到国家的一定控制。"①

合作主义被视为一种对国家和社会常规性互动体系的概括。这个体系包括以下要点：①有国家参与，社会参与则以功能团体的形式存在，它们互相承认对方的合法性资格和权利；②合作主义的中心任务是将社会利益组织集中和传达到国家决策体制中去，因为它代表着国家和社会的一种结构（制度化）联系；③进入的团体对相关的公共事务有建议、咨询责任，数量有限且相互间是非竞争的关系；④体系内的组织以层级秩序排列；⑤功能团体在自己的领域内享有垄断性的代表地位；⑥作为交换，国家对功能团体的领袖选举、利益诉求和组织支持等事项应有一定程度的掌握。②

合作主义是为解决多元主义的困境而发展起来的。在多元主义体制下，各利益团体、社会组织为实现自身的利益而展开了激烈的竞争，这种竞争可能演变为团体冲突，进而在与政府的关系上存在不可调和性。竞争性的利益集团不承担公共责任，置国家整体利益于不顾，合作主义把这种状态视为"社会病态"，强调为实现社会整体利益需要减少和控制冲突。在合作主义模式下，利益集团以协商和合作的方式进入政府，而不是采取对抗性竞争的方式。这样，政府与利益集团之间、利益集团体系内部都可以避免多元主义模式下因竞争而产生的混乱和冲突，可以在合作基础上形成一定的秩序。

二、国家与社会关系的历史演变

（一）国家与社会合一

古希腊时期是比较典型的国家与社会合一时期。古希腊时根本不存在国家与社会的区别，社会和国家是合二为一的。国家与社会的合一主要体现在：①国家与社会统一在城邦里，城邦既是国家，也是社会；②不存在区别于城邦利益的个人利益；③公民的权力不是对国家的要求和限制，而是对国家的义务。

---

① Schmitter P C. Still the century of corporatism. In Schmitter P C, Lehmbruchedsg G. Trends toward Corporatist Intermediation. Beverly Hills: SAGE Publications, 1979, pp. 7-52（转引自张静《法团主义》，中国社会科学出版社1998年版）.

② 参见张静《"合作主义"理论的中心问题》，载《社会学研究》1996年第5期，第39-44页。

（二）国家与社会分离

国家与社会的合一在人类历史上并不长久，随后，国家与社会分离的近代国家与社会关系逐渐形成了。随着社会契约论等的产生发展，人们对国家和社会的关系产生了新的看法。国家与市民社会的分离最初就是以社会契约论为基础的，在洛克等的社会契约思想的基础上，康德等人明确提出社会先于国家、国家来源于社会的观点，从而确立了国家与市民社会的二分法，其意义在于：确立了独立于国家的市民社会领域的存在，而且市民社会有自身的组织系统和行为规范，按照特定的逻辑运行，从而为国家权力设定了一个边界，国家不能随意侵入市民社会领域。

黑格尔在国家与市民社会二分法发展过程中发挥了重要作用，他明确提出市民社会的概念，并强调市民社会与国家的相对独立性。但是，黑格尔崇尚国家的无上权威，轻视市民社会在人类历史发展中的作用，并得出国家决定市民社会的结论。后来，这个结论被马克思证明是唯心的。

（三）马克思的国家与社会关系模式

马克思的社会理论批判地继承了黑格尔提出的市民社会与国家相分离的论断，提出市民社会决定国家的论断。

马克思的社会决定国家的理论主要包括以下内容：①社会决定国家，国家来自社会；②国家产生之后，又异化为社会的异己力量，并反过来控制了社会，从而出现了国家与社会一体的现象。在资本主义时期，社会开始摆脱国家的控制并恢复为一个相对独立的领域，即市民社会，从而出现了国家与市民社会的二分法。随着人类社会的发展，国家将最终消亡，即国家将回归社会，实现国家与社会的统一。①

（四）当代国家与社会关系的转型

随着社会的发展，市民社会理论也获得了新的发展，许多学者经过研究后发现，市民社会与国家二分法还无法涵盖社会生活中的所有方面，尤其是经济领域，市场应该与市民社会和国家处于同等重要的地位，从而使国家与社会关系问题转向多元化。人们意识到市民社会与经济领域存在巨

---

① 参见朱光磊、郭道久《政治学基础》，首都经济贸易大学出版社2007版，第105页。

大差异而使传统市民社会理论无法将经济领域与社会组织领域统一起来，于是，学者提出了第三部门理论，确立了"国家—经济领域—市民社会"的关系格局，将国家与社会关系推向新的阶段。

三、国家与社会的关系理论

国家与社会关系理论研究的传统途径大致区分为国家中心途径（state-centered approach）与社会中心途径（society-centered approach）两种。"国家中心"理论认为国家具有自主性，政策必然反映国家自身的利益与行动的逻辑，以国家统合主义论（state corporatism）、国家相对自主性的马克思主义为代表。相对地，"社会中心"理论以多元主义论（pluralism）、社会统合主义论（societal corporatism）、国家工具论等为代表，认为国家不具有自主性，国家的一切作为都只是反映利益团体的利益与要求。一般说来，社会中心途径理论将利益团体作为分析单位，描绘社会多元分化的情况及对政策的影响，将国家视为被动的机构或政策执行的工具；而国家中心途径则有助于说明国家、官员的自主性在决策过程中的地位，大多以统合主义为主。

（一）社会中心途径的多元主义理论

多元主义（pluralism）论者认为，政策是社会上各利益团体对政府部门施展压力的复杂互动结果，各种独立于政府之外的利益团体皆动用其权力和资源相互竞争，试图参与政府的决策过程以影响政策产出。然而，由于权力分散于各利益团体之间，任何一个利益团体都没有独占性的地位，而且也不是所有团体都有同等的影响力与参与机会。多元主义者认为政府只是利益团体或社会运动组织之间合纵连横与竞逐利益以形成公共政策的一个领域，因此政府没有特定的立场或控制的功能，往往会被利益团体所掳获而单纯地扮演被动的利益仲裁者的角色，其职责在于制订游戏规则以管理利益团体的冲突，并监督利益团体之间妥协约定的执行。

多元主义论者认为，多元主义过于重视利益团体对政策的影响，而忽略了决策过程中历史、意识形态、社会结构等其他因素的重要性。多元主义过于重视利益团体可观察的行为的结果，但忽略了国家部门对决策过程的影响力。国家本身是一个庞大、有丰富财政及权力的组织，在很多情况下国家会刻意忽略利益团体的需求，而依其本身的需要来制定政策。

另外，多元主义的权力观是一种零和博弈，没考虑到利益团体与国家间相互依赖的关系，政府必须依赖利益团体的支持，才能顺利推行政策；而利益团体也得首先获得政府的认可，才能影响政策结果进而达成其目的。

（二）国家中心途径的统合主义理论

统合主义（corporatism）又称为合作主义、组织主义、法团主义等。统合主义试图提供关于社会结构的若干理想形态以描述国家和社会不同部分的体制化关系，它的重心在功能单位和体制的合法化关系。1982年，施密特把统合主义看作是一种利益汇集的制度，一种连接国家与社会的制度安排[①]。统合主义作为一个利益代表系统，是一个特指的观念、模式或制度安排类型。它的作用是将公民社会中的组织化利益联合到国家的决策结构中，这个利益代表系统由一些组织化的功能单位构成，它们被组合进一个有明确责任（义务）的、数量限定的、非竞争性的、有层级秩序的、功能分化的结构安排之中。这些功能单位得到国家的认可（如果不是由国家建立的话），被授权给予本领域内的绝对代表地位。作为交换，它们的需求表达、领袖选择、组织支持等方面受到国家的一定控制。国家在政策制定中具有其自主性，并且具备追求自身利益的倾向。少数大型的利益集团被国家纳入特定政策的决策过程，被授予制订规则的权力和执行政策的任务，利益团体往往借此获得有利于他们的政策资源，在市场竞争中占据了首发甚至垄断性的优势。

统合主义制度中，国家与利益团体间呈现出交换的关系，亦使利益团体兼具利益代表及政策执行的角色，模糊了公私领域的界线。统合主义理论在公民社会、公共治理、社会阶层合作、经济发展等方面有很多应用。统合主义试图在传统的"国家—社会"一元化体系和西方社会多元主义框架之外寻求对利益整合的解释。它抛开了体制内外的分野，提供了一种不同于"国家—社会"分化的视角。它帮助研究者观察到了"国家—社会"框架容易忽略的问题，其背后的理论假设，或者是"国家统合主义"，或者是"社会统合主义"，但已经不是"极权主义"或"多元主义"。

---

① Schmitter P C. Reflections on where the theory of neo-corporatism has gone and where the praxis of neo-corporatism may be going. In Lehmbruch G, Schmitter P C. Patterns of Corporatist Policy-Making. London and Beverly Hills: Sage Publications, 1982, pp. 262-263.

(三) 政策网络理论

20世纪70年代中期之后,随着国家与社会部门之间的相互渗透,公共政策的分析已经很难再将其划归为社会中心与国家中心的途径。传统自上而下、层级节制的控制观点已不足以解释诡谲多变的决策过程,因此,强调弹性、参与、协商、相互依赖的政策网络概念(policy network)应运而生,大有取代多元主义和统合主义等传统模式之势,成为描述和解释当前政府复杂决策结构的新途径。政策网络的提出,乃是基于对宏观国家理论的反思和调适。在国家规模日益扩张、任务日益庞杂、责任日益加重的情形下,政策问题已无法通过传统多元主义或统合主义的单一模式来获得有效解决,必须对公共部门、私营部门等众多行动者的力量进行整合,进而形成相互依赖、彼此联结、紧密互动的网络关系。

政策网络研究的集大成者罗茨(Rhodes)认为,将政策网络视为一种介于宏观的社会权力分配和微观的利益集团互动之间的中观层次的理论模式。[1] 他从组织间关系理论出发,强调政策网络中的结构性关系而非人际关系,其理论基础是权力相互依赖模式,强调每个组织都依赖于其他组织提供资源。罗茨认为,政策网络的主要要素有权力依赖、结构间的联系、网络和行动者、与核心机构的不对称性权力关系及政策产出等,并根据利益取向、成员性质、纵向依赖程度、横向依赖程度、资源的分配和交换情况等五项指标的差异,将政策网络划分为高度整合的政策共同体、专业网络、府际网络及相对松散的生产者网络和议题网络等五种类型(见表5-1)。

表 5-1 罗茨的政策网络分析模型

网络形态	网络特性	稳定性
政策共同体 (policy community)	指中央与地方政府执行的网络领域中纵向的相互依赖关系。具有高度稳定性、高度整合性和限制性成员的网络,以政府利益为规范基础	高

---

[1] Rhodes R A W. Understanding Governance: Policy Networks, Governance, Reflexivity and Accountability. Philadelphia: Open University Press, 1997, p.1.

(续表 5-1)

网络形态	网络特性	稳定性
专业网络 (professional network)	指专业团体所支配的网络，具有高度稳定性与限制性的成员，参与者之间横向相互依赖。但是网络整合程度不如政策社群的高度凝聚力，所表现出来的是网络中专家的利益	高
府际网络 (intergovernmental network)	代表地方政府利益的网络，成员有限，纵向的相互依赖与横向的意见沟通都非常有限。建立在地方性权威组织的基础之上，具有水平扩张的强烈倾向，边界地带颇具张力	高
生产者网络 (producer network)	虽有国家机关参与，但还是经济利益团体扮演主要角色的网络，网络成员的数量不固定且流动性较高，具有有限程度的横向沟通意向和纵向依赖关系，主要为生产者提供利益	低
议题网络 (issue network)	这是横向沟通网络，参与者众多但关系不稳定。纵向的相互依赖关系有限，横向的意见并未整合。成员很多来来去去，因此无法成为坚强的网络	低

资料来源：Rhodes R A W. Understanding Governance: Policy Networks, Governance, Reflexivity and Accountability. Philadelphia: Open University Press, 1997.

总之，传统政策运作模式较多地强调封闭、静态的体系，较少着重于各参与者的互动关系上。和多元主义与统合主义相比较，政策网络强调在政策领域内，政府和利益团体的相互关系，网络途径是包含了多元主义模型与统合主义模型的一种选项，政策网络的出现恰恰可以弥补多元主义与统合主义的不足之处。

四、中国的国家与社会关系

（一）由党、国家与社会三位一体到各自相对自主

改革开放前，中国社会的权力高度集中，党、国家和社会形成一体化格局。用邹说的话来说，中国处于一种"总体性"（totalism）的社会制度

安排中①。一方面，党通过对干部人事制度的控制和归口管理，甚至通过建立与政府部门对口的部，实现对国家机构的一元化领导和直接控制；另一方面，通过城市中的单位制度和农村中的人民公社制度，实现对整个社会生活的支配。这种一体化格局"实际上是党通过自身的领导体系和组织体系对国家、对社会实行集中统一领导，从而把国家和社会全面整合进党的领导体系和组织体系之中"②。

20世纪80年代以来，随着这种党政不分带来的诸多不良后果及理论界对此的诟病，党政关系开始有所松动，并且国家权力（实际上是党权）开始上收，重新赋予社会一定的自主性。这样，党、国家与社会三者之间由原来的高度一体化变得各自相对自主，三者的关系结构也由原先在点上集中的一体化结构转变为三角形结构。一方面，国家机构获得了制度和法律上相对独立的地位；另一方面，随着改革开放的进行和深入，社会重新焕发出活力，并且出现公民社会的某些因子。从党的角度来看，党对国家的领导体现为党对国家制度的有效运作和控制，党对社会的领导则体现为它对社会的有效动员和整合（而非直接控制社会），使社会在新的发展条件下依然能够聚合在党的周围，同时党必须寻求社会的认同和支持。这样，一种全新的党、国家与社会三维关系格局开始呈现出来。

（二）由国家与社会的二元对立转向相互赋权（mutual empowerment），形成"强国家—强社会"关系格局

中国作为一个后发现代化国家，政府在现代化中一直发挥着主导作用。为了加快经济的发展和实现现代化目标，国家和政府力求将权力渗入社会的各个角落，尽可能地动员一切社会经济和政治资源。由此造成的结果是，国家权力明显强于社会权力，从而形成一种"强国家—弱社会"的格局。20世纪80年代以来，随着市场转型的不断深入，国家与社会关系也发生了相应的变革。自主性的社会空间不断扩大，国家与社会的关系也变得日益多样而复杂，并且出现了大量的民间社团。然而，人们对国家与社会关系的认识却没有发生质的改变，相反仍然受到传统单向思维的支配。他们习惯于把社会视为国家的对立面，认为两者之间属于一种此消彼

---

① 参见邹谠《二十世纪中国政治》，（香港）牛津大学出版社1994年版。
② 林尚立：《领导与执政：党、国家与社会关系转型的政治学分析》，载《毛泽东邓小平理论研究》2001年第6期，第37–44页。

长的零和博弈关系,国家强必定社会弱,而社会强必定国家弱。在这样一种思维的影响下,公民社会的推动者,着重鼓吹"国家退出";而作为监管者的国家,则对公民社会之于民主制度的意义没有深入研究。① 这种思维的负面影响,至今依然影响着国家和社会两者的认识与实践。

从理论上来讲,国家与社会存在着诸多关系模式,而非简单的零和关系。有的学者归纳为五种:社会制衡国家、社会对抗国家、社会与国家共生共强、社会参与国家、社会与国家合作互补②。而波兰社会学家奥索斯基(Stanisla W. Ossowski)则认为存在三种模式:①集体理解的模式,即建立在传统习俗之上的社会生活;②多元模式,它是由于相互作用的"自然法则"而获得的社会均衡,在遵循某些竞赛规则的情况下,是各个不协调的决策的结果;③一元模式,在这种模式下,中央决策规定社会生活,主要决策都由一个机构制定并且监督实施。奥索斯基认为,由此可以演绎出第四种模式,"第四种社会制度的概念——尽管旧式的自由主义者反对——是把社会生活的多元特征与合理的计划系统协调起来"③。由此可见,不论是"五分法"还是"四分法",皆包含"强国家—强社会"这一理想类型。事实上,西方国家的现实经验也印证了上述理论假说的正确性,并且表明国家和社会之间的确能够达致双赢的结局。

在中国这样一个具有革命型全能主义遗产的国度,将多元主义视为公民社会发展之道并希望最终实现"社会制约权力"的"弱国家—强社会"目标,其难度是可想而知的。因而,打破国家与社会零和博弈的陈腐观念和寻找新的发展模式,具有非常重要的现实意义。就此,我们赞同顾昕等学者的观点,就中国的实际来说,在合作主义(corporatism)理念下实现国家与社会的相互赋权(mutual empowerment),并最终形成"强国家—强社会"的关系格局,不失为一种合理而又可行的发展模式④。一方面,现代化目标的实现仍然需要国家作为社会总体利益的代表在尊重社会独立性

---

① 参见顾昕《公民社会发展的法团主义之道——能促型国家与国家和社会的相互增权》,载《浙江学刊》2004 年第 6 期,第 64 – 70 页。
② 参见何增科《公民社会与第三部门研究引论》,载《马克思主义与现实》2000 年第 1 期,第 27 – 32 页。
③ [美]莱斯特·萨拉蒙:《全球公民社会——非营利部门的视界》,贾西津等译,社会科学文献出版社 2002 年版,第 123 – 124 页。
④ 唐士其:《国家与社会的关系:社会主义国家的理论与实践比较研究》,北京大学出版社 1998 年版。

的前提下积极介入社会生活过程，对后者的活动进行多种形式的协调和引导，或者为它们创造适宜的活动条件和环境；另一方面，社会的良性发展和民主政治的实现需要社会在法律范围内享有广阔的活动空间，并最终与国家形成"双向的适度的制衡关系"。当然，这样一种抽象的理论解说还需要一套技术性的操作方案与之相配套。就当前来说，改革现行的社团监管体系，鼓励和引导民间组织的健康发展，使它们成为法治框架内各种公共物品和私人产品的有效提供者，是一项重要而又紧迫的任务。

特别需要指出的是，"强国家—强社会"模式中的国家，并非一个权力不受限制而肆意横行的"利维坦"，而是指国家具有较强的能力，能够有效动员和汲取社会资源，进行价值的权威性分配。套用迈可·曼（Michael Mamn）对国家权力的区分，"强国家"是说国家拥有强大的基础性权力（infrastructural power），而非专制权力（despotic power）[①]。对"强国家"进行这样的界定，不仅可以避免国家为其滥用权力侵害公民而寻找借口，而且有助于国家提高相应的基础性能力（如汲取能力、调控能力和合法化能力）并免除"自由派"对强大国家能力的无端责难。

本章小结

社会是由占据一定地域空间并共享某种文化的人口在物质资料生产基础上形成的关系体系。马克思科学地揭示了社会的本质，认为社会是人与人的互动体系，是全部社会关系的总和；生产关系是社会的本质和基础；社会的发展表现为一个自然历史过程。此外，社会有着明显的特征，主要包括：社会规范和法律，制度，文化、符号和仪式，以及劳动分工。国家与社会关系是一个历史演进的过程，从古希腊"国家与社会合一"模式到当代"国家—经济领域—市民社会"的关系格局，中间历经了国家与社会分离、市民社会决定国家模式等。

在国家社会关系演进的基础上，形成了"社会中心途径的多元主义理论""国家中心途径的综合主义理论"等，20世纪70年代中期之后，随着国家与社会部门之间的相互渗透，公共政策的分析已经很难再将其划归为社会中心与国家中心的途径。传统自上而下、层级节制的控制观点已不足

[①] 参见张静《国家与社会》，浙江人民出版社1998年版，第18页。

以解释诡谲多变的决策过程，因此强调弹性、参与、协商、相互依赖的政策网络概念（policy network）应运而生。但实际中，每个国家的"国家与社会"关系模式都有着自身的独特性。改革开放前，中国社会的权力高度集中，党、国家和社会形成一体化格局。20世纪80年代后，国家权力开始上收，重新赋予社会一定的自主性。当今，在理论与实践的基础上，很多学者认为，就中国的实际来说，在合作主义（corporatism）理念下实现国家与社会的相互赋权（mutual empowerment），并最终形成"强国家—强社会"的关系格局，不失为一种合理而又可行的发展模式。

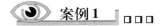

泸沽湖摩梭人：母系社会的走婚风俗

中国泸沽湖——一名身穿白衬衫、黑裤子，系着红腰带的年轻男子突然沿着木屋侧面爬上去，从二层的花格窗跃入房间。

"摩梭男人就是这样爬进女人的'花房'"，可木（音）对游客解释称。这名得意扬扬的情郎把头伸出花房的窗外，挥舞着帽子。"花房"即为女性的私人卧室。

洛水村位于中国西南部的泸沽湖畔。早晨，在一条狭窄的小巷中，附近在建的旅店弥漫着灰尘，一群年轻的工作人员又在为摩梭民俗博物馆的文化盛典做准备，其中包括18岁的可木。他们的任务是展示摩梭人的传统。摩梭人据称是中国的最后一个母系社会，孩子跟母亲姓，女儿比儿子更受欢迎。这种传统极具吸引力，促使这个曾经很偏远的地区成为旅游胜地。

在壮丽的自然景观及独特的文化体验的吸引下，成千上万的游客来到位于云南与四川省交界山区高原的泸沽湖旅游，其中大部分是本国游客。随着当地的机场在本月开放使用，以及随后连接泸沽湖及四川省会成都的高速公路的开通，游客数量预计会继续攀升。

为了迎接客人，泸沽湖湛蓝的湖水旁突然冒出了很多家庭经营的旅店。游客们可以观看当地居民身穿色彩斑斓的服装表演传统舞蹈，可以乘船游湖，欣赏摩梭青年男子用摩梭人的语言演唱情歌。村庄周围有很多"欢迎来到女儿国"的标语。

虽然这里的传统看起来充满活力，但摩梭社会正面临一场危机。随着与外界互动的增加,当地居民及外部专家都担心,摩梭人独特的文化习俗面临严重的威胁。专家表示,估计泸沽湖地区的摩梭人口大约为4万,随着越来越多的年轻人与族群外的人通婚,或者前往大城市工作,这一数字在不断减少。由于没有书面文字,摩梭文化特别容易消失。

甚至在摩梭社会内部,年轻人也越来越多地在选择婚姻,而非遵循作为摩梭文化基础的延续了几个世纪的走婚习俗。走婚不同于传统婚姻形式,男性在夜间来到女性家中,满足生殖及性需求。传统上,一名摩梭女性可能一生会有几段走婚关系,有时是同时保持。不过,随着外界的一夫一妻制及终身伴侣的价值观的渗入,这种传统有所改变。

"如果有一天能结婚,那很好,"处于走婚关系中的34岁的鲁如(音)说,"你能想象那么深爱某个人的感觉吗?"

在走婚关系中,性爱与家庭分离开来,男性和女性通常会在他们出生时的住所度过一生。因此,性伴侣很少生活在同一屋檐下。家庭和睦高过一切,包括婚姻关系。

在传统的摩梭文化中,家庭生活围绕基本的社会单位"大家庭"展开。在大家庭中,孩子由母亲及母亲一方的亲人抚养长大。虽然孩子通常知道他们的生父是谁,但舅舅负责扮演父亲角色,帮助抚养其姐妹的孩子。

男性与母亲住在一起,几代人生活在一个大家庭中。研究摩梭人的专家、佛罗里达大学(University of Florida)人类学教授施传刚(Chuan-Kang Shih)表示,这套体系的基础在于一种基本信条,即女性在心智乃至身体上都强于男性。摩梭人还认为,世界上人类所珍视的一切均源于一名女性,而不是男性。所有男性神灵都低于他们的守护女神。

纽约大学社会学教授朱迪丝·斯塔赛(Judith Stacey)表示,"想想家庭制度需要在性欲、稳定、家庭生活和孩子的归属问题方面进行协调的方式,就会觉得这个体系非常说得通"。斯塔赛一直在撰写有关摩梭人的文章。"但这取决于流动性的缺乏。就是因为这个原因,随着各种不平等及经济和地域流动的加强,这个体系现在无法维持。"她说。

根据史料记载,数百年来,摩梭社会的生活相对稳定。摩梭人被从元朝(1271年至1368年)开始实行土司制度,遵从严格的社会等级。虽然他们与实行婚姻制度的其他几个少数民族比邻而居,但几乎所有摩梭人都延续走婚传统。

这种情况在1956年发生了改变。当时土司制度走向终结,摩梭人被纳入了确立不久的社会主义制度。在中国共产党的领导下,社会等级被废除,摩梭人被迫努力改变共产党员眼中的"落后婚俗"。这些努力在1975年达到顶峰。当时官方开展"一夫一妻制"运动,要求摩梭性伴侣结婚,在同一屋檐下生活。自1976年"文化大革命"结束以来,政府基本上从摩梭人的日常生活中退出。但专家表示,日益加强的关注致使很多摩梭人对走婚持有矛盾的态度。

"在20世纪80年代末,摩梭人或是有很强的戒备心,或是干脆否认有所谓'走婚'的存在,"施传刚说,"然后在20世纪90年代中期,当泸沽湖的旅游业开始发展时,他们开始将它视作吸引游客的资本,开始宣扬。"

案例资料来源:《泸沽湖女儿国中国最后的母系社会》,2015年10月20日,见http://bbs.bigear.cn/thread-401170-1-1.html。

讨论思考题:

1. 请从社会规范、制度、符号和仪式的角度说明摩梭人"走婚"风俗的功能与特性。

2. 政府面对少数民族的社会制度应如何进行管理?是保留差异性还是维持统一性?请说明反对或支持的理由。

3. 我国在改革开放之前由于实行高度集权的政治经济体制,形成了国家包揽和控制整个社会的全能政府模式和同质化社会。请就此谈谈,还有哪些社会风俗是必须被延续与重视的。

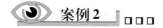

宗族主义与社会治理的挑战

汕尾市位于广东省东部沿海,是珠三角地区和潮汕地区两大板块的连接点,坐拥得天独厚的地理位置和自然条件却不能发挥优势,政治文明和法治进程在这里更是举步维艰。从早年的走私泛滥、红海湾事件、乌坎事件,到2014年震惊全国的陆丰毒村,汕尾一次次成为舆论的焦点。汕尾建市20多年来,经济发展滞后,社会治理问题层出不穷,引发了各界的关注和讨论,成为社会治理难题的一个重要案例。

汕尾的族群成分以福佬人居多,有一部分客家人,小部分广府人,以福佬人典型的海洋性格和文化为主要特征。这样的族群和地域文化作为长期形成的心理积淀,深藏于人们心中并潜移默化地支配着人们的行为。那么，这种族群性格与文化又是怎样影响着汕尾的社会治理呢？

以宗族主义为例，宗族主义是一种人们对血缘和姓氏辈分的共同认知，并在此基础上建立起来的关系和隐形力量，其本质是一种狭隘的小集体主义思想。在封建社会中，宗族主义是维护封建礼教的有效体系。它在战乱和农耕社会中帮助宗族内部增强凝聚力，团结一致抵御外敌，战胜恶劣的生存环境。宗族文化在海陆丰农村社会发展的历史上体现为同姓排斥异姓，大姓挤压小姓，并最终形成了绝大多数村落按姓氏聚居的格局。因此，汕尾人在初次见面一问姓氏，便常常能讲述他家乡（村庄）所在地，也衍生出以地名加姓氏区分人群属性的词汇，如沙港曾、南土余、溪头叶。

然而在社会化不断发展的今天，人们的工作生活范围不断扩大，个人和家庭的自由迁移，呼唤一种超越宗族和村落的外在和内在约束，这就是社会规范和公民意识。而宗族主义却常常成了这一进程中的绊脚石。宗族以父系血统网络为基础，宗族的延续必须以男丁为基础，因此，生育上的性别歧视——重男轻女也就不可避免，这样必然与国家推行的计划生育政策相悖，汕尾的计划生育多次遭到广东省的批评。

此外，宗族主义重视血缘、崇拜祖先的思想也导致了汕尾人对修建祠堂和祖坟的盲目追求，殡葬改革推行艰难。乡村里的华丽祠堂与破旧民居对比鲜明，山坡上的雄伟祖坟与国家建设野蛮叫板，这些现象似乎成了汕尾司空见惯的景观。宗族主义者对死者慷慨，对生者吝惜，他们修建一座祠堂所花费的钱财往往超过了一所希望小学。虽然也有很多成功的商人捐建了不少学校，但是与捐建祠堂、修族谱的费用相比，也只是九牛一毛而已。汕尾的计划生育和殡葬改革工作推进十分艰难，乡镇一级的政府将大部分时间花在了这两项工作上，但是成效甚微。计生政策只对领国家工资的人员有效，农村人口的生育依然难以控制，而殡葬改革在执行过程中成了某些基层政府收取土葬费牟利的工具。在个别地区甚至出现了宗族势力阻挠执法和抗法的个案，使基层政权和法治进程在一些地方受到严重挑战。

案例资料来源：温柔的雷公：《汕尾社会治理的文化分析》（节选），2015 年 9 月 25 日，http：//tw.112seo.com/cityarticle-263194.html。

讨论思考题：

1. 宗族主义与德国社会学家滕尼斯于 1887 年提出的"礼俗社会"和"共同体"是否有异曲同工之处？

2. 法国社会学家迪尔凯姆提出了"机械团结"和"有机团结"的概念，请运用迪尔凯姆的概念说明宗族主义的运作方式属于以上哪一种。

3. 请根据国家与社会关系的相关理论说明如何运用相关理论的概念来解决宗族主义所衍生的基层治理问题。

复习思考题

1. 请说明社会结构的定义与特征。
2. 请从自由主义、国家主义、无政府主义、多元主义与合作主义等不同视角来思考国家与社会关系的不同形态。
3. 何谓政策网络？政策网络有哪些类型？
4. 简述我国国家与社会的关系。

第六章 政府过程

第一节 政府过程的概念和内涵

一、政府过程的概念

（一）政府过程的概念辨析

政府过程，英文表达为 governmental process 或 process of government，它是政治学理论中的一个重要概念。这个概念最早出现于美国政治学家亚瑟·F. 本特利（Arthur F. Bentley）的著作《政府过程：社会压力研究》（*The Process of Government：A Study of Social Pressures*）。政府过程中的"政府"不同于我们一般所理解的政府概念，而是一个泛化的政府概念。我们习惯上把政府区分为广义上的政府和狭义上的政府。所谓狭义上的政府，仅仅指国家机构中的行政分支，即我们所说的各级政府；广义上的政府则是指国家机构的总体，包括立法、司法和行政机关。政府过程中的"政府"则是比我们所理解的广义政府更为宽泛的概念，是以"大政府"作为研究对象，甚至包括能够参与公共权力运作的所有权力主体。当然，不同的权力主体在不同的国家其影响力会有所不同，这也使不同国家的研究对象会有所区别。

在中国最为重要的权力主体是执政党——中国共产党，宪法确定了中国共产党的领导地位，要了解中国政府过程就要研究执政党的地位和作用。在中国如果不研究党政关系、党和人大的关系、党和司法机关的关系，就难以认识政府过程的实质所在。研究国外的政府过程也是如此，由于利益集团在当代西方政治决策中的影响力日益增长，利益集团理论也就成为西方政府过程研究的主要理论框架。具体到各个西方国家，政府过程研究的侧重点则又有所不同。在日本，由于第二次世界大战后大部分时期都是自由民主党一党执政，因此必须重点研究自由民主党在政府过程中的地位和作用，到自由民主党内部去寻找日本政治权力运作的奥秘，研究自由民主党内部的权力关系才能找到答案。研究美国的政府过程必须要研究美国联邦政府与州政府之间实际权力关系的演变，如果只根据美国宪法来研究美国联邦政府与州政府之间的权力关系定会"摸不着头脑"。对于其他第三世界国家也是如此。比如，要了解伊朗的政府过程，就必须考虑宗教的影响力；要了解非洲某些国家的政府过程，就必须考虑各部族之间的关系；了解南亚如印度、巴基斯坦的政府过程，还需要考虑家族势力对政治的影响力。

正因为政府过程研究的对象是泛化的政府，所以很多人也把政府过程称之为政治过程，很多学者并没有对它们严格区分，经常把两者混用。本特利的著作采用的是"政府过程"这个名称，但从其内容来看，其研究对象并没有局限于狭义的政府，而是拓展到整个政治过程。正因为如此，秉承本特利研究思路的杜鲁门（David Truman）的著作 The Governmental Process: Political Interests and Public Opinion 的中译本就被译作《政治过程——政治利益与公共舆论》。[①] 国内学者如胡伟、朱光磊在其专著中使用的是"政府过程"的概念，而王沪宁等人则采用了"政治过程"的概念。而从其论述内容来看，他们是把两个概念等同的。比如胡伟的专著名称为《政府过程》，但他在其他地方介绍其著作时，又把其专著称为《政治过程》。

还有一些学者把政府过程等同于政策过程或决策过程，"政府过程一般被理解为政府决策的运作过程，主要包括政府的政策制定与执行等功能活动及其权力结构关系"。在政府过程的实际研究中，很多学者也都是依照政策过程的分析框架展开的，从利益表达、利益综合、政策制定、政策执行、政策监督等角度对政府过程进行剖析，因此本书也把部分政策过程的研究也纳入述评的范围中。需要指出的是，政府过程并不等同于政策过程，而是比政策过程有着更丰富的含义，很多政府的功能活动并不一定具有政策的含义。在研究内容上也各有侧重，在政府过程研究中注重研究各权力主体之间的互动关系，而政策过程研究则是试图寻求政策过程的规律性，比如政策制定的原则、政策执行影响因素的研究，更多地具有技术性特征。

---

① 参见许超《政府过程理论研究述评》，载《湖北社会科学》2010年第1期，第35页。

政府过程是现代政府学的一个重要概念，它是结构—功能主义和行为主义研究方法长期发展的产物，其特征是对政治活动特别是政府活动的行为、运转、程序及各构成要素，特别是政治利益团体之间及它们与政府之间的交互关系所进行的实证性分析、研究和阐述。①

政府过程既是一种研究方法，也是一种政府的理论。作为一种方法，政府过程吸取了行为主义有关客观的、价值中立的研究方法，同时吸收了后行为主义对价值和规范的强调，在此基础上，政府过程学说成为一种较为成熟的动态的研究方法。作为一种研究政府的理论，政府过程理论研究的主体是政府，这里的政府被界定为"大政府"和"现实的政府"，过程是"政府的实际运作活动"，"政府过程实质上就是政治过程"。政府过程理论的核心概念是利益表达、利益整合、决策、施政，以及两个辅助和保障机制：政务信息传递过程和监督过程。在过程研究中，这些概念组织在一起以后，便表现为一个前后衔接、渐次推进的环节，也即表现为一个动态的运动过程。②

（二）政府过程的内涵

政府过程中的"政府"，是指大政府，是城市国家机构总体与执政党之和。具体到我国，就是指作为执政党的中国共产党对国家机关和国家各方面的工作实行政治领导、组织领导和思想领导，对国家的大政方针和重大事项直接决策，经法律程序后，由行政机关执行。政府过程中的"过程"，指政府的实际运作过程，具体而言是指政治过程，一般包括计划、组织、协调、指挥、调控等管理过程，涉及制定决策、执行决策、绩效监督三个环节。③

1. 政府过程中的民主形态

任何客观的政治存在都有其价值判断和理想追求。民主作为政治存在最本质的要求理应受到尊重。但民主并不是一个建构完善的整体且能够被随意拿走或者植入的，而是将包含在其中的各种独特的要素零散分布在客观的政治存在中。分权、制衡、选举、监督、法制等多重民主要素在不同的政治存在中分离聚合，构成各具特色的民主形态。在民主发展的历史进

---

① 参见朱光磊《现代政府理论》，高等教育出版社2006年版，第234页。
② 参见朱光磊《当代中国政府过程》，天津人民出版社2002年版，第12-18页。
③ 参见白建民、王欣、王薇《现代城市管理》，中国科学技术大学出版社2005年版，第104页。

程中，人类先后经历了古代的直接民主、近代的精英民主、参与式民主、多元民主，当代试图弥合"断点式"政治的协商民主。虽然它们看起来不一定相同，但其本质是一致的，那就是人民当家做主。从这个意义上讲，嵌入在政府过程中的民主要素同样聚合成一定的政治形态。

作为一种分析和解释现实政府的重要工具，政府过程将人类社会对于民主的价值判断和构成要素纳入其体系中。人本、协商、公平、制衡等民主要素同样成为政府过程的必要关照和价值准则。与其他分析方法不同，政府过程强调自身的独特性，它观照部分民主要素，注重体现在政府过程中的民主精神。从另一个角度来说，民主本质在政府过程中表现出独特的形态。

2. 政府过程的程序正义

政府过程是关注程序的。从实际运行来看，政府过程涉及政府、政党、公民、社会组织等众多主体，也包含从意见表达和综合过程、决策过程、执行过程、意见反馈和监督等众多环节。众多主体交互作用、差序组合，共同形成了看似凌乱无章的政府和社会关系。事实上，政府过程并非毫无章法和规律可循。无论是作为一个客观的政治存在还是政治分析方法，政府都能够展示一套完整的程序、过程及其规则。从国家社会关系来看，政府过程反映了国家社会之间的输入、转化和输出问题，这个过程也遵循一定的程序规则。从政府同相关主体之间的关系来看，意见表达、意见综合、决策和执行是一个逐次展开的程序。信息传递和系统监督则是这个主程序之外连带进行的辅助程序，事实上，政府是一个被程序化了的政府行为的组合。[①]

过程的良善是结果公正的重要保证。程序正义不仅是法律制度的价值准则，也是组织管理理论的积极追求。从官僚组织的发展历史来看，虽然这种被韦伯称为"冰冷的外壳"的官僚组织是当代人类异化的根源，但他明显是对前工业化时期以"家庭组织"和"皇权组织"为主要结构形态的超越，这种理性中包含的科学、有序、规范等优良的精神不仅没有在组织进化过程中被抛弃，相反却在发扬光大。从这个意义上讲，程序正义应当是政府过程始终不能放弃的目标之一。

---

① 参见鲁敏《转型期地方政府的角色定位与行为调适研究》，天津人民出版社2013年版，第201页。

3. 政府过程的协商精神

现代社会生活中，利益的多元化和价值观念的差异化成为政治决策难产和政治合法性降低的根源。"在多元文化社会中，公正和合法性问题变得尤其严峻。多元主义指在现代西方社会中，个人和集体持有许多相互竞争的、常常敌对的和不可调和的对幸福生活的理解和看法，这些不同的理解和看法，既有个人层面，也有集体层面，因为它们既可指个人也可指集体对幸福的看法，或是两种看法的部分结合。"① 而对利益攸关的具体事务的广泛参与和协商则能降低这种政治风险。它能够释放国家和社会间蓄积已久的政治张力，降低团体生活中人与人之间的冷漠和敌视；促进换位思考，增加公民对社会生活固有秩序中存在矛盾的理解，增加现行政治的稳定性和合法性；培养公民对政治生活的自信心、责任心和宽容度，训练他们参与政治的能力，促进政治社会化。更重要的是，这一过程的产生——有效的政治决策——将能够实现区域内集体福利的整体提升和公共利益最大化。正如亨德里克所说的那样，"协商民主更像是公共论坛而不是竞争的市场，其中，政治讨论以公共利益为导向"②。

尤其是进入现代社会以来，随着市场经济主体地位的确立，政府的管理和服务职能在整个职能体系中占据更大的比例，协商毫无疑问成为政府与政府之间、政府和社会之间最主要的运行手段和方式。在政府过程中，这就显示为协商贯穿了从意见表达、意见综合到决策施行和反馈监督等一系列的政府过程。任何试图实现自身主张的政治力量都不能不顾其他政治力量的感受而"特立独行"，都需要同其他政治力量充分协商并取得支持后方能进行。政府过程离不开有效的协商，协商成为优化政府过程的重要手段，协商精神成为政府过程中民主价值的构成要素。

从本质上讲，选举民主和协商民主都是民主要素聚集的形式，但却是两种不同的民主形态。如果将选举民主同政府体制和结构联系起来的话，那么协商民主无疑是同政府过程高度相关的。选举民主着重于政治体系的构建，它试图通过一定方式完成政治体系的交替、轮换和重构，并促成这个体系实现对民主的本质追求，因而它是一种追求形式实现的民主形态。

---

① [南非]毛里西奥·帕瑟林·登特里维斯：《作为公共协商的民主：新的视角》，王英津等译，中央编译出版社2006年版，第42页。

② Carolyn M. Hendriks. The ambiguous role of civil society in deliberative democracy. In Australasian Political Studies Association. Proceeding of APSA 2002 Australasian Political Studies Association Conference. Canbena：Australian National University，2002.

协商民主着重于政府过程的优化,它并不试图重构任何宏观的政治体系,而是将关注点放在对一定政治体系内中观甚至微观的程序改造上,通过程序正义和过程完善实现对民主的本质追求。

二、地方政府过程

(一) 地方政府过程的概念

就地方政府而言,我们可以把地方政府过程定义为实践中的地方政府,是地方政府权力的运行过程,以及地方政府权力与其影响因素之间的互动过程,特别是地方政府与地方公民、地方团体和地方企业之间的交互过程。地方政府过程意味着地方政府是动态的权力过程,注重地方政府在实践过程中的效果和效能,以及形成某种效果效能的实践过程。我们可以从广义和狭义两个角度来理解。

从广义的角度来说,可以把地方政府过程看成地方政治生活的动态过程,包含利益团体、政党等组织,还有选举、沟通、决策等活动。[①] 主要包含三个方面的内容。

1. 纵向权力体系中的政府互动

实践中的地方政府权力往往同制度及法理意义上的权力存在着很大的差距,地方政府在运行中往往会偏离上级政府和中央政府设定的目标,从而导致权力的扭曲和异化。因此,分析纵向权力体系中地方政府运行过程中的影响因素,从而建立科学规范的纵向权力制度体系是很多国家地方政府过程研究的重要任务。

2. 地方政府自身体系内部的权力运行过程

地方政府自身体系内部的权力运行过程主要指地方政府内部立法行政和司法等机关之间在实践中的互动过程。在西方国家,地方立法机关和行政机关等之间的动态过程在实践中存在着很大的差别。就我国地方政府来说,主要包括各级人大及其常委会和地方行政机关、司法机关、地方政协和地方党委之间的相互关系,还有一个重要的内容就是地方行政机关内部各部门之间的权力运行关系,这是一直困扰我国地方政府效能有效发挥的重要问题。

---

① 参见钟伟军、邢乐勤《地方政府学》,浙江人民出版社2009年版,第173页。

3. 地方政府与地方团体、组织和地方民众之间在政府权力运行过程中的互动关系

地方政府权力的对象就是地方民众和各种组织团体，地方政府与它们之间的关系和互动性往往在很大程度上决定了地方政府权力运行在实践中的有效性，以上各地方团体和组织及民众能否在实践中的政府权力过程中发挥应有的影响，以及它们在实践中采取何种方式参与影响政府权力运行，成为研究地方政府权力运行的非常重要的内容。在西方国家，利益团体和各种非政府组织及民众与政府之间的互动，成为地方政治生活中不可缺少的内容，并且很大程度上决定地方政府权力运行的模式和结果。在中国，随着市场经济体制的不断发展和完善，随着中国社会国家结构的不断发展和成熟，地方组织，主要是地方企业和地方各种团体的日益发达，以及地方民众参与意识和主体意识的不断提高，地方政府和地方组织、团体和地方民众之间的互动越来越引起人们的注意。当然，在实践中，以上三个部分主要内容是无法明确加以区别和划分的，地方政府过程总是连续的、不断循环的，地方政府权力在纵向权力体系中和自身内部及和地方各团体组织与地方民众之间的运行是紧密联系在一起的。

而从狭义的角度来说，地方政府过程通常是指地方政府的政策过程。政策过程体现了政治过程，一项政策常常是许多政治因素互动的产物，决策过程可以分解为许多子过程，但从总体上看是不同的决策因素交互作用的结果。政策过程首先是政策机制自身的运行过程，同时也是一个不同因素相互作用的政治过程。政策所要实现的是利益的分配，必然有各种不同政治力量的互动，是政治的主要过程。政策过程既包括政策制定过程，也包括政策执行过程，对联邦制国家来说，地方政府的政策过程相对独立自主，是一个地方政府系统与所在环境之间的一种自我调适过程。而对单一制国家来说，地方政府的政策过程相对要更多地受到来自上面政府权力的影响，同时，地方政府还有一个执行中央政府政策的基本责任。在这里，我们把地方政府的过程集中在狭义的范围，也就是把地方政府的过程定位为地方政府的政策过程。

（二）地方政府过程的影响因素

地方政府过程其实就是地方政府在实践中各种因素影响的合力下的运行过程，由于这些因素的存在，影响并制约着地方政府权力的运行状况和成效，使各国在地方政府过程方面显示出极大的差距，这些影响因素主要有三个。

1. 国家与地方政治制度

一般来说，在单一制国家，尤其是在中央集权的国家中，主要公共政策制定权、税收与财政收入、支出的决定权均控制在中央政府手里。尽管地方政府拥有一定的地方公共事务管理权，但管理的过程受到中央政府的指令的控制和干预，事权的收与放往往取决于中央的意志。同时，在地方性收入及其支配方面，地方政府的决定权有限，加之中央与地方的收入分配关系和转移支付政策的不确定性和缺乏规则，地方政府的自主性较弱，活动空间小。在这种结构中，地方政府很难扮演促进地方创新的角色。地方政府的权力运行往往体现在与中央政府的非制度的博弈行为上，地方政府为了自身的利益通常会采取一些制度外行为，如地方本位利益驱动下的地方保护主义、权力寻租等。而在联邦制国家，起码在形式上，事权和财权的分配关系是有宪法和法律规定来保障的，决策、事权和财权的分配关系相对比较清晰，分权的结构体系也相对比较稳定。在这种制度条件下，地方政府有比较明确的职责和权力范围，其权力运行也相对规范和制度化，从而能够形成稳定的预期，还有就是地方政府过程中，政治家、职业行政官员和公民三者在其中的关系。政治家、行政官员和公民构成了民主社会政治与行政管理过程的典型三角关系，三者之间的关系状况决定了地方政府过程中能否有效地平衡各方面的利益。[①] 同时，地方政府内部的权力分立和制衡关系也影响地方政府过程。

2. 地方社会资本状况

社会资本涉及社会成员共同的社会文化和制度规范所结成与维系的信任和合作关系，在实证研究中，社会资本的成长状况及其表现形式，与地方经济的发展、地方政治心理与文化的形成、公民参与愿望的实现之间往往存在着明确的正相关性。帕特南曾经对意大利和美国的一些地方的社会资本状况进行了统计分析，描述了社会资本状况与地方公民参与程度、公民共同体的成长程度之间的正相关性，提出了社会资本存量和增量的大小

---

① 参见孙柏英《当代地方治理——面向 21 世纪的挑战》，中国人民大学出版社 2004 年版，第 109 页。

对公民共同体构建和公民"公共性"意识具有重要影响。① 可以说,在社会资本较发达的地方,地方中间社会团体和组织及各种民间力量相对较为活跃,这必然会大大影响地方政府的权力运行,单个的公民有了有效的平台参与和影响地方政府过程,而地方政府在权力过程中也不得不设定各种有效的途径和机制,建立政府与公民之间有效的互动关系,这减少了地方政府在权力过程中公共权力被少数利益团体和个人俘获的可能。

3. 地方社区发展情况

地方政府所处的特定的社区环境和社区的基本条件,对于地方政府的权力运行方式和程度非常重要。社区是地方政府实践的发源地和运行空间,是地方政府活动的物质载体,为地方政府行为提供人口、政治制度、社会文化、人力资本等基本条件。而所谓地方政府过程面对的就是不同地方的性质差异性,力求在国家整体目标的框架下,从本地或社区的社情、民情出发,选择有效的权力运行模式。社区以下的主要因素影响着地方政府过程:一是社区的范围和规模。地方或社区的规模虽然不是决定性的因素,但是,它影响到地方政府过程的许多方面。如社区人口数量和构成、社区的地域空间范围和生态条件,决定着社区公共事务的性质和类型、社区权力分配模式、社区公民控制和参与公共事务管理的范围和可能性等。二是社区形成时间及目的。社区形成的时间长短,形成的目的和基本方式阶段,影响到社区面对的基本公共政策问题状况、社区治理的基础条件状况和社区公民彼此之间互动与相互关联的程度等,这影响到社区公民参与公共事务管理的程度。在强国家—弱社会的地方,公民自治和自主发展的程度很低,参与性差,公民对国家和政府的依赖性和依附性较强。三是社区的经济状况和资源条件。这影响到社区发展的基本进程,并制约着社区治理所能调动的人力、物力和财力资源的能力,从而影响到地方政府与社区之间有效的互动。还有就是社区之间的关系,往往也会对地方政府的实践产生重要影响。②

---

① 参见[美]帕特南《使民主运转起来》,王列、赖海榕译,江西人民出版社 2001 年版,第 65-90 页。

② 参见孙柏英《当代地方治理——面向 21 世纪的挑战》,中国人民大学出版社 2004 年版,第 113 页。

第二节 政府过程的相关理论

一、政府过程理论的形成及发展

(一) 亚瑟·F. 本特利

亚瑟·F. 本特利（1870—1957 年），美国著名政治活动家和哲学家。1908 年，本特利正式提出了"政府的过程"概念和一系列理论。《政府的过程：社会压力研究》一书其以关于政府过程和压力团体研究，大大将白哲特（Bagehot Walter）、威尔逊（Thomas W. Wilson）和布莱斯（James Bryce）开始的研究工作思路向前推进了一步。传统的美国政治研究主要集中在政府部门——总统直辖的行政机构、国会和司法系统，基本忽视了美国政治中集团——非政府势力——的影响。本特利出版的《政府的过程：社会压力研究》改变了这一重点。该书认为，由具有共同利益的人们所组成的团体，在现实政治生活中发挥了重要的作用，各种团体在追求各自的政治目标过程中形成了一种互动关系，这种互动关系构成了政治过程。作者不但讨论了集团对政治的影响，而且还从集团的角度描绘了一幅整个美国政治生活的图景。[①]

本特利政府过程思想的主要内容和学术特点主要有五个方面。

（1）本特利反对传统政治学对政治机构作表面的、形式的研究，反对各种玄学和正统的公式；相反，他认为，对政治问题的适当研究，就像自然科学那样，以"可观察的事实"和"可观察的行为"为对象。

（2）本特利前所未有地以"集团"（group，也就是后来所说的"利益集团"）的概念作为研究工作和理论表述的基准概念，从而与传统政治学以"国家"或"政府"概念本身为核心，来组织政治学说体系和建立有关公式的研究思路明显地区别开来了。

（3）本特利认为，"政府的原始材料"是人的行为和集团；通过政府过程，人及集团的行为在立法、行政和司法过程中表现出来，从而使"行为"和"过程"成为本特利政府学中仅次于"集团"的两个重要概念。

[①] 参见杨中华、班保申、杨宝庭《当代中国政府政治过程》，黑龙江教育出版社 2007 年版，第 7 页。

(4) 本特利提出的基本命题是"任何政治过程都是数量与数量的平衡过程",是集团间相互作用的结果。因此,如果可能的话,要对政府行为和人的政治行为作"数量上测量"。

(5) 一个特定的政府过程,甚至整个社会过程就是一个集团的活动、一种利益的表现及一种压力的行使。

"利益集团,就是一部分人组织起来为追求共同利益而对政治过程施加压力。"① 从上述定义可以看出,要成为一个利益集团,必须具备三个要素:首先是一个有组织的集团;其次,集团成员具有共同的利益或目标;最后,它们为了共同目标向政府机构提出要求或施加压力,使政策符合他们的利益。

(二) 查尔斯·E. 梅里亚姆

查尔斯·E. 梅里亚姆(Charles E. Merriam,1874—1953年),美国著名的政治学家,芝加哥大学政治学系主任。他在推动政府过程理论研究的学术运动中所起的作用,主要在于方法论方面,是美国政治学界"科学主义运动"的提倡者之一。

1925年,他出版了《政治学的新视角》(New Aspect of Politics)。他在该书中呼吁在政治分析中要重建方法,要求有更多的以经验为根据的观察和测量,并为此而使用统计数字,要求更多地把政治学、政府学的研究集中于"深刻的社会控制"。梅里亚姆主张政治学要广泛吸收和利用自然科学和其他社会科学学科中的有用方法。他还批评19世纪的政治学忽视了对政治行为的研究,提出政治学应当侧重研究政治行为,研究政治在社会生活、社会变迁中的作用。梅里亚姆还提出,心理学也是政治学中的一个重要的新视角。将心理学方法引入对政治行为的研究,有助于人们更好地理解政治问题。

(三) 哈罗德·D. 拉斯韦尔

哈罗德·D. 拉斯韦尔(1902—1918年),美国著名的政治学家,耶鲁大学教授,1956年任美国政治学会会长,曾到访燕京大学。1930年,拉斯韦尔发表《精神病理学与政治学》(Psychopathology and Politics),以实际

---

① [美]加里·沃塞曼:《美国政治基础》,陆震纶等译,中国社会科学出版社1994年版,第77页。

行动来推进心理学和政治学的密切联系。1948 年,他发表了《权力与个性》(*Power and Personality*),强调要注重分析政治行为者的个人动机和思想感情,并将心理分析方法和数量分析方法应用于政治宣传。两位芝加哥学派的最主要的阐述者,几乎同时发表了两部给予"权力现象"以中心位置的著作:①梅里亚姆于 1934 年发表《政治力量》(*Political Power*),表述了权力是怎样取得的,同时研究权力本身、当权者的技巧、对擅(超越)权的防止,以及权力的消耗等问题;②拉斯韦尔于 1936 年发表《政治学:谁得到什么,什么时候和怎样得到》(*Politics: Who Gets What, When, How*)。

1945 年第二次世界大战结束后,西方政治学界开始从"过程"的角度研究和表述政治与政府活动的各个方面。不仅行为主义注重过程研究方法,而且非行为主义,甚至不赞成行为主义的学者也都普遍把政治和政府看作过程。政府过程理论的稳定发展,突出地表现为它的基本方法论——行为主义在 20 世纪五六十年代地位的不断升高和巩固。

这一时期,在西方诸国,特别是在美国,人们比以往更重视制度、政府结构、政府程序和控制等问题,还很重视对压力团体和院外集团、对公开统治幕后的"看不见的政府",对官僚政治过程、行政程序和政党活动,对选举行为中种族因素的影响等问题的研究,相应地出现一批重要的著作。

1951 年,美国哥伦比亚大学政府学教授戴维·杜鲁门出版了《政府过程:政治利益和公众舆论》(*Governmental Process: Political Interest and Public Opinion*)。该书主要论述了利益集团、压力、利益集团与政府的关系,利益集团的组织与领导地位、领导的性质和领导的技巧,舆论、宣传工具、选举活动,政府结构、立法过程、政府行政,"接近"(access)、利益集团与国家的关系等问题;它的观点被称为 20 世纪 50 年代美国集团理论的黄金时期。加布里埃尔·阿尔蒙德(Gabriel Almond,1911—2002 年)的比较政治学与"结构—功能主义"分析政府过程学说在这一阶段获得最显赫的地位。阿尔蒙德与小 G·宾厄姆·鲍威尔(G. Bingham Powell, Jr.)合著了《比较政治学:体系、过程和政策》(*Comparative Politics: System, Process and Policy*)。

二、政府过程学说和方法论的基本内容

（一）政府过程中的政府是"大政府"

不论是作为一种学说，还是作为一种方法，政府过程当然是以政府为对象。但是，政府过程中的政府是"广义上的政府"，一般来说是指国家机构的总体、总和，或者说等于人们常说的"当局"。中国和许多国家常常在这个含义下使用政府概念。比如，国家领导人和外交代表——国家主席、国务院总理、人大常委会委员长、外交部部长、大使等，在讲话或行文中谈到"我代表中国政府"时所说的"政府"就显然不局限于国家行政机关，而是指代表中国国家主权的中国政府总体或者说代表整个中国国家机构。在有的时候，"广义上的政府"还可以是指国家机构的总体与执政党之和。现代政治，基本上是政党政治。在政党政治的含义上，政府和执政党是一体的。这是当代大多数国家的现实。像在西方学术界有一定影响的《牛津法律大辞典》也持这种观点，它认为，首先（政府是）指统治和领导国家或国家某一部分事务的程序和实际机制；其次指享有这种统治和领导职能的人所组成的机构；最后是指议会中产生的内阁及其组织这个内阁的执政党，以区别于反对党。①

政府过程作为一种研究方法是以"大政府"为对象的，这使它与行政学明显地区别开来，从而形成了自己鲜明的学术特色和学术优势。② 很明显，研究当代中国政府过程，不涉及党政关系；研究美国政府过程，不涉及美国的国会势力和州权势力，都是不可想象的。只有把政府置身于广阔的社会生活中，全面考察包括行政机关在内的各个政府机构的活动，才能真正说明一个特定国家政治生活的实际情况和该国政府所起的实际作用。选择"大政府"为研究对象，反映在方法论上就是强调政府与其他政治现象乃至与这个政府所处的社会环境的相互作用和"能量交换"，重视研究公民的意见表达团体、压力团体、院外集团、党魁等处于当局幕后的"看不见的政府"与政府当局的关系。这显然极大地开阔了现代政治学的研究视野，增强了政府研究的应用功能。

---

① 参见［英］沃克《牛津法律大词典》，北京社会与科技发展研究所译，光明日报出版社1988年版，第213页。
② 参见朱光磊《现代政府理论》，高等教育出版社2006年版，第239页。

（二）政府过程中的政府是"现实的政府"

如果说政府过程是以"大政府"为对象的话，那么换一个角度讲，它还是以"现实的政府"为对象的。

"现实的政府"是与"理想的政府"相对应的概念。所谓理想政府，是指一国的法律对本国政府的各种规定的总和，包括政府体制、职能及政府在国家中的地位等。所谓现实政府，是指在一个特定国家中实际发挥作用的那个实存的政府。它是依据法律发挥作用的，但在执法过程中，受法制完备程度和主客观条件的制约，不可避免地存在着一定程度的"偏离"法律的现象。在"偏离"中，有些是属于法律限度以内的灵活性，有些是法律的"空挡"，有些是"擦边"，有些是不合法的，有些是局部性的，但都是客观存在的。比如，按照法律，英国下院在国家权力体系中的地位最高，美国是三权分立。但是，他们目前无不是行政机关和政府首脑在国家权力体系中居于事实上的核心地位。从政府过程的角度看，这些现象在一定范围内和一定程度上的存在都是正常的。又如，在一个国家的内部，法制虽是统一的，但不同地方政府的工作状况是不同的，要求没有"偏离"现象发生，就等于要求一个国家所有地方的执法情况完全相同，这显然也是不可能的。

政府过程不放弃对理想政府的追求，在过程研究中，法律依然是准绳。政府过程在方法论上的活动空间，处于"理想的政府"与"现实的政府"之间；政府过程的方法论上的要旨，是揭示政府在运行过程中所产生的种种"偏离"现象及其规律；应用过程方法研究政府问题的目的，是寻求减少政府非法"偏离"行为的措施，实现政府行为的"适度"化。以揭示"偏离"规律为任务，在很大程度上解决了在现代政治学特别是政府理论的研究中，实现对政府发展理想化的追求与"从实际出发"接受现实的相统一的问题。

（三）政府过程中的"过程"是指政府的实际运作活动

如果说政府过程中的"政府"是作为研究客体而出现，那么"过程"更多地表示研究工作的方法论特征。关于政府过程中的"过程"的含义，并没有统一的说法。西方学者历来对这种"统一"也不感兴趣。根据我们的归纳，一般来说，"过程"的概念是在以下四种含义上使用的：①政府的活动、运动过程,强调政府权力系统各分支间的关系,政府与政党、社会与政府之间的相互作用,比如决策过程、执行过程、政务信息传输过程、监督与反馈过程等;②政府机构和政府官员的操作性活动和工作程序,英文"process"本身就有程序的意思,比如立法程序、预算程序、组阁程序等;③政府活动中较为重大的变化过程,比如行政改革、机构变化的沿革等;④如前所述,过程是一种研究方法。这四种含义,应当说都是符合逻辑的,也是我们能够接受的。

(四)政府过程中的起点是意见表达

"当某个集团或个人提出一项政治要求时,政治过程就开始了。"① 这个提出不同政治要求的过程,在政府学上被称为"意见表达"。畅通、规范、有序的意见表达是政府做出科学决策的重要前提,一项决策的制定总是基于一定的意见表达和意见综合之上的。

意见表达可以由不同的机构、团体、个人以不同的方式提出,即意见表达的主体和途径是多样化的。在中央政府过程中,"条条"和"块块"(主要是省级政府和中央部委)等政府机构是当代中国最主要的两个意见表达主体。比如,某一行业或部门的利益会沿着条条的途径逐级向上汇集,最终由中央部委代表这些利益向党中央、国务院表达。

"在当下的中国,真正有组织的压力集团是地方政府。"② 中央在决策时,非常重视各级政府的意见表达。在处理全国性的重要问题的时候,总是尽可能征询和听取各地方政府和各职能部门负责人的意见,对不同的意见,一般也可以进行自由的反复的讨论。地方政府在意见表达中,如果对中央即将进行的决策提出反对意见,中央政府一般会很重视,而如果同时有多个地方政府都反对,很可能使中央的决策"流产"。即使勉强做出决策,在执行中也难免严重变形,甚至根本不能被执行。

三、当代公共管理的政治过程理论

当代公共管理是一个政治过程,甚至是全部政治生活得以展开的重要

---

① [美]阿尔蒙德:《比较政治学:体系、过程和政策》,曹沛霖等译,上海译文出版社1988年版,第199页。
② 康晓光:《经济增长、社会公正、民主法治与合法性基础——1978年以来的变化与今后的选择》,载《战略与管理》1999年第4期,第72—81页。

支柱和日常形态。①

(一) 利益的表达与实现

利益表达是政治过程的起始阶段,而利益实现则是政治过程的结果。利益表达是人们将自己的愿望、意见、态度和信仰转变为对政府要求的方式,即将自身需要传达给政治体系的过程。它是政治过程的逻辑起点,也是公共管理过程的肇始点。当利益团体或公民个人向政府提出某项要求时,政治过程就开始了,政治体系在接收到相关的利益诉求后,经过利益综合,进入政策制定和执行过程,参与利益分配。所谓利益综合,就是把各种利益要求转化为公共政策选择对象的功能;或者说是把相同的利益需求集中起来,或者把不同利益需求协同起来,制定若干政策方案,提交给决策中心,以期得到承认和采纳的过程。在现代民主国家、政治精英人物、利益团体、政府与政党等都在利益综合中发挥着重要作用。

(二) 公共权力实现过程

政治过程也表现为公共权力的实现过程,体现为公共权力在与经济和文化意识形态交互作用中实现对社会的治理,并围绕着政治权力对社会资源的权威分配这个核心而展开。在现有的政治结构和社会治理结构中,政治权力的表现形式是多样的,而且往往因政治主体的政治色彩而显示出政治性质的差异。例如,政治权力到了政府之中,更多的是以行政权力的形式出现的;到了非政府公共组织那里,则表现为政府的授权或者一种社会权力,其政治色彩已被淡化。但在本质上都是公共权力,是公共权力在不同领域中和不同的权力主体那里所表现出来的具体形态。所以,公共管理施展公共权力的过程时,往往赋予政治权力以管理的色彩,即以管理权力的形态出现。实质上,公共管理在很大程度上还是政治过程。

(三) 多元主体互动过程

政治过程也表现为政府、政党、利益集团、社会团体、新闻媒介、公民等政治主体之间的互动过程,也是公众舆论的形成、塑造和在选举、立法、行政、司法等政治运作中发挥作用的过程。这个过程在公共管理中得

---

① 参见楚明锟《公共管理学》,河南大学出版社 2013 年版,第 82 – 83 页。

到完整体现，不仅政策的制定和执行需要体现各利益主体的利益诉求，需要平衡各利益主体间的利益，而且公共管理者的所有构成部分都与政治部门或利益集团有着直接或间接的联系。作为公共管理核心主体的政府，本身是一个政治机构。虽然在政治与行政二分原则中把政府作为行政机构来看待，但政府作为广义的政治机构从来都没有发生过变化；作为公共管理主体重要组成部分的非政府公共组织，在很多情况下就是某种（些）社会利益的代表者；至于个体的公共组织成员，也是拥有特定政治理念和政治倾向的。这就决定了公共管理具有政治过程性质，它在既定的政治环境中开展社会治理活动，必须借助于政治手段处理各种各样的问题，必须在社会治理活动中贯穿政治理念，必须在实现政治目标方面发挥作用。

公共管理不再是政府垄断的社会治理，而是多元主体的合作治理。因而在社会治理过程中需要更加透明地向社会公众开放，接纳公众参与，充分实现民主治理理念。事实上，在公共管理的多元主体间的合作，决定了它们是平等的参与者、治理者。公共管理主体的平等，决定了所进行的治理是共同治理、合作治理、民主治理。既然如此，说明公共管理是近代以来政治理想的实现，政治既是公共管理的基本途径，也是公共管理的基本特征。

第三节 中国政府过程

一、中国政府过程的特征

（一）中国政府过程的特殊性

在研究当代中国政府过程时，应着重强调，我们既要如实地承认在这方面是受了外国人的某些启发，但又不能也无法完全照搬外国人研究政府过程的方法和模式。这是因为，当代中国的政府过程有着自己鲜明的特色，相应地，关于中国政府过程的理论也会有自己的特殊性。[1]

（1）就目前而言，中国政府过程中主要的问题，不是"团体"问题，也不是"接近"问题，而是如何摆正党和政府的关系问题。党的十一届三

---

[1] 参见曹峰《中国公共管理思想经典（1978—2012）（上）》，社会科学文献出版社2014年版，第335-337页。

中全会以来，特别是 20 世纪 80 年代中期以来，把"党政职能分开"作为政治体制改革的重要内容并不是偶然的。中华人民共和国成立以后的大部分时间实行"党政不分"的体制，使国家政治、经济生活中需要加以处理的诸多关系，都不可避免地汇集到党政关系这条主线上来。因此，在当代中国，无论协调任何一种比较重要的社会关系，还是进行任何一项重要的政治体制、经济体制改革，都会遇到如何处理党政关系的问题。"党政分开"不是不要党的领导，而是要理顺党政关系，理顺党政关系的工作本身，就属于当代中国政府过程的内容，而且是中心内容。与此相一致，党政关系就成为中国政府过程研究中需要处理的主要问题。

（2）中国实行单一制，但是人口众多、土地辽阔、区域之间差别很大，因此如何处理中央和地方（特别是省级地方）的关系，必然成为政府过程中的重要问题。中国作为单一制国家，要实行中央集权，但中国太大了，也要适度放权；地方要服从中央的统一管理，但地方作为一种力量，对中央意见的形成也会有一定的制约作用；中央的战略与法令是统一的，但各地方之间的差别又很大。这些都属于中国政府过程有自己特色的部分。

（3）由于自然和历史的原因，中国政府过程异乎寻常地复杂。比如"市"，有直辖市、计划单列市、省府市、一般省辖市（地级市）、不设区的市（县级市）、市辖市（二级市）、特区城市等。又如"局"，有副部级的国家局、部委内设的局（司）、作为省政府部门的局（厅），有省辖市或地区行署部门的局（处），有作为县政府部门的局（科），党中央各部门也内设局，等等。每一种特定的"市"，每一个特定的"局"，就会产生一种特定的政府关系。类似诸多的复杂状况，使政府过程的研究面临着繁重的任务。

（4）相对于西方国家，中国政府过程要"长"一些。西方国家政府过程以利益表达开始，经利益综合、中央政府的决策与施行，最终到地方政府的活动。因此，它的政府过程为"人—团体—政府"过程，从我国目前的情况看，党和政府的绝大部分职能都要通过公民，特别是城市公民所劳动和生活的各个"单位"来实现；或者说，我国公民在大多数情况下是通过所在"单位"和居民自治组织（如街道居民委员会和农村村民委员会）与地方政府发生联系，中国党和政府通过与千千万万个"单位"及居民自治组织的联系，将其强大的影响力施及全体人民。因此，中国的政府过程为"人—团体—政府—单位"过程,与西方国家相比,它"长"了一个"单位"环节。

(5) 中华人民共和国成立 70 年来,中国政府始终处于显著的变动之一:机构设置是周期性的"膨胀—精简—膨胀"状态。近年来,政府职能又有所调整,行政地域时有变动,新的区域管理体制,如市管县体制、市管市体制、特区和开发区层出不穷。在这样短的时期内,政府体系不间断地处于这样强度的变动之中,必然给政府过程理论带来许多饶有兴趣与难以处理的课题。

(二) 中国地方政府过程的主要特点

中国的地方政府过程有如下三个明显的特点,其中前面两点是就其与城市政府过程、农村政府过程相比而言,最后一点是就其与一些西方国家的省政府过程相比而言。[①]

(1) 中国的地方政府对其所辖地区的管理与中央政权机关对整个国家的管理一样,属于战略性管理,其政府过程运转的负担重,责任大,宏观性很强。

中国大多数省相当于一个中等规模的国家。根据《中国统计年鉴 2016》的数据[②],2015 年年末人口,广东省超过 1 个亿,超过 5000 万的有 9 个,即山东、河南、四川、江苏、浙江、河北、湖南、安徽、湖北。因此,从政治上看,中央和省这两级领导,均属于战略领导;从经济和社会管理上看,中央和省级的工作,均属于宏观管理。这就要求省委、省政府必须摆脱过去那种事无巨细、事必躬亲的管理模式,拿出一副"大模样"。

也正是在这实际需要和这一应有变化的背景下,中央已经提出在全国建立社会主义市场经济的条件下,建立中央和省"两级调控体系"的要求;要求省政府一般不再管理企业,减少直接管理、具体管理和事务性管理,集中力量搞好宏观调控、综合管理,重点是做好经济调节和经济监督。

(2) 中国地方政府的综合性很强,是中央政府过程向地方的农村政府过程和地方的城市政府过程过渡的中间环节。

---

① 参见杨中华、班保申、杨宝庭《当代中国政府政治过程》,黑龙江教育出版社 2007 年版,第 309-311 页。

② 参见中华人民共和国国家统计局《中国统计年鉴 2016》,中国统计出版社 2016 年版。

地区行政公署、县人民政府和乡人民政府,所面对的主要是"三农",即农民、农村和农业,也就是说,区政、县政和乡政主要是一种"农政";城市人民政府、镇人民政府和街道办事处,所面对的则主要是市民、城市和工商业,同时文教业也很发达,也就是说,城镇政府的主要任务是搞好"市政"。省的各个政权机关所面临的任务就更加复杂一些,因为它既管城市又管农村,市政和农政是从省政这里"分家"的,中央关于国家生活的一般政策要由省的政权机关加以具体化,中央关于城市和农村的具体政策也要由省的政权机关分头加以贯彻。

(3) 由于中央与省的事权划分还没有完成,所以在中央和省的关系上,既有传统省政府自我管理程度较低的一面,又存在着个别需要中央与省通过"谈判"才能解决的问题。

联邦制国家的邦国自不待言,即使是一般单一制的国家的省,其自我管理的程度也比我国高一些。这主要是由于它们较好地实现了中央与地方,特别是省一级政府的事权的合理划分。我们也已经开始注意到了这个问题。但是,由于时间和理论准备的限制,截至目前做得还不够。不少该放下去的权,还没有放下去;有些原则上正确的规定,由于线条太粗,而使省里难以很好地加以贯彻。比如,国务院现有的职权与省政府现有的职权绝大部分是重叠的,应当在适当的时候加以调整,给省政府留出比现在较多一些的地方行政事务管理权限和管理范围。又如,在"二级立法法制"的条件下,省人民代表大会及其常委会的地方立法工作如何更好地体现地方特点和满足地方的实际需要?近年来,这方面的成绩不小,地方立法的数量也相当多,但基本上是与国家立法相配套的各种实施细则之类。这也是必要的。但是,省级地方立法工作要上一个新台阶的话,必须在地方特点上下功夫。

实际不难看出,中央和省的事权划分不清楚,既不利于地方自主权的落实和积极性的发挥,也不利于中央的统筹领导。

"任何实际运行中的政府,都不仅是一种体制、一个体系,而且还是一个过程。"[1] 作为一个重要的方法论,政府过程理论尽管在中国稳定下来的时间较短,但却以其独特的动态性、系统性和实用性而备受研究者推崇,成为现代政府不可或缺的分析工具。政府过程是以大政府为研究对

---

[1] 鲁敏:《转型期地方政府的角色定位与行为调适研究》,天津人民出版社2013年版,第200页。

象，是对现实政府的实际运作活动进行描述、分析的研究方法。相对于传统政治学研究中的静态性而言，政府过程更强调政治体系中政府行为的阶段划分和依次展开，政府角色的分工合作和相互联系，赋予了政治与行政学以动态化的研究。

二、研究当代中国政府过程的意义

研究当代中国的政府过程，不仅是作为一个结构和统一体的中国政府过程存在的客观要求，而且在理论与实践上都有重大的意义。①

（1）这一工作本身就等于在政治生活的"中间地带"开拓出一个重要的研究领域。我们比较长于制度之类的"硬件"研究。近几年来，伴随着"文化热"，关于政治文化、政治社会心理的研究也开始活跃起来。但是，这两类的研究一直未能较好地协调、结合起来，对"硬件"的研究不能深入到微观领域，而对政治文化的研究又往往显得很"玄"。政府过程理论既涉及硬件又注重政府行为的社会背景，注重考察"人—团体"与政府机构之间的相互作用，从而必然要涉及政治行为、政治社会心理领域。这种学术理论上的"跨度"，不仅本身就构成一个政治学的新的分支学科，而且适宜于解决"硬件"研究与"软件"研究、制度研究与文化研究、宏观研究与微观研究的有机结合问题，从而推动政治学，特别是现代政府学的学科建设。

（2）这一工作有助于领导圈和理论界体会优势，发现问题。制度、体制研究，尤其是那种近乎照抄照搬法律条款的研究，只能向人们"论证"研究对象的优势，而不能使人们看到和体会优势。至于问题，上述研究方法就更难真正地加以分析和说明。道理很简单，任何法律对制度的规定就其自身来说，在逻辑上都是完整的，都能够"自圆其说"。所谓优势或所谓问题，无不是指这种规定是否适合社会生活的状况，也即优势和问题只能是经过实践才能检验出来。我们研究当代中国的政府过程，就是为了尝试对法制适用于社会生活的程度和状况以分析和总结，从而比较直接地去体会我国社会主义政治体制的优势和存在的问题，为政治体制改革服务。

（3）这一工作有助于增强政府机构改革问题研究的针对性。政府机构问题，说到底是政府职能和政府官员的效率问题。所以，政府机构设置上

---

① 参见杨中华、班保申、杨宝庭《当代中国政府政治过程》，黑龙江教育出版社2007年版，第24-25页。

的问题，往往在其机构的运行中表现得最为明显。相应地，通过研究政府过程，也就较之单纯地研究机构问题更有助于我们找到针对性的改革措施。

（4）政府过程的视角有利于对地方"党政关系"的科学理解。与西方国家的政府过程不同，在中国，政府过程中最主要的问题不是利益群体的问题，也不是利益群体如何"接近"政府的问题，而是如何规范党政关系的问题。地方政府过程中的主要问题同样是如何处理好党政关系。处理好党政关系在当代中国政府过程中之所以如此重要，是因为中国共产党在当代中国不仅事实上是一种公共权力组织，而且其他国家机关都围绕着它来运作。因此，"如果把中国共产党组织排除在'政府'之外来分析当代中国的政府过程，不仅无法解释政府决策和执行的基本动力和作为，而且可以说根本上就是不得要领，这全然不同于西方国家的情况"[1]。

（5）这一工作有助于培养应用型的政治理论人才，并带动中国政治学走向世界。只有具有民族性的东西，才能具有国际性。真正能够在国际政治学讲坛占有一席之地的，很难是研究他国政治体制问题的成果。毛泽东关于根据地和游击战争的理论，就曾被列入20世纪最重要的政治学研究成果之一。如果单纯了解中国的政治制度，有一份《中华人民共和国宪法》文本和当代中国政府政治过程及国家机构组成名单就足够了。据了解，外国人，特别是那些正在同我国打交道的外国人，还有港澳台地区人士、海外华侨、华裔人士，非常希望了解中国政府是如何运转、如何办事情的。这样的工作对培养实用型的人才是有促进作用的，对重建过程中的中国政治学逐步走向世界也是有促进作用的。

本章小结

政府过程既是一种理论，也是一种方法，是当代政治学的重要概念。政府过程理论极大地开阔了现代政府学的研究视野，增强了政府研究的应用功能，因而对我们研究各国政府过程及政治现象，尤其是当代中国政府过程有着重要的理论和现实意义。政府过程中的"政府"是"大政府""现实的政府"，"过程"是实际运行中的"过程"，这意味着我们在学术

---

[1] 胡伟：《政府过程》，浙江人民出版社1998年版，第17页。

研究中要注重各国政府过程中的特点及特殊性，不能偏离现实政府的实际运作活动。启示我们在研究我国当代公共管理及政府过程时，认识到"特殊性"，要关注如何摆正党和政府的关系问题、如何处理中央和地方（特别是省级地方）的关系问题，以及关注中国政府机构设置的周期性等问题。

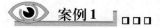 案例1

政府过程中的参与者：以反垄断法修订过程为例

国务院反垄断委员会于近期启动了《中华人民共和国反垄断法》（以下简称《反垄断法》）的修订研究工作。舆论场上议论很多，互联网专家方兴东就指出，超级网络平台发展势头迅猛，已经出现了市场垄断的倾向，中国需要建立一套专业的制度和组织，针对互联网垄断进行法律诉讼，对市场发挥教育作用。

对于方兴东的判断，人们日常也有感触，他口中的"超级网络平台"，已然融入人们的生活。在电商市场，阿里巴巴占据大半个江山，年度活跃用户占国内网民的62%；在搜索领域，百度的地位不可撼动，几乎成为搜索的代名词……一家企业达到这样的规模，这表明了企业自身的强大，也表明互联网经济强大的生命力。但随之而出现的问题是，这些巨头已经开始被指责出现了垄断，考虑到滴滴、优步或美团点评的"旧事"，饿了么与百度外卖的"新事"，互联网平台企业似乎有天然的垄断趋向。因此，利用反垄断机制，对势头迅猛的网络巨头进行规制，这种声音多了起来。

人们对垄断感到恐惧，是因为它是市场经济的天敌。市场经济的一个最大好处便是利用充分的市场竞争，让消费者得到服务最优、价格最低的消费品，但如果某一个资本过于强大，将竞争对手"扼杀"或吞并，这个强大的资本就可掌握定价权，而消费者则失去了选择权。因此，发达的市场经济国家都制定了专门的反垄断法规，对资本垄断进行遏制，前不久，欧盟就针对微软垄断开出巨额罚单。我国在向市场经济转轨的改革中，也制定了《反垄断法》，2017年正好是该法颁行10周年。当然，对照国际上通行的对垄断的定义，至少在目前还不能轻易下结论认为电商市场已经出现垄断。应该看到，电商不是孤立的，它其实是和实体商一起，共同组成整个商业市场。而就我国目前的电商规模来说，它在商业市场中所占的比重刚超过10%，这表明它并没有取得对商品的定价权，相比实体经济的优势，只是不需要承担门店维护成本，只要价格不低于其成本，那么这种竞争仍然是合理的，谈不上不正当竞争。

也正是因为竞争的存在，巨头们不得不放下身段，很多人因此享受到了互联网经济带来的好处，对成长中的巨头心生好感。尽管如此，在一些领域已然开始萌发"垄断病"，排他性协议就是典型例子。比如菜鸟物流与顺丰快递的"入口"之争，又比如今日头条与知乎的争夺战……排他性协议的出现，本身就是垄断侵害消费者选择权的体现。竞争充分的条件下，排他性协议危害有限，问题是，从现有的案例来看，或是一方压倒另一方，或是强强联手，互联网平台企业似乎天然就有走向一家独大的倾向。

的确，互联网经济在我国得到了充分肯定，但只要是经济现象，就是"双刃剑"，这就需要立法部门未雨绸缪，针对其在发展中萌发的问题，制定必要的法律规范。阿里巴巴、腾讯、百度等互联网巨头已经不是刚创业时那种单一经营的电商或门户网站，而是向多元化综合性发展，它们凭借多年经营，表现出了强大的"繁殖力"。如果对这种趋势不做有针对性的规范，它们很可能成为资本寡头，凌驾于市场之上。

值得注意的是，《反垄断法》二审稿增加了对互联网不正当竞争行为的约束条款，规定经营者不得利用技术手段在互联网领域从事影响用户选择、干扰其他经营者正常经营的行为。这体现了法律的前瞻性，如果等到问题暴露再来进行治理，就会使市场付出过高代价。遗憾的是，二审稿未能审议通过，这说明对有关问题的认识还没有统一。确实，这是一个具有挑战性的问题，一方面，反垄断并不是为了保护落后企业；另一方面，反垄断要保证市场公平秩序不被扭曲。如何在这两个方面达到平衡，还需要经济理论界和市场法律界进行更深入的探讨。

案例资料来源：周俊生：《立法反垄断，警惕网络巨头变"寡头"》，载《齐鲁晚报》2017年9月4日，http://epaper.qlwb.com.cn/qlwb/content/20170904/ArticelA02003FM.htm。

讨论思考题：

1. 请说明反"超级网络平台"垄断修改法律的过程当中，可能有哪些参与此政府过程的行动者（actors）。

2. 多元主体的合作治理强调社会治理过程中需要更加透明地向社会公众开放，接纳公众参与，充分实现民主治理理念。请针对《反垄断法》的修订过程中，可能遭遇多元主体合作治理的困难与问题加以说明。

3. 现在对于反垄断的一个突出的观点,是中国的市场经济发育还不够好,不应该如此推动反垄断,你如何看这个问题?

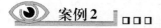

深圳市智慧停车服务引入PPP模式

截至2016年年底,深圳汽车保有量为318万辆,居住类停车位缺口达176.5万个。停车难问题凸显。为此,近日深圳7部门联合下发《深圳市加强停车设施建设工作实施意见》(以下简称《意见》),提出引入社会资本建立PPP模式(PPP模式:Public – Private – Partnership,是指政府与私人组织之间,为了提供某种公共物品和服务,以特许权协议为基础,彼此之间形成一种伙伴式的合作关系,并通过签署合同来明确双方的权利和义务,以确保合作的顺利完成,最终使合作各方达到比预期单独行动更为有利的结果)。深圳停车信息平台建设PPP模式重点在公共设施集中区停车设施建设上进行试点,从用地保障、简化审批、投融资模式等方面创新,以缓解停车供需矛盾,推动停车产业链发展。

作为国家城市停车场建设第一批试点示范城市,根据《意见》规划,到2020年,深圳将累计新增40万(含配建类35万)个以上停车位,停车产业规模达到300亿元以上,实现全市停车数据联网和动态信息发布,率先构建国内首个城市级智慧停车体系,培育一批国内行业领军企业。停车位紧缺,近年来已成为深圳车主的"心病",也给城市管理出了一道难题。针对现状,《意见》提出重点在用地保障、简化审批、投融资模式、智慧停车、装备发展、标准体系等领域突破,打造覆盖全市、集多种功能与服务于一体的智慧停车云平台,实现增量精准供给。《意见》表示,按照差异化供给、用者自付的原则,深圳将构建以配建停车为主体、路外公共停车为辅助、路内停车为补充的开放高效的停车供给体系。按照立足高端、自主创新的原则,构建智慧停车服务和先进停车装备双轮驱动的现代停车产业体系。

《意见》指出,深圳将通过投资补助为社会资本参与停车设施建设提供支持,按照深圳目前居住区停车收费标准,考虑10年的投资回收期,将提供不高于40%设备采购额度的补助标准。深圳市都市交通规划设计研究院院长薛博表示,以一线城市为例,一般200个车位的成本通常高达近千万元。即便按照每小时 10 元的收费标准，收回成本的周期依然过长。一旦放开市场准入，停车场实现盈利是必然的。"因为大量的需求就存在那里，停车场的效益问题可以通过优质的价格和服务解决。"对此，《意见》除了明确投资补助，还规定：利用公共设施建设的立体停车设施项目，允许配建不超过总建筑面积 20% 的附属商业面积等，以保障投资的经济性。

此外，对于车主而言，不仅停车难，找车也难。《意见》特别指出要让停车和互联网相结合，停车查询、预订车位、自动计费支付等智能停车方式，被认为是未来重要的发展方向。《意见》提出深圳将建设智慧停车云平台系统，制定发布全市统一的智慧停车云平台技术标准体系，通过市场、行政、法律等手段将全市各类停车设施分批统一接入智慧停车云平台，推动行政管理部门间数据交换共享，实现全市停车信息全面联网。此外，开展停车大数据创新应用试点示范，培育发展停车行业新业态新模式，构建开放共享、创新活跃的城市级停车大数据产业，按季度发布停车运行指数，按年度发布停车产业发展报告。

通过试点项目的带头示范，深圳拟加快停车场智慧化标准化改造工作进程，引导停车设施经营企业采用智能停车诱导系统、自动识别车牌系统、室内导航系统等信息化手段，推动停车与互联网深度融合。同时，深圳鼓励个人、企业、单位等停车位资源错时共享使用，支持移动终端互联网停车应用的开发与推广，提高停车资源利用效率，减少因寻找停车泊位诱发的交通需求。

案例资料来源：李荣华：《引入社会资本！三年后深圳拟增 40 万个停车位》，载《南方日报》2017 年 10 月 13 日，http://sz.southcn.com/content/2017-10/13/content_178123745.htm。

讨论思考题：

1. 深圳市政府智慧停车服务引入 PPP 模式属于社会资本参与政府过程吗？你如何看？

2. 由于自然和历史的原因，我国政府过程异乎寻常地复杂。比如"市"，有直辖市、计划单列市、省府市、一般省辖市（地级市）、不设区的市（县级市）、市辖市（二级市）、特区城市等。请思考深圳市智慧停车服务的政府过程跟其他的"市"的政府过程相比有哪些差异。

3. 请由纵向权力体系中的政府互动、地方政府自身体系内部的权力运行，以及地方政府与地方团体和民众间的互动关系等三个视角，思考深圳市政府智慧停车服务引入 PPP 模式的政府过程中，可能产生哪些政府权力运行的互动关系。

复习思考题

1. 政策过程研究包含哪些阶段？政府过程是否等同于政策过程？
2. 简述可能影响各国地方政府过程的因素。
3. 政府过程学说和方法论有哪些基本内容？
4. 随着多元主体合作治理思潮的影响，当代中国政府过程有何意义？

第七章　国内政府间关系

第一节　国内政府间关系概述

国内政府间关系就纵向上来说，包括中央政府与地方政府关系、上下级地方政府间的关系、上级主管部门与下级政府间的关系，以及上下级地方政府对口部门之间的关系；就横向关系上来说，是指每级地方政府内部间的关系与不存在隶属关系的不同地方政府间的关系。

一、国内政府间关系的影响因素

影响一国国内政府间关系的因素主要有经济结构、政治结构、历史传统及环境变化等因素。

（1）经济结构。马克思主义认为，物质生活的生产方式制约着整个社会生活、政治生活和精神生活，国家权力结构的深层根源是社会的经济结构。

（2）政治结构。所谓政治结构，是指组织化的政治实体力量对比及其相互关系。

（3）历史传统。在人类历史上，任何一种制度都是建立在一定的文化基础上的，同样，地方政府关系的基本架构也不可能脱离历史文化传统的影响。受自治文化影响，地方政府关系往往体现为法律上的指导关系；而在具有高度中央集权传统的国家里，地方政府关系是一种制约与被制约、服从与被服从的关系。

（4）环境变化。政府是一种动态关系，必将受到环境变化的影响。良性的政府关系是一种不断与环境保持动态平衡的关系，这种对外界环境的适应是通过各种机制实现的。政治性的适应机制主要是政治体制；经济性的适应机制，主要是财政体制；文化性适应机制主要是有效的目标体系，以及调节社会所需要的某种意识形态和价值观念。

二、国内政府间权力关系

（一）国内政府间权力关系的基础：宪法

宪法作为国家的根本大法，从法律的角度，确立和维护国家政治制度，规范国家权力有效运行。《中华人民共和国宪法》规定，国务院"是最高国家权力机关的执行机关，是最高国家行政机关"，"统一领导全国地方各级行政机关的工作"。"地方各级人民政府是地方各级国家权力机关的执行机关，是地方各级国家行政机关。"

（二）权力关系的分配：集权主义和分权主义

中国在政治体制上是一个权力高度集中在中央政府的国家，而在具体的行政事务管理上又是一个高度分权的国家，但是，权力高度集中下允许高度分权的关键条件是人事任命权的高度集中。而分权已成为当代社会发展的基本趋势。相对于中央政府而言，地方政府更能了解地方的实际情况，更能把握地方民众的偏好，可以更有效地提供地方公共物品，节约管理成本，提高行政效率。

三、国内政府间财政关系

国内政府间财政关系，是指在财政体制上划分中央政府和地方政府及地方和各级政府之间财政管理权限的制度，体现为政府财政体制。它规定了各级政府筹集资金、支配使用资金的权力、范围和责任，使各级政府在财政管理上有责有权。具体来说包含三种关系：第一，收入关系，涉及上下级政府中的财政收入划分；第二，支出关系，涉及上下级政府中的事权划分，基本原则是"财权与事权相统一"；第三，转移支付关系，涉及上下级政府之间财力的集中、补助和转移。政府间财政关系，体现出财政分权的基本制度设计。财政分权是指通过法律等规范化的形式，界定中央政府和地方政府间的财政收支范围，并赋予地方政府相应的预算管理权限。财政分权有利于公共商品和公共服务的有效提供，有利于节约决策成本和制度创新。

（一）政府财政体制改革

1. 1979 年中央的财政放权

1979 年以来，中央财政进行了一系列放权让利的改革，激发了企业和地方政府的积极性，但放权让利后的预算体制无法应对经济增长的局面，造成财政困境。在经济体制改革前，我国财政支出占 GDP 的比重是比较高的，这是由当时的计划经济体制决定的。经济体制改革以后，为充分调动千千万万个微观经济主体的积极性，使社会主义经济充满勃勃生机，实行放权让利政策显然是一个必要条件。所以，在改革之初，不可避免地经历了一个向国有企业放权让利和提高城乡居民收入水平的阶段，相对应地，财政收入增长放慢了。许多项目的支出，便在财政支出账上或多或少有所缩小，有的甚至消失了，于是导致财政支出增长弹性和增长边际倾向的下降。

2. 1994 年的分税制改革

分税制很大程度上解决了中央政府财力过少的问题，提升了中央政府的"国家能力"，理顺了中央政府和省级政府的财政关系。在社会主义市场经济条件下，资源配置的基本模式是市场起基础性作用，政府财政只起调节和补充的作用。在这一模式下，财政资源配置职能的范围严格界定在市场资源配置失灵的领域，如公共产品、外部效应产品和自然垄断性产品的提供等方面。实际上，政府对这些产品的提供是有一定条件的。公共产品的层次性为财政分级事权提供了理论依据。

（二）财政分权的作用

1. 财政分权的正面作用

（1）地方政府更熟悉地方居民的偏好，有利于对公共产品做出更科学的决策。中央政府的决策则缺乏对多样化地区偏好的敏感度，如果中央政府提供地方公共产品，结果可能由于中央政府强调统一性而忽视地方居民的偏好。在这种情况下，由地方政府就公共产品做出更科学的决策，提供公共产品就不失为一个好的解决办法。

（2）财政分权鼓励政府之间的竞争，提高公共产品供给效率。财政分权理论假设居民可以自由流动，在此假设条件下，地方政府必须努力降低行政成本，否则会导致居民流出或感受到更强的压力。很显然，财政分权鼓励了地方政府之间的竞争，并提高公共产品的供给效率。

2. 财政分权的负面作用

（1）财政关系调整缺乏法律依据。在缺乏相应法律规范的保证下，财政分权会产生以下的负面效果：地方保护主义、上下级政府对事权的推诿、政府行政商业化和机会主义倾向、地方公共产品提供规模的小型化、地区差距的扩大及地方政府预算约束的软化。

（2）财政分权导致对资本的过度竞争，影响地方福利计划的实施。财政分权制造了地区壁垒，加剧了地区间的不平等。分权会引起财政竞争，而财政竞争会导致地区间福利平等化倾向，而地区之间福利平等化倾向会影响地方制定独立的福利政策，从而影响地方福利计划的实施。

第二节　政府间纵向关系

一、政府间纵向关系的内涵

政府间纵向关系是依托国家结构及行政区划，在垂直结构中的不同层级政府之间形成的各种关系。简而言之，它是一国内部不同层级的政府及其部门之间在垂直方向上的关系。中国的政府间纵向关系相当重要而复杂，改革以来，这一关系又经过了诸多变迁。当今世界各国国内政府间关系的基本演进趋势是名异实同，共同趋向于法定分权、纵向平衡的府际合作与多中心治理格局。

在当今世界上，大多数国家都设立有若干个地方政府层级，以保证国家管理的稳定性、有序性和效能性。当前，中国行政层级经过中华人民共和国成立以来的多次调整，目前实际上是五级制，即中央、省、地、县和乡镇五级政府。过多的政府层级导致了政府回应效率低下、行政成本提高、政府间职责划分不清等一系列问题。地方民主化的推进、社会转型对公共服务需求的增加、治理技术尤其是信息技术的发展，对我国现行的政府层级体制形成了较大的冲击。

中国各级政府的权责职能在纵向分配上的总体特点是"职责同构"。职责同构是指在政府间纵向关系中，无论是同级政府还是不同层级政府，在权责职能分配及政府机构设置上都呈现出上下的一致性，是一种高度的统一。简单地说，就是每一级政府所分配的权力责任和职能几乎完全相同，管理的事务也大同小异，在机构人员设置方面上下一致，隶属性强。不仅是在政治方面，甚至在经济管理、司法体系、社会管理等领域也表现出职责同构的特征，这也是我国诸多现实问题难以解决的主因。我国现行宪法是 1982 年宪法，虽然 1982 年之后经历过多次宪法修正案的洗礼，但是其基本框架和内容并没有太多实质性改变，仅仅是根据时代情况做出适当修改，使其更符合社会发展进程的需要。在宪法修正案中，有关政府纵向间关系的规定没有发生根本变化，而专门性法律《中华人民共和国地方组织法》自颁布以来也没有改变关于地方政府权责职能分配或机构设置的规定。

为了适应社会发展的需要，走出职责同构的误区，经济领域的调整改革率先起步，我国推出了分税制改革。分税制改革的实施加强了中央对地方的调控，但由于改革细节尚有待完善，分税制产生的负面影响也随之显现，如地方财政困难等。分税制对打破政企合一的模式效果明显，政企之间的利益链条被打破，政府对企业的干预不再，政企隶属关系淡化，职责同构的经济基础被削弱。分税制改革的推行，消融了职责同构的政府间财政经济关系，使政府机构改革得以深入推进。发展民主、促进和谐、提高社会活力、完善市场经济等都要求改变政府干预过多的现状，避免用政治手段解决经济问题的恶性循环再现。市场经济体制确立之后，原有的计划经济管理部门失去存在的意义，分税制更是斩断了政企合一的利益关系。20 世纪末，政府机构改革开始大范围推行，国家发展改革委员会的成立标志着中央开始改变经济管理模式，加强宏观调控而非直接管理。经过几番尝试和努力，我国逐步建立起一套行之有效的行政监管体系。

自中华人民共和国成立初期职责同构的体制确立以来，中央集权不断深化，地方各级政府更多的是依据上级指示管理自己的辖区，甚至在政府内部也是这种管理模式，这是一种压力型的政府间纵向关系体制。虽然经济管理领域的职责同构开始改变，但是在传统政治和社会管理领域，职责同构的理念深入人心，地位依然难以撼动。

二、政府间纵向关系的体制特征

中央政府与地方政府之间纵向权力配制的适度性与选择性，即通过法律的形式对两者之间的权限进行明确的界定，从而保证中央政府与地方权力的有效均衡职责异构是和职责同构相对应的政府间纵向职能、职责、机构配置的状态。

（一）职责同构

职责同构是不同层级政府间在职能、职责和机构设置上高度统一和一致。上下对口、左右对齐，上面决策、下面执行，上面领导、下面负责，上面负担重、下面责任多，权力与责任不对等。

职责同构带来的问题不容忽视。①集权与分权反复及机构膨胀。这一问题体现出的逻辑是：职责同构—社会事务多元化—机构膨胀（各级机构）—压力下精简机构—无法适应社会事务的需求—再膨胀。为了避免这种情况，领导小组也不失为一种方法，领导小组作为议事协调机构，并非严格意义上的实体性组织，可以灵活处理各类突发问题，更加有效。②全能主义政府。自建国初期职责同构的体制确立以来，中央集权不断深化，地方政府依据上级指示进行管理，地方政府要管理所有的事情，但限于所掌握资源和权力的有限性，又不能进行有效的管理。③地方政府任务较重。由于单向支配性权力的存在，上级政府又常会以行政性分权与行政性激励相结合的"政绩"指挥棒来约束下级政府，自上而下的权力链条便将不同层级的官员捆绑在一起。④基层政府的策略性行为。基层政府的不少行为属于"策略性行为"的范畴，正式规则为"策略性行为"限定了行为的"边界"，而非正式规则则为"策略性行为"提供了可能的空间和选择的倾向。制度性说谎、责任规避和关系运作是基层政府中的三类"策略性行为"。

（二）压力型体制

"压力型体制"这个概念有一个提出和发展的过程。1996 年，中央编译局课题组对河南省新密市大隗镇、超化镇和曲梁乡进行调研，"压力型体制"就是由荣敬本、崔之元等学者在调研基层政府改革时提出来的[①]。"加压驱动"、"热锅理论"（形容官员是热锅里的蚂蚁，必须不断运动来避免被灼伤）、"一手乌纱帽、一手高指标"，形象地描绘出政府运行的基本模式。压力型体制被定义为"一级政治组织为了实现经济赶超，完成上级下达的各项指标而采取的数量化任务分解的管理方式和物质化的评价体

---

① 参见荣敬本等《从压力型体制向民主合作体制的转变：县乡两级政治体制改革》，中央编译局出版社 1998 年版。

系"。但是，随着改革开放的不断深入，压力型体制的诸多弊病也逐渐显现出来，如行政与市场间的矛盾、地方行政权力滥用、大搞"形象工程""政绩工程"等，而在这些弊端背后，上级监管却往往流于形式。

在目前我国的现实政治运行中，宏观层面的权力运行几乎是单向的。中央政府依照现行宪法和法律负责划分整个国家的区域层次，划定地区界限，然后授权组建地方政府。地方政府由中央政府设立，是中央的下设机关，有义务执行上级政策指示，但对上级政府影响有限。

压力型体制有其产生的制度基础。党中央于1983年决定改革干部管理体制，改变权力过于集中的现象，下放干部管理权限，实行下管一级、分层管理、层层负责的管理体制，改变条块分工不合理、层次头绪过多、任免手续烦琐、职责不清、互相扯皮现象，提高干部管理效率。改革地方人事制度，地方获得了独立的人事任免权，在县一级，各职能部门的负责人和乡镇负责人都由县委任免。20世纪80年代中期，岗位目标责任制在行政过程中被广泛推行。改革是从承包制开始，其成就也可以用"经济承包"这一个词汇来概括。但是，改革只进行了"经济承包"，而没有进行"政治承包"。改革的深化，也必须从"政治承包"入手。国家把行政权力包出去，在达到自己有限的目标的前提下，节省管理成本。

压力型体制产生的负面影响值得重视。①在压力型体制中，计划性统一指标与地方的多样性、市场的不确定性之间存在根本性冲突。计划指标不仅仅存在信息不全、理性不足的问题，还掺入了领导干部谋求政绩的机会主义因素。②上级对下级的强制权力，又存在上级对下级权力滥用的失控。一级压一级，层层加码，加重基层政府的负担。③在任务完成的过程中，容易为达目的不择手段。因为上级下达的指标无法完成，由此可能对自身的政绩造成影响，为了自己的政治前途，可能会出现一些违背行政伦理的行为。④"政治性"任务挤压了政府应该履行的其他职责，导致了政府责任机制的失衡。为确保上级权力自上而下的顺畅贯通，抑制住地方自主性，在地方县级以上干部实行交流制度。这项制度反过来与责任制产生了矛盾，使责任制出现了对流动干部的管理盲区和死角。

三、政府间纵向关系的结构形式与分析模式

（一）政府间纵向关系的结构形式

1. 政府的管理层次

所谓管理层次，就是在职权等级链上所设置的管理职位的级数。政府的管理层次设置必须做到政府间纵向关系合理化和政治资源配置合理化。

2. 政府的管理幅度

所谓管理幅度，又称管理宽度，是指在一个组织结构中，管理人员所能直接管理或控制的部属数目。这个数目是有限的，当超这个限度时，管理的效率就会随之下降。政府管理幅度的影响因素有六个。①人员素质和能力。下属经验较多，能力较强，训练良好，则管理幅度大；下属经验少，能力较弱，缺少训练，则管理幅度小。②工作内容。工作内容相似性程度高，管理幅度大。工作内容难易程度与管理幅度呈负相关关系。③信息沟通的程度。沟通比较容易，内部交流比较方便，可以扩大管理幅度；内部沟通难，交流不方便，需要缩小管理幅度。④上级授权的程度。上级有充分授权，可以调动足够的资源，则可以扩大管理幅度。⑤计划的完善程度。计划的完善程度与管理幅度呈正相关关系。⑥组织的稳定性程度。组织的稳定性程度与管理幅度呈正相关关系。

总之，行政管理层次和管理幅度是互为影响的变量关系。一般地说，行政管理层次减少，行政管理幅度就会相应增大，反之则相反。在过去，由于信息沟通不畅，管理工具、管理手段和管理能力不够发达，地方治理不得不增加行政管理层次。在大数据时代，由于信息化、网络化和智能化的快速发展，不仅企业管理的组织结构在朝着扁平化方向发展，政府管理的层级结构也在朝着扁平化方向发展。

（二）政府间纵向关系的分析模式

1. 代理结构模式

代理结构模式是分析国内政府间关系的传统主导模式，认为地方政府是中央政府的从属物。地方可以利用中央授予的权力进行管理，但最终的责任应当由中央承担。

2. 相互依赖模式

（1）财政资源的相互依赖。政府对社会组织的经济支持包括对社会组

织资金的投入、办公场所的提供、对社会组织的奖励等。从资源的重要性、稀缺性、不可替代性及获取资源能力的现状来看，社会组织所赖以生存的诸多资源面临挑战，然而，政府所拥有的资源往往是社会组织空间拓展所必需的。

（2）政策执行的相互依赖。政府相关部门为了精简机构、转变政府职能，依赖社会组织的专业知识，提高行政效率。社会组织的良性运行，有助于降低政府的管理成本，可以将政府管不了或管不好的事情交给具有专业知识的社会组织予以解决。

3. 集权分权模式

（1）中央集权型模式。中央政府基本上垄断了所有的重要权力，地方政府只是中央政府派生出来的政府体系；或者说，地方政府是中央政府的代理人。因此，地方政府必须对中央政府负责，接受其控制和监督。

（2）地方分权型模式。地方政府的权力主要不是来自中央政府的让度和授权，而主要来自地方民众，地方政府的主要官员由地方选举产生。地方政府拥有较多的地方自治权。因此，地方分权型的国家里，地方政府往往是一个相对独立的主体，与中央之间不是被控制与控制的关系。

（3）集权分权均衡模式。中央政府与地方政府之间的权力配置的适度性与选择性，即通过法律形式对两者之间的权限进行明确的界定，从而保证两者权力的有效均衡，一方面体现中央政府集权的选择性，另一方面，地方政府拥有涉及地方利益的各种权力。

4. 理性选择模式

理性选择模式，像行为主义一样，从个体出发来观察和分析政治现象，但并不采取归纳的方法，而是先假定一个寻求自身利益最大化的个体，然后在各种情境下计算和演绎，按照功利最大化原则行动的个体可能会采取的行动，以最小的牺牲满足自己的最大需要。理性选择模式往往通过交易来实现。

5. 委托—代理理论

委托人与代理人的关系在本质上是市场参与者之间信息差别的一种社会契约形式。通过合理的激励机制，给代理人提供各种激励和动力，使代理人能按照委托人的预期目标努力工作，使委托人与代理人在相互博弈的过程中实现"双赢"的格局。然而，代理的问题是一方可能发生违背道德规范，在一味追求自身利益的同时，损害另一方利益的行为；有时也会出现主体一方采取隐瞒或者谎报真实情况的方法，谋取不该占有的职位和不该得到的利益。中央政府通过分权，将一些权力授予地方，或者通过一定的形式让渡给地方，自己只是进行宏观层面的管理，事无巨细是很难将国家管理好的。

四、政府间纵向关系中的问题与对策

（一）政府间纵向关系中的问题

1. "上下对口、左右对齐"使机构难以精简

每一级政府"上下一般粗"，设置了很多不必要的机构，增加政府成本。同时，上级为了自己管理上的方便，总是希望自己的"腿"能够贯穿各个层级的政府，于是要求设置与自己对口的机构，并且保持级别和编制的不变，否则就要取消对下级政府的经费和技术等方面的援助。

2. 科学合理的政府间职责配置体系并没有建立起来

上级政府决策，下级政府执行，出了责任下级负责。"条块结合、双重领导"导致行政效率低下，不容易分清各级政府部门的责任，往往有利的事情都来争，不利的事情都不管或相互推诿。当上级指示与本级政府的要求不一致时，就会处于两难境地，严重影响行政效率。

（二）解决政府间纵向关系中问题的对策

1. 实现制度性分权

改革时期，中国处理中央政府和地方政府之间关系，权力下放是主旋律，中央政府向地方政府授权、上级政府向下级政府授权，取得了一定的成效，推动了经济增长，进一步完善了政府间纵向关系，因此授权功不可没。但从一定程度上讲，两者关系仍然没有走出"一放就乱、一收就死、死了又放，放了又乱、乱了又收，收了又乱"的"怪圈循环"。造成这一局面的原因主要有：法律赋予中央政府与地方政府之间职责权限划分不明确、不科学，制度结构不健全，监督机制不健全。所以，在集中地将授权转化为制度性分权之前，还要注意发挥授权的优势，系统解决中国政府间纵向关系上的问题，必须实施合理分权，最终实现制度性分权。因此，在政府间纵向关系改革中，授权要素是不断减少的。

2. 进行政府管理层面改革

政府间纵向关系改革既涉及国家统治层面又涉及政府管理层面，是两

大层面结合较为紧密的一个改革领域。在改革中，应时刻注意处理好两大层面的关系。当前，应特别注意着力推进相关政府管理层面的改革。政府间纵向关系涉及的国家统治层面的议题主要指国家统一和政权合法性，管理层面主要指政府对经济、社会、文化等公共事务的管理。

3. 完善纵向监督体制

政府间纵向监督体制，应继续发挥由上而下有力的监督优势，特别是在其他监督主体的监督作用有限的情况下。同时，对监督权进行合理配置，打破对监督实行垂直管理的思想障碍，可以增强地市级政府的监督权，更好地发挥自治监督的作用，也可防止监督权的滥用。

第三节 政府间横向关系

政府间的横向关系，广义上是指不相隶属的各级地方政府之间的关系，既包括同级地方政府之间的关系，也包括不同级地方政府之间的关系；狭义上的地方政府间的横向关系，是指同级地方政府之间的关系的总和。它包括竞争关系与合作关系两个维度。

一、政府间横向合作关系

随着改革的不断深化及社会的不断进步，合作的意义也愈加凸显。地方政府通过彼此之间的相互合作可以优势互补，从而达到合作共赢的目的，中央也能通过有效平衡地区之间的发展，来实现全社会和谐共同发展的目标。

（一）政府间横向合作的形式

政府间横向合作的形式多种多样，具体表现在以下五个方面：①由中央政府策划而形成的合作；②地方间为处置某一共同问题而形成合作，地方或下级政府在参与中央或上级政策的决策或政策执行中所形成的合作；③基于协议的合作，解决各级政府都面临的重大问题所形成的合作，如治理大气污染、建设全国性的公路；④以协会形式形成的合作；⑤斜向政府间的合作。

总之，地方政府面对共同的公共事务，采取一种协调合作的方式，协调各地方政府的利益，实现优势互补、资源共享，达到利益共赢的目的。

合作之所以能够得以开展，是基于各方均有实现共同利益的需要。地方政府间在公共基础设施和公共服务上的合作与协调，实现公共物品供给的规模效应，降低供给的平均成本，节约地方政府的财政支出，从而使其调出更多的资源支持其他项目建设，更好地促进经济社会事业的发展。

（二）政府间横向合作的运作机制

1. 建立各政府高层官员定期会晤制度

通过加强经验信息交流，为区域合作奠定基础，减少了合作成本。只有把各地区联系在一起，才能针对合作的方向和政策进行协商，加强彼此间的了解和沟通，同时还要使其成为长效机制。

2. 建立政府合作的公共问责与监督机制

政府间合作的公共问责的落实到位，须以健全的问责机制作为基础和保障。在立法上，明确细化每一层级政府部门和官员的权力责任，并配套设计针对无法保证权力责任落实到位或越级专权的惩罚措施细则。

3. 建立规范化的协同合作制度

以明文的形式建立更为规范化的合作机制，使各方的合作与交往变得更加明确，减少合作冲突，形成良好的秩序。我国的市场经济是法制的市场经济，只有运用法律来规范地方政府的行为、界定地方政府间的利益关系、指导区域经济良性发展，才能为促进地方政府间合作打下基础。

二、政府间横向竞争关系

（一）政府间横向竞争关系的含义

政府间横向竞争，是指一个国家内部不同行政区域地方政府之间为提供公共物品，吸引资本、技术等生产要素而在投资环境、法律制度、政府效率等方面开展的跨区域政府间的竞争。我们一般所言的同一层次的政府间竞争，也称作横向政府间竞争。地方政府竞争主要是在各地方政府追求的自身利益，即经济利益和政治利益上展开。

政府间横向竞争的表现多种多样：①政府内部间的横向竞争；②政府间的横向竞争，即地方政府力图获得或维持其他地方政府也力图获得的、并非各方都能拥有的资源的行为；③地方政府主要官员之间的横向竞争。

(二) 政府间横向竞争的内容

1. 对流动性资源的竞争

一个保持较高流动性的经济机制,将使国民经济结构可以随时得到调整,资源配置可以不断得到优化,供求关系的失衡可以比较顺利得到解决。资源向某个地区方向流动的动力强度取决于该地区在区位条件、资源禀赋、基础设施、资源配置能力、政策法规、社会环境等方面的相对优化程度。

2. 对非流动性资源的竞争

对非流动性资源的竞争包含了不动产及人类的智力成果,如商标、基础设施、项目、土地指标等。

3. 面向市场的竞争

外商投资企业不论其产业属性和专业特长,一概成为各市政府部门的争夺对象。不少地方在开放引资上竞相出台优惠政策,在外贸出口上竞相压价,导致过度或恶性竞争。由于省市之间、城市之间及县域之间存在一道道行政性障碍,隶属于不同行政主体的产业开发区实施背靠背的招商政策,本应是成本导向下的企业投资经营行为与追求地方利益的政府行为相结合,使同类产品及上下游生产能力难以相对集中,产业链的分工协作关系出现断裂,或不经济地扩大了空间距离。

4. 面向上级的竞争

进入国家贫困县名单以后,每个县每年可以获取几百万到数千万不等的专项扶贫资金,另有各个行业上亿元的支持,以及一两亿元的转移支付。贫困县获取的国家转移支付力度很大,包括公务人员的工资、重要产业项目的税收减免、优惠补贴等。

(三) 政府间横向竞争关系的影响

1. 积极影响

良性的政府间横向竞争关系能够产生四个方面的积极影响。

(1) 地方政府竞争推动了我国市场经济体制的建立和完善。地方政府要迅速扩大本地的经济总量,推动本地经济的快速发展,单单靠计划经济时代中央布局项目、分配资金的老办法已经不管用了。最有效的办法就是调动各类市场主体的积极性,引导各类资金兴办企业、发展产业。而要做到引导，就必须提供良好的宏观制度环境。因此，各地方政府在激活国有经济活力、发展民营经济方面进行了多样化的探索，在市场体制的建章立制方面积累了宝贵的经验。20世纪90年代以后，尤其是2001年中国加入世贸组织以后，地方政府为了积极吸引外资、发展外贸，更是竞相完善本地的经济管理制度，直接推动了我国整体市场体制的完善。

（2）地方政府竞争实现了市场要素在全国范围的优化配置。计划经济时代，项目的配置往往人为的因素比较强，没有经过市场的选择。但是，在改革开放后的市场竞争中，实现了各方面生产要素的优化配置，各类要素在竞争中进行聚集，最终实现要素的优化组合。数十年来，各级地方政府都在不遗余力地招商引资，要成功地引进一家企业，就必须在投入成本、投资回报、营商环境等方面具备竞争力，才能最终吸引到企业的投资。这就迫使地方政府为了吸引各类项目，不断地完善本地的市场环境，培育本地在基础设施、土地成本、产业配套、人力成本、优惠政策等方面的竞争优势，这些竞争既推动了市场经济各要素在各地的普遍优化，同时又使资源得到了合理配置。

（3）地方政府竞争盘活了政府掌控的经济资源。改革开放以前，在"全国一盘棋"的计划经济体制下，地方政府只是充当了中央政策的执行者，并没有政策的制定权和决策权。改革开放后，通过中央政府的放权和地方分权，地方政府开始掌握了大量的经济资源，对这些资源的整合利用推动了本地经济的发展。一是盘活和壮大国有企业。地方的大型国有企业往往是地方经济的支柱，地方政府通过行政性手段给予地方大型国企各类扶持，而这些国企往往对本地经济总量的扩张和经济增速的提升能发挥重要的作用。二是盘活土地资源。以城市建设为手段，既扶持了房地产业的高速发展，同时又使地方政府获得了大量的自主支配资金，为地方政府推动产业发展提供了财力支持。三是盘活金融资源。除了继续鼓励全国性银行的本地分支机构扩大贷款规模外，各级地方政府竞相扶持本地城商行、农信社等本地金融机构的发展，同时通过设立各类政府融资平台以加大地方投资，对推动本地经济增长有直接的作用。

（4）地方政府竞争推动了各具特色的区域经济发展。随着地方政府间同质化竞争越来越白热化，地方政府要获得竞争的优势，必须注重差异化竞争，即主要不再靠廉价的土地、廉价的人力资本、高额的财税返还等同质化竞争方式吸引企业、发展产业，而是寻求和挖掘本地区独特的资源禀赋，通过将本地独特的资源禀赋优势变成产业竞争优势，使各地经济的发展呈现越来越多的区域特色。从同质化竞争到差异化竞争，地方政府间竞争不断升级，成为中国经济继续保持高速增长、同时实现经济发展方式转变的推进器。

2. 消极影响

竞争最难把握的就是"度"的问题，经常面临竞争不足或是竞争过度的问题。过于强调竞争而忽视合作，则容易导致"竞争失灵"；相反，过于强调合作而忽视竞争，则无助于认识到地方国内政府间关系的实质，在地方公共事务的治理上难以达成合作，造成公共资源使用的低效率。各地为争夺国投资金和项目竞相申报，有不少部门都没有将国家的投资花在刀刃上，资金利用存在低效率甚至浪费的现象。

（1）地方政府企业化。地方政府在自己所辖的行政区域内，以追求自身利益最大化为目标，以对各种行政资源的控制和支配为资本，以商业行为和超经济强制为背景的市场交易为经营手段，以伪公共利益最大化的所谓"经营城市"为理念，以官员老板化为从政之道，围绕着"政绩"和升迁而形成的一整套类似于公司制的官场规则体系。

（2）要素市场分割化。我国是世界上为数不多的社会主义国家之一，有过一段计划经济的历史，这决定了我国的二元经济具有一定的特殊性，表现在三个最主要的要素市场（即劳动力市场、资本市场和土地市场）的分割现状同时存在，而其存在形式也具有特殊性。当前，我国正处于转轨时期，消除要素市场的分割现状，是实现成功转轨的关键。

（3）地区产业结构趋同化。所谓地区产业结构趋同，是指全国各地区的产业结构在动态的发展演变过程中呈现出某种相似或相同的倾向。目前，我国的地区产业结构趋同问题严重，已成为制约我国经济发展的"瓶颈"问题。由于各地区脱离当地经济发展的实际情况，片面追求本地区产业结构的独立和完整性，造成低效率。

（4）跨地区性公共事务治理失灵。由于各个地方政府追求自身利益最大化，进行地区大战和地区封锁，进而损害了地方政府之间应有的合作关系，从而出现"公用地的灾难"而导致一些跨地区性公共物品的供给失灵。

（5）邻域效应内部化。地方政府具有强烈的属地经济观念，在竞争中往往视行政边界为"经济边界"，有意识地限制地方财政投入到行政边界地区,这给相邻地区带来了外部性,诸多行政边界地区的经济由于财政投入的不足而出现边缘化的趋势。①

三、政府间横向关系的问题与对策

(一) 政府间横向关系的问题

1. 重复建设

一些热点行业或国家重点工业项目,各地竞相进入,经常导致地方政府之间的过度竞争。地区间重复建设导致产业结构趋同,市场繁荣、高速增长只是暂时的,而留下的却是长期的、严重的危害。我国处于经济转型期,地方政府是经济投资的主体,在追求地方利益最大化的影响下,盲目地引进项目、投入资金。同时,地方政府只考虑自身的政绩,根本不考虑是否符合经济规律的发展和社会的需要。

2. 合作的配套制度缺乏

即使各地方政府进行合作,各主体的利益差异仍然存在,由于缺乏利益共享体制和补偿体制,合作后的利益补偿问题是困扰合作各方的焦点。根据"经济人"假设,地方政府会有不顾及区域合作的整体性与全局性而追求本地区利益最大化的本能冲动,这就使地方政府在区域合作的同时难免受到本位主义的干扰而发生合作偏离。当前,我国地方政府的合作主要依靠自发的合作意向,宏观层面的法律法规几乎是一片空白,难免会出现合作随意性强、各自为政、合作流于形式等现象。

(二) 协调政府间横向关系的对策

1. 加强利益约束

地方政府间的利益关系,就是地方政府在发展本地区经济的过程中,与其他地区发生的各种各样的经济利益关系。地方政府对本地市场的干预措施,容易引发寻租和导致机会主义盛行。因此,必须对地方政府的行为加以规范,防止滥用行政权力。为了防止区域竞争中的机会主义行为,需要建立一种地方政府之间竞争的利益约束机制。

---

① 参见王健、鲍静等《"复合行政"的提出——解决当代中国行政区域经济一体化与政区划冲突的新思路》,载《中国行政管理》2004 年第 3 期,第 44 – 48 页。

2. 建立科学的官员绩效评价体系

地方政府是地区利益的代表，尤其在以经济建设为中心的制度背景下，地方政府的政治利益往往是由经济利益反映出来的。我国目前的官员绩效评价体系，往往促使地方政府官员为了自身利益的最大化而忽视全局利益，从而导致地方保护主义和地区市场分割的现象出现。所以，要建立一套科学、规范、可量化的地方政府官员绩效评价体系，不仅要有经济增长速度指标，更要关注经济增长的质量指标、社会效益指标和环保指标，同时还要增加绿色 GDP 指标和人文 GDP 指标，从而正确地引导和规范地方政府的行为。

3. 构建协调互动的激励机制

跨区域公共事务在消费上所具有的非排他性特点，以及各地方政府的理性"经济人"角色，决定了建立地方政府协调互动的动力激励机制并非易事。要建立这样的机制，需要区域内各地方政府深化认识，要充分认识到区域经济一体化、市场化、工业化条件下各地区经济和社会发展的相互依存和相互制约关系，认识到地区间不断增长的共同利益，认识到跨地区公共事务的解决对各地区发展的重要性。

4. 规范竞争

在我国社会转型的过程中，地方政府间争夺各种稀缺发展资源的竞争也日趋白热化。地方政府间的竞争冷酷无情且从不间断，仿佛有那么一个无形的动力源驱使地方政府在不安中选择各种非正常或非道德途径来消解自身压力，如减少公共物品供给、转嫁危机、设立地方保护壁垒、大肆干预市场等。因此，必须从顶层设计上加强制度建设，规范政府间竞争，形成良性竞争的局面。

5. 打破地方保护主义的壁垒

地方保护主义的盛行无疑是地方政府间达成合作的巨大障碍。虽然地方保护主义在短时期内可以在自身范围内获得高额利润，但是放眼全局，整个社会的利益损失无法估计，严重影响整个社会的稳定、和谐与发展。因此，必须打破地方保护主义屏障，重塑地方政府间的信任，让各地方的生产要素和产品在整个社会范围内合理分配和流通，让整个社会变成一个统一开放的自由市场。

6. 提升地方政府间社会资本含量

地方政府间合作的顺利运行离不开信任、规范、参与网络、文化认同等社会资本。当前，我国在地方政府合作方面存在很多困境，主要表现在合作意识淡薄、社会信用体系不健全等，导致地方政府间合作机制发展缓慢、合作成本较高。为此，除了政府主导的行政层面的地方政府间合作与协调之外，还应考虑社会资本的因素，在各行政区之间加强互惠互补的合作意识、健全合作制度、建立合作网络、增强文化认同、构建区域信用体系等。

本章小结

地方国内政府间关系是一个综合性的命题，可以从纵向和横向两个维度进行归纳。纵向维度研究的是垂直方向的国内政府间关系，相关政府主体之间有行政隶属关系。横向维度研究的是水平方向的国内政府间关系，相关政府主体之间无行政隶属关系。

就纵向关系来看，目前地方政府之间的垂直关系发生了很大的变化，地方自主权扩大，但这只是量变，没有质变。上级政府领导下级政府，通过人事、财政、行政等手段控制下级政府，下级服从上级，这种状况基本上仍然没有改变。就整体结构而言，我国地方政府间在纵向关系上仍表现出以上下层级的隶属关系为主。[①]

就横向关系来看，则可以被设想为一种受竞争和协商的动力支配的对等权力的分割体系，包含两个关键维度，即"竞争"与"合作"。[②] 地方政府间的竞争是一把"双刃剑"：一方面，有序的、可控的竞争能够为地方发展提供有效激励，能够增进各类要素的效用和行政效率，提升地方政府对公共物品和服务的供给水平；另一方面，过度的、无序的竞争又导致地方政府间市场壁垒、资源配置扭曲、地区之间发展不平等和重复建设等问题，从而对宏观经济和区域健康发展带来负面影响。为了发挥地方政府间竞争的积极影响，克服其消极影响，应规范地方政府间竞争，包括重塑地方政府间竞争模式、规范地方政府间竞争行为等方面，同时也要在竞争中发挥合作，鼓励不同区域、同区域政府间的合作，发挥各自优势，共同发展。

国内学者在谈及地方政府间横向关系协调问题时，提出了三种协调机制。

[①] 参见谢庆奎《中国政府的府际关系研究》，载《北京大学学报》（哲学社会科学版）2000年第37卷第1期，第26—34页。

[②] 转引自林尚立《国内政府间关系》，浙江人民出版社1998年版，第301页。

（1）科层制（命令机制）。指依托组织内部的等级制权威而通过正确的奖惩制度对下属的行为进行规制。面对地方政府间横向关系发展中出现的诸多具体问题，有相当多的理论研究者主张采取科层制的协调方式，由中央政府来调解。

（2）市场机制（利益机制）。就是"不通过中央指令而凭借交易方式中的相互作用，以对人的行为在全社会范围内实现协调的一种制度"。

（3）组织间网络（协商机制）。是指一些相关的组织之间由于长期的相互联系和相互作用而形成的一种相对比较稳定的合作结构形态，这样的组织群就可以通过集体决策、联合行动来生产产品及提供服务，以便更快捷地适应不断变化的技术和市场环境，提高自身的竞争力。

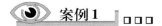

从"市管县"到"省直管县"：地方政府间关系的探索与重塑

从20世纪80年代到现在，我国的地方政府体系经历了"市管县"到"省直管县"的改革进程。

一、"市管县"做法、成效和弊端

"市管县"体制，是指以中心地级市对其周围县实施领导的体制。

20世纪80年代以前，在我国大部分地区实行的是"市县分治"的行政管理体制，这种体制造成了城乡二元社会结构，其结果是农村由于没有城市的带动而陷入停滞，中心城市由于缺乏农村的支持也没有得到发展。

20世纪80年代以来，人们加深了对中心城市地位与作用的认识，提出了一些发挥中心城市作用、逐步形成以大中城市为依托的城市经济区的设想，并相应地进行了改革，其中，重要的是试行"市管县"体制。1982年，辽宁省率先试点"市管县"体制，同年，中共中央51号文件《关于改革地区体制，实行市管县的通知》做出"改革地区体制，推行市领导县体制"的决定，并以江苏为试点，撤销江苏省所有地区，地区所辖各县划归11个市领导。1983年2月，中共中央、国务院发出《关于地市州党政机关机构改革若干问题的通知》，要求"积极实行地、市合并"。1999年，中共中央、国务院发出《关于地方政府机构改革的意见》，进一步明确："地级市并存一地的地区，实行地市合并；与县级市并存的地区，所在市（县）达到地级市标准的，撤销地区建制，设立地级市，实行市领导县体制；其余地区建制也要逐步撤销，原地区所辖县改由附近地级市领导或由省直辖，县级市由省委托地级市代管"，"地方行政管理层次由原来的'省—县—乡'三级，变成'省—地级市—县（县级市）—乡（镇）'四级"。"市管县"体制已成为各省市区最基本的区划模式，构成了最基本的纵向权力结构体系。这一体制的实行，使我国的行政区划由宪法规定的四级制向五级制转化，改变了我国政府体制的层次结构。同时，也使地级市的功能发生了重要变化，从原来仅仅是城市政府转变为既担当城市职能又承担农村和农业管理的职能，使地级市政府的管理活动日益复杂。

"市管县"体制在特定的时期内对于增强大中城市实力、发挥辐射带动作用、密切城乡关系、加强城乡合作、促进城乡一体化起到巨大的推动作用。

随着社会主义市场经济体制的建立，"市管县"体制的问题开始暴露出来。①"市管县"体制增加了行政管理层次，提高了行政成本，大大地降低了行政效率。②"市管县"体制并没有从根本上打破旧有的条块分割的管理体制，并且处于无法可依的尴尬境地，甚至与宪法中有关地方行政架构的规定相违背。③"市管县"体制加剧了县级财政的困难，"小马拉大车"问题依然不能得到有效的解决。④"市管县"形成城乡悖论。在市与其所辖的县（或县级市）竞争发展过程中，加剧了各个县（或县级市）与市之间在人、财、事三方面的矛盾。⑤"市管县"体制与大都市圈经济、区域经济一体化发展之间的矛盾。⑥县级政府财权和事权不对称问题突出，并且政府权力太小，缺乏推动经济发展的动力和条件。

二、"省直管县"做法、成效和问题

"省直管县"体制，是指对县的管理由"省管市—市管县"模式变为由"省直管县"。此体制包含有两个层面的含义：第一层面是财政直管，即从财政上实行市县平级，县级财政直接与省财政挂钩，省财政决定县级的财政预算和收入分成。第二层面是行政直管，即行政管理上实行省政府直接管理县政府，将我国原来的"省—市—县"的管理体制改为"省—市、县"，在省与县之间，减少了地级市这一级，县级的人事、财政、审批权等全部由省一级政府掌握。

"省直管县"体制改革经历了一个由"扩权强县"到"省直管县"，由财政"省直管县"到行政"省直管县"的发展过程。①在财政方面。2006年和2009年的中央1号文件均提出，推进"省直管县"财政管理体制。2008年8月,《关于地方政府机构改革的意见》中提出,要继续推进"省直管县(市)"的财政体制改革,有条件的地方可依法探索"省直管县(市)"的体制,以进一步扩大县级政府社会管理和经济管理权限。②在干部人事制度方面。2009年4月12日,中组部发布了《关于加强县委书记队伍建设的若干规定》,明确了县委书记的选拔任用应按程序报经省级党委常委会议审议,该规定可以看作是在人事权限上对"省直管县"探索的一种支持。

在"省直管县"体制改革中,在全国影响较大的主要是浙江模式和海南模式。①浙江模式。主要特点有三个方面,一是市、县的主要干部都是省委决定;二是财政体制一直是"省直管县"的做法;三是渐次扩大县级政府经济管理、社会管理和公共服务等权限,保持地级市的级别层次。②海南模式。海南其省域面积小,县级区域少且是新建独立行政区划,海南从1988年建省开始就没有实行"市管县",不存在地级市对县的行政管理的隶属关系。

总的来说,我国的"省直管县"改革收到了良好的效果,有效地发挥了省级政府统筹协调能力,提高了财政资金的运转效率,降低了行政成本,增加了管理的透明度,同时也调动了县级财政发展经济的积极性,促进了县域经济的发展。

但是,在"省直管县"改革过程中,涉及省级政府及其部门、地级市政府及其部门、县级政府及其部门的关系,省、市、县三级对于这场改革的态度及利益诉求有所不同。①对于省级政府来说,面临管理幅度过大的问题。②对于地级市来说,既有支持的地级市,也有不支持的地级市。支持的地级市,一般来说,经济发展较快、财政收入较高,不需要发展腹地;或者所辖的县比较贫困,需要地级市给予补贴。而不支持的地级市则情况相反,它们需要发展腹地,"省直管县"将县的管辖权上收而制约了该市的发展,或者这些城市经济发展缓慢,往往会控制所辖县的调控资金而服务本市的发展,但"省直管县"改革削弱了地级市对县的控制。无论是经济发展较好的地级市还是经济发展较慢的地级市,都希望在"省直管县"体制改革中能够尽量扩大自身的经济发展空间,减少权力的流失。③对于县级政府来说,绝大多数是支持"省直管县"改革的。因为在这场改革中,很多原来由市来管理的权力直接下放到县,这有助于县域经济社会的发展。但与此同时,县级政府也面临着诸多的问题,比如由于财政

"省直管县"与行政"省直管县"改革不同步，县里的财政控制权由省里掌握，而具体事务的管理权由地级市掌握，这使县级政府面对"两个婆家"，处境尴尬。

三、安徽"省直管县"的实践

安徽省于2012年3月开始在宿松县、广德县两地试点"省直管县"行政管理体制改革。

宿松县发改委负责同志认为，过去县发改委上报项目要经过市级再到省里，报批程序复杂、时间长，而且由于市辖县较多，很多项目"僧多粥少"。对此，广德县发改委负责同志也深有同感，以前报批一个投资项目要经过县、市两级的发改、环保、商务、经信委、工商等部门审批，涉及近20个部门，耗时近半年，但"省直管县"后，同样的投资项目在20个工作日内即能完成全部审批。据初步统计，"省直管县"后，试点县享有的规划直接上报、资金直接划拨、项目直接申报、用地直接报批等权限，约10项。

"直通车"管理扩大了县级自主权，提升了行政效能，也便利了百姓办事。广德县政务服务中心负责同志说，实行"省直管县"后，一些省市行政审批职权也相应下放，如外资审批、出入境审批、驾照审批等，过去要跑市跑省，现在直接在县里就可以审批，省去了群众跑路之苦。

随着"省直管县"改革的推进，宿松和广德两地在尝到改革甜头的同时，一些体制机制性难题也日益显露，改革陷入进退两难的尴尬境地。

"直管"成"双管"，改革难彻底。宿松、广德两地的基层干部称，"省直管县"改革是为了推动管理重心下移，但在实际改革中，由于试点县的行政区划维持不变，"省直管县"以后，县和原辖市仍为上下级，县里的工作仍然需要两面周旋协调，分散了精力，增加了工作难度。宿松县国土局干部说，实行"省直管县"以后，省直部门全省性会议县里要参加，回来后，市里的传达会，县里往往还要再参加一遍。而且有些工作省里布置得很原则，到县里怎么操作仍然要参照市里执行，"市管县"难以真正脱钩。

实行"省直管县"改革本是为了推动管理重心下移，但由于县级对接管理权限的能力有限，一些关键管理权限只能放在省、市两级。比如干部选拔，还主要由市代管。目前，试点县处级干部选拔任用不仅要报省委组织部，而且市级考察也不能少。往往一个副处级干部任用要县里汇报、市里酝酿、省里同意后，才能由市里启动考察、研究后，再报省里同意后决定。

基层干部也普遍反映，省县之间层级级差较大，实行"省直管县"后，县内干部很难流动到省级工作，干部晋升流动渠道小，不利于干部积极性发挥。而且我国现行法律中没有关于"省直管县"体制的明确规定，导致改革面临"无法可依"的窘境。特别是实行"省直管县"后，以往"市管县"体制下制定的人大、司法等法律制度规范难以突破，客观上造成改革难度增大，使改革陷入进退两难的尴尬境地中。

<small>案例资料来源：改编自两篇文章。①肖立辉：《中国省直管县体制改革中的问题及对策》，见深圳大学当代中国政治研究所《当代中国政治研究报告》（第15辑），社会科学文献出版社2017年版。②王圣志、杨玉华：《安徽，省直管县改革遇上坎了》，2014年11月1日，见http://www.banyuetan.org/chcontent/jrt/20141017/114705.shtml。</small>

讨论思考题：

1. 从"市管县"到"省直管县"，政府间关系的变革体现了何种逻辑？

2. 安徽"省直管县"的改革实践，如何破除尴尬，深入推进？

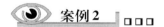 案例2

重构央地关系

2013年11月12日，中国共产党十八届三次会议通过的《中共中央关于全面深化改革若干重大问题的决定》要求，建立事权和支出责任相适应的制度。适度加强中央事权和支出责任，国防、外交、国家安全、关系全国统一市场规则和管理等作为中央事权；部分社会保障、跨区域重大项目建设维护等作为中央和地方共同事权，逐步理顺事权关系；区域性公共服务作为地方事权。中央和地方按照事权划分相应承担和分担支出责任。中央可通过安排转移支付将部分事权支出责任委托地方承担。对于跨区域且对其他地区影响较大的公共服务，中央通过转移支付承担一部分地方事权支出责任。保持现有中央和地方财力格局总体稳定，结合税制改革，考虑税种属性，进一步理顺中央和地方的收入划分。

2014年，《国务院关于清理国务院部门非行政许可审批事项的通知》（国发〔2014〕16号）要求，取消和调整面向地方政府等方面的非行政许可审批事项。各部门面向地方政府等方面的非行政许可审批事项，凡与地方政府之间能够协商处理的，或者直接面向市、县、乡政府的，或者由地方政府管理更方便有效的，或者不适应经济社会发展要求的，要于本通知印发后一年内予以取消或下放。确因工作实际需要保留的，实施部门要在一年内送交国务院审改办审核，并报国务院批准后，统一调整为政府内部审批事项。同时，实施部门要根据精简效能的原则，对政府内部审批事项加强规范管理。要优化审批流程，简化办事程序，提高办事效率。要明确政府内部审批的权限、范围、条件、程序、时限等，严格限制自由裁量权，并建立健全岗位责任制，切实加强机关效能建设，提高审批效率。

2016年，《国务院关于推进中央与地方财政事权和支出责任划分改革的指导意见》（国发〔2016〕49号）规定，改革的主要内容包括三项。

一是推进中央与地方财政事权划分：①适度加强中央的财政事权；②保障地方履行财政事权；③减少并规范中央与地方的共同财政事权；④建立财政事权划分动态调整机制。

二是完善中央与地方支出责任划分：①中央的财政事权由中央承担支出责任；②地方的财政事权由地方承担支出责任；③中央与地方的共同财政事权区分情况划分支出责任。

三是加快省以下财政事权和支出责任划分。

省级政府要参照中央做法，结合当地实际，按照财政事权划分原则合理确定省以下政府间财政事权。省级政府要根据省以下财政事权划分、财政体制及基层政府财力状况，合理确定省以下各级政府的支出责任，避免将过多支出责任交给基层政府承担。

上述文件，尤其是《国务院关于推进中央与地方财政事权和支出责任划分改革的指导意见》，对央地关系做出了重新安排，上收"事权"到中央，逐步做实全国性的社会保障系统。这一改革将使转移支付规模逆转，央地关系重构，更对经济要素的流动，促进社会主义市场经济的进一步发展，国家应对经济波动、收入共享和分配、污染治理等能力提升具有巨大价值。

讨论思考题：

1. 概括三个文件各自要解决的问题。
2. 当前的央地关系存在哪些问题，为什么其改革具有重要性和紧迫性？
3. 合理的央地关系的内容是什么？当前央地关系改革能否达到理想目标？

复习思考题

1. 影响国内政府间关系的因素有哪些?
2. 当前我国政府间纵向关系具有哪些特征?
3. 当前我国政府间横向关系有哪些?
4. 如何建构良性的政府间竞争关系?

第八章 公共财政管理

第一节 公共财政概述

一、公共财政的内涵

公共财政是适应市场经济发展客观要求的一种比较普遍的财政模式。市场经济体制下的政府财政原理与计划经济体制下的国家财政不同,建立社会主义市场经济体制,就是要使市场机制在国家宏观调控下对资源配置起基础性作用。在市场经济体制下,社会资源和生产要素的重新组合一般都是通过市场机制来解决的,政府只在"市场失灵"的领域才介入。因此,市场机制不能干什么,市场机制干不好什么,这客观上决定了政府及财政的职能范围。在这种全新的经济体制下,财政就其实质来说,实际上是一种"公共财政"。一般西方市场经济国家所说的"公共财政",是在市场机制对资源配置起基础性作用基础上实行国家调节,即弥补市场缺陷的政府财政,也称为"市场财政"。公共财政是国家满足社会公共需要而进行的社会集中性分配。

作为与市场经济具有天然联系的财政模式,公共财政的内涵本质上至少包含了五大内容。

(一) 公共财政是一种缺陷财政:弥补市场缺陷

公共财政是市场经济体制下的国家财政,它是一种弥补市场缺陷的财政模式。市场经济是市场在资源配置上起基础性作用的经济组织形式。在市场经济条件下,资源配置有两种系统:市场和政府。市场是一种有效率的运行机制,在完全竞争的条件下,让"经济人"(理性的企业和个人)自由竞争,通过市场竞争机制的作用,能使资源的使用发挥最大的效率,实现国民福利最大化。但市场的资源配置功能不是万能的,市场机制本身由于存在垄断、信息不充分、外部效应与公共产品等原因所造成的市场失灵,以及市场机制造成收入分配不公和经济波动等市场缺陷,因而必须发挥政府的作用。在市场经济体制下,虽然市场机制运转不灵及其缺陷为政府介入或干预市场提供了必要性和合理性的依据,但是,政府的作用只能限于解决市场解决不了的事情,只能起弥补市场缺陷的作用,同时保护和影响市场。这是市场经济中市场与政府分工的基本原则。因此,作为建立在市场经济运行机制基础上并符合市场经济要求的公共财政模式,它是一种缺陷财政。政府在构建公共财政框架时,首先必须满足"市场在资源配置中起基础性作用"这一基本条件,否则就会出现"越位"和"缺位"。

（二）公共财政是一种服务财政：为市场提供公共产品

在社会经济生活中,人类社会的需要可以分为两类,一类是私人的个别需要,一类是社会的公共需要。相应地,用于满足各种各样社会需要的商品和服务,也可以分为私人产品和公共产品两大类。由市场供给用来满足私人个别需要的商品和服务,称为私人产品；由政府公共部门供给用来满足社会公共需要的商品和服务,称为公共产品。区分公共产品与私人产品有两个基本标准,一是排他性和非排他性,二是竞争性和非竞争性。私人产品具有排他性和竞争性,公共产品具有非排他性和非竞争性。在市场经济体制下,作为社会集中代表的国家,其活动和存在的根据就在于履行社会管理职责,满足社会公共需要。因此,公共财政不应介入私人产品,它是一种为市场提供公共产品和公共服务的国家财政。

（三）公共财政是一种民主财政：依照公意民主决策

公共财政的宗旨是满足社会公共需要,是按社会公意来进行的一种社会集中性分配。在市场经济条件下,私人产品是满足每个人的特殊需要的,人们通过在市场上购买商品或服务来表达他们的意愿,即所谓的"货币投票"来抉择；公共产品是满足社会全体成员的一种集合性需要,每个人对公共产品的需要有不同的偏好,同时对承担公共产品成本存在漠不关心或"搭便车"的心理。所以,政府提供公共产品必须通过一定的政治程序,即所谓的"政治投票"做出决策。公共选择主要体现为通过代表民意的权力机关审批国家预算和决算。

（四）公共财政是一种法制财政：依法规范理财

公共财政的实质是市场经济财政,而市场经济是法制经济,公共财政作为一种与市场经济相适应的财政模式,其收支必然是建立在法制基础之上的,一切公共财政收支活动必须纳入法制规范的范围。表现在公共财政收入方面,无论是开征税收、设立规费项目,还是发行国债,都必须根据法律规定,按照一定的法律程序办事,由财政、税务部门依法组织征收的收入必须全部纳入国家预算。表现在公共财政支出方面,各项公共财政支出都要严格按照国家预算法及其他财政法规规定的程序和方法进行科学安排,预算审批要公开透明,依法进行。

(五)公共财政是一种受制财政:接受公众监督

在市场经济体制下,政府实际上是一个国家或社会的代理机构,承担着一种公共受托的责任。本质上,公众委托政府来提供私人无法通过市场配置而实现的有效供给。纳税人向作为公共权力主体的政府缴纳了一定的税收以后,政府就成为实实在在的大管家,作为主人的纳税人要求政府勤俭持家、节约有效地用好税收是理所当然的事。政府在收取纳税人的税收后,除部分作为自身的维持经费外,主要职责在于向社会提供安全、秩序、公民基本权利和经济发展的基本社会条件,如国防、治安、教育、环境卫生、市政建设等。在筹集资金和使用资金的全过程,作为公众利益的代表,政府必须接受公众的监督,这是由纳税人与收税人的基本关系所决定的。

二、公共财政的功能

(一)资源配置

资源配置,广义地理解是指社会总产品的配置,狭义地理解是指生产要素的配置。资源配置的核心问题是效率问题,效率问题又是资源的使用方式和使用结构问题。在市场经济体制下,市场在资源配置中起基础性作用,市场会通过价格与产量的均衡自发地形成一种资源配置状态。但由于存在市场失灵和缺陷,市场自发形成的配置状态,不可能实现最优的效率结构。财政的配置职能是由政府介入或干预所产生的,它的特点和作用是通过本身的收支活动为政府提供公共物品、提供财力,引导资源的流向,弥补市场的失灵和缺陷,最终实现全社会资源配置的最优效率状态。

公共财政资源配置的机制和手段主要有如下几种。①根据社会主义市场经济条件下的政府职能确定社会公共产品的基本范围，确定财政收支占GDP的合理比例，从而实现资源配置的总体效率。②优化财政支出结构，保证重点支出；压缩一般支出，提高资源配置的结构效率。③合理安排政府投资的规模、结构，保证国家的重点建设。政府投资规模主要指政府投资在社会总投资中所占的比重，表明政府对社会总投资的调节力度。④通过政府投资、税收和补贴，带动和促进民间投资、吸引外资和对外贸易，提高经济增长效率。⑤提高公共财政配置本身的效率。

(二) 收入分配

1. 市场经济体制收入分配的原则

在市场经济体制下，GDP分配的起始阶段是由市场价格形成的要素分配，即各种收入首先是以要素投入为依据，由市场价格决定，要素收入与要素投入相对称。我国明确实行按劳分配与要素分配相结合的分配原则。各阶层居民的收入分为劳动收入与非劳动收入。劳动收入包括工资、薪金、奖金、津贴等，非劳动收入包括财产收入、租金、利息、红利和企业留利等。我国依法保护法人和居民的一切合法收入（合法的劳动收入与合法的非劳动收入）和财产，鼓励城乡居民储蓄和投资，允许属于个人的资本等生产要素参与收入分配。

2. 市场经济体制收入分配差距

在市场经济条件下，由于各经济主体或个人所提供的生产要素不同、资源的稀缺程度不同及各种非竞争因素的干扰，各经济主体或个人获得的收入会出现较大的差距。

3. 收入分配的目标

收入分配的目标是实现公平分配，而公平分配包括经济公平和社会公平两个层次。经济公平是市场经济的内在要求，强调的是要素投入和要素收入相对称，它是在平等竞争的环境下由等价交换来实现的。在个人消费品的分配上实行按劳分配，个人通过诚实劳动和合法经营取得收入，个人的劳动投入与劳动报酬相对称，这既是效率原则又是公平原则。但过分的悬殊将涉及社会公平问题。社会公平是指将收入差距维持在现阶段社会各阶层居民所能接受的合理范围内，平均不等于公平，甚至是社会公平的背离。

在我国国民经济核算体系中，将间接税和直接税分别处理，间接税视为商品价格的追加,构成要素收入的一个项目,而直接税则作为要素收入的再分配。因此,财政既参与由价格形成的起始阶段的要素分配,又参与在要素分配基础上的再分配。

收入分配的核心是实现公平分配,因而财政的收入分配职能所要研究的问题,主要是确定显示公平分配的标准和财政调节收入分配的特殊机制和手段。显示公平分配的标准是基尼系数。

公共财政实现收入分配功能的机制和手段主要有四种。①划清市场分配与财政分配的界限和范围。原则上属于市场分配的范围,财政不能越俎代庖;凡属于财政分配的范围,财政应尽其职。②规范工资制度。建立以工资收入为主、工资外收入为辅的收入分配制度。③加强税收调节。税收是调节收入分配的主要手段。通过间接税调节各类商品的相对价格,从而调节各经济主体的要素分配;通过企业所得税调节公司的利润水平;通过个人所得税调节个人的劳动收入和非劳动收入,使之维持在一个合理的差距范围内;通过资源税调节由于资源条件和地理条件而形成的级差收入;通过遗产税、赠予税调节个人财产分布;等等。④通过转移性支出,如社会保障支出、救济支出、补贴等,使每个社会成员得以维持起码的生活水平和福利水平。

(三)经济稳定与发展

经济稳定包含充分就业、物价稳定和国际收支平衡等多重含义。充分就业,是指可就业人口的就业率达到了由该国当时社会经济状况所能承受的最大比率。物价稳定,是指物价上涨幅度维持在不至于影响社会经济正常运行的范围内。国际收支平衡,指的是一国在国际经济往来中维持经常性项目收支(进出口收支、劳务收支和无偿转移收支)的大体平衡,因为国际收支与国内收支是密切联系的,国际收支不平衡同时意味着国内收支不平衡。

发展和增长是不同的概念。增长是指一个国家的产品和劳务数量的增加,通常用国民生产总值或国内生产总值及其人均水平来衡量。发展比增长的含义要广,不仅意味着产出的增长,还包括随着产出增长而带来的产出与收入结构的变化及经济条件、政治条件和文化条件的变化,表现为在国民生产总值中农业比重相应下降,而制造业、公用事业、金融贸易、建筑业等的比重相应上升,随之劳动就业结构发生变化,教育程度和人才培训水平逐步提高。简而言之,发展是一个通过物质生产的不断增长来满足人们不断增长的基本需要的概念,对发展中国家来说,包括消除贫困、失业、文盲、疾病和收入分配不公平等现象。

公共财政实现经济稳定与发展的机制和手段主要有如下四种:①经济稳定的目标集中体现为社会总供给和社会总需求的大体平衡。财政政策是维系总供求大体平衡的重要手段。当总需求超过总供给时,财政可以实行紧缩政策,减少支出和增加税收或两者并举;一旦出现总需求小于总供给的情况,财政可以实行适度放松政策,增加支出和减少税收或两者同时并举,由此扩大总需求。针对不断变化的经济形势而灵活地变动支出和税收,被称为"相机抉择"的财政政策。②在财政实践中,还可以通过一种制度性安排,发挥某种"自动"稳定作用,即自动稳定的财政政策(自动稳定的收入政策,例如累进税制度;自动稳定的支出政策,如失业救济金制度)。③通过投资、补贴和税收等多方面安排,加快农业、能源、交通运输、邮电通信等公共设施的发展,消除经济增长中的"瓶颈",并支持第三产业的兴起,加快产业结构的转换,保证国民经济稳定与高速的最优结合。④财政应切实保证非生产性的社会公共需要,为经济和社会发展提供和平的和安定的环境。提高治理污染、保护生态环境以及文教、卫生支出的增长速度,同时完善社会福利和社会保障制度,使增长与发展相互促进,相互协调,避免出现某些发展中国家曾经出现的"有增长而无发展"或"没有发展的增长"的现象。

三、公共财政的管理

(一)公共财政管理的内涵

公共财政管理是政府为了实现其职能,运用一定手段,对财政分配及相关经济活动过程进行的决策、计划、组织、协调和监督活动。公共财政管理是政府行政管理的保障和基础。

(二)公共财政管理的要素

(1)公共财政管理主体,包括财政法规的立法机关、财政政策的决策机构、财政政策和计划的执行机构。

(2)公共财政管理对象,包括财政分配活动过程和财政分配领域。

（3）公共财政管理目标，包括：①效率、资源的有效配置。②公平。通过转移支付，帮助社会弱势群体，满足其基本生活保障。③稳定。保持社会总供给与社会总需求的基本平衡，保证宏观经济的稳定增长。

（4）公共财政管理手段，分为经济手段、法律手段、行政手段。

（5）公共财政管理的五大职能分为决策、计划、组织、协调、监督。

（三）公共财政管理的内容

公共财政管理的内容包括财政收入管理、财政支出管理、财政预算管理、财政信息管理、预算外资金管理、国库管理、国债管理、会计管理、财政监督。核心是财政收支管理和财政预算管理。

第二节 公共财政收入

一、公共财政收入的内涵

（一）公共财政收入的概念

公共财政收入是政府为了满足政府公共活动支出的需要，履行政府的公共管理、公共服务以及国民经济的市场化管理等职能而从企业、家庭等社会目标群体中所获得的一切货币收入的总和。公共财政收入的规模在很大程度上决定着公共财政支出的规模，从而决定着政府活动的范围，进而影响到一个国家的经济增长和社会发展。因此，各国政府都十分重视对公共财政收入的管理，科学设定财政收入的规模、结构，明确规定财政收入的范围、形式，建立规范的公共财政收入制度以实现政府的经济意志，促进公共财政分配的科学化和规范化，有效实现政府的各项管理职能。

（二）公共财政收入的形式

公共财政收入一般包括税收、公债、非税收入三种形式。税收是政府为了履行其职能，凭借政治权力，按照法律预先规定的标准，强制地、无偿地获得财政收入的一种形式。在现代市场经济条件下，税收是政府调节经济和进行宏观调控的重要政策工具。公债是政府在资金持有者自愿的基础上，按照信用原则，有偿地获取公共收入的一种手段。相比于由法律预先规定的税收而言，政府可以根据公共收支的状况，更加灵活地确定是否需要发行公债来调节经济、平衡收支。非税收入包括政府性基金、公共收费、罚没收入、特许权收入、国有资产收益与境内外机构和个人捐赠等多种形式。

（三）公共财政收入的作用

公共财政收入的作用基本上有两大方面：一是收入作用。政府获得较多的财政资金，又不伤害人们的投资和劳动热情，并使收入过程中成本耗费最少。二是调节作用。财政收入是政府调节社会经济的重要工具，具体表现为三个方面。①收入再分配。通过税收，缩小个人收入分配差距，体现公平。②改善资源配置。通过差别税收、奖励出口限制进口政策，调整投资方向和结构，使资源优化配置。③稳定经济。根据不同经济波动周期调整财政收入。高涨时，增加财政收入；衰退时，减少财政收入，使经济稳定发展。

（四）公共财政收入的特征

1. 公共性

公共财政收入是以满足社会公共需要为目的的，并且在使用上应强调公共参与决定，而不是由少数官僚集团或个人以国家的名义来随意安排。

2. 强制性

强制性主要是从公共财政收入来源的角度来说的。由于公共财政收入的获取主要以公共权力为依托，而公共权力的一个主要特点是强制性，相应地，公共财政收入也就具有了强制性的特征。

3. 规范性

公共财政收入主要取自家庭、企业的所得，因此在获取公共收入的过程中一定要依据一定的法律、法规或政策，做到有章可循，依法行事，避免侵害公众的利益。

4. 稳定性

由于公共财政收入是政府行使职能的必要物质基础，政府要运行，国家要发展，都离不开一定的物质保障，因此必须保证公共财政收入有稳定的来源和一定的数额。

（五）公共财政收入的内容

我国公共财政的收入主要有税收收入、公债收入和非税收入。

1. 税收收入

税收是国家凭借政治权力，按照法律规定，向社会公众强制收取的一种财政收入形式。政府的正常运作、公共产品的正常供应，主要是依靠税收来维持。税收有三个特点。一是强制义务性。税收的发生不为纳税人愿意与不愿意所左右，一旦发生应税行为，就必须履行纳税义务。纳税人不能拒绝纳税。二是非直接偿还性。政府征税后，不需要直接返还纳税人，也不需要为税款直接支付代价。三是法定规范性。政府征税不是人治行为，而是按法定标准和方法进行征收。

2. 公债收入

公债是政府凭借国家信用所发行的债券。公债收入也是政府财政收入的一种形式。公债是需要有息偿还的，所以，政府发行公债往往用于投资。

公债与税收都是政府财政收入的主要来源，但两者有根本的区别。公债有三个特点：一是自愿性。国家发行公债，居民认购公债，都是建立在自愿承受、平等互利的基础上。相反，税收则是强行征收的。二是有偿性。政府发行公债所筹集的资金，不仅要到期偿还本金，还要支付利息。而税收却是一种以提供公共产品和公共服务的、不对等的、间接的补偿。三是机动性。政府发行公债的时间与数量可以根据宏观经济发展的需要灵活决定。税收却只能按法律规定收取。

公债可以分为内债和外债。内债是在本国发行，其品种有国库券、保值公债、特种公债；外债是向其他国家的政府、国际金融机构发行。

3. 非税收入

2016年财政部《政府非税收入管理办法》对非税收入进行了界定：除税收以外，由各级国家机关、事业单位、代行政府职能的社会团体及其他组织依法利用国家权力、政府信誉、国有资源（资产）所有者权益等取得的各项收入。非税收入包括行政事业性收费收入、政府性基金收入、罚没收入、国有资源（资产）有偿使用收入、国有资本收益、彩票公益金收入、特许经营收入、中央银行收入、以政府名义接受的捐赠收入、主管部门集中收入、政府收入的利息收入和其他非税收入。同时，《政府非税收入管理办法》明确，非税收入不包括社会保险费、住房公积金（指计入缴存人个人账户部分）。非税收入在部分领域中能更加公平有效地调节社会分配关系。与税收相比，非税收入具有一些不同的特征，主要体现为取得依据相对复杂、仅作为税收的补充形式、通常实行专款专用等。

二、公共财政收入的规模

（一）公共财政收入规模及其衡量指标

一般来看，一个国家的财政实力主要表现为其财政收入规模的大小。财政收入规模是指财政收入的总水平。考察一个国家财政收入规模的常用指标有绝对量指标和相对量指标。绝对量指标主要是财政收入或财政收入总额。相对量指标主要有财政收入占国民收入的比重或财政收入占GDP的比重、财政收入增长速度与经济增长速度之比等。一般情况下，主要运用财政收入占GDP的比重来考察和反映政府的财政收入规模或财政实力，该比重越高，表明一国的财政收入规模就越大。表8-1和图8-1反映了我国2001—2016年公共财政收入总额及增长速度。

表8-1　我国2001—2016年公共财政收入总额及增长速度

年份（年）	公共财政收入（亿元）	公共财政收入（亿元）		增长速度（%）
		中央	地方	公共财政收入
2001	16386.04	8582.74	7803.30	22.3
2002	18903.64	10388.64	8515.00	15.4
2003	21715.25	11865.27	9849.98	14.9
2004	26396.47	14503.10	11893.37	21.6
2005	31649.29	16548.53	15100.76	19.9
2006	38760.20	20456.62	18303.58	22.5
2007	51321.78	27749.16	23572.62	32.4
2008	61330.35	32680.56	28649.79	19.5
2009	68518.30	35915.71	32602.59	11.7
2010	83101.51	42488.47	40613.04	21.3
2011	103874.43	51327.32	52547.11	25.0
2012	117253.52	56175.23	61078.29	12.9

（续表 8-1）

年份 （年）	公共财政收入 （亿元）	公共财政收入（亿元）		增长速度（%） 公共财政收入
		中央	地方	
2013	129209.64	60198.48	69011.16	10.2
2014	140370.03	64493.45	75876.58	8.6
2015	152269.23	69267.19	83002.04	5.8
2016	159552.00	72357.00	87195.00	4.5

数据来源：根据历年统计年鉴和政府数据整理。

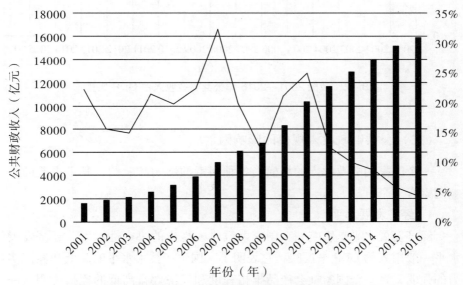

图 8-1 我国 2001—2016 年公共财政收入总额与增长速度

图 8-2 反映了我国 2001—2016 年公共财政收入占 GDP 的比重。

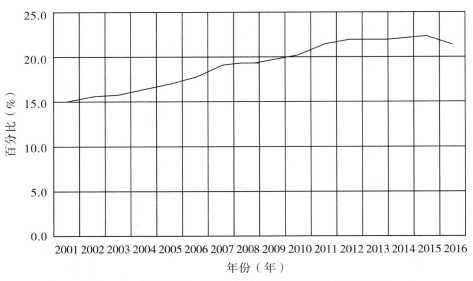

图 8-2　我国 2001—2016 年公共财政收入占 GDP 比重

(二) 公共财政收入规模的影响因素

一个国家的财政收入的规模受各种因素的影响和制约,其中主要的影响因素有五个。

1. 经济发展水平

经济发展水平是影响一个国家财政收入规模的决定性因素。经济发展水平一般用人均 GDP 来反映,它表明了一国生产技术水平的高低和经济实力的强弱,是一个国家社会产品丰裕程度和经济效益高低的概括说明。一国的人均 GDP 较高,表明该国的经济发展水平相对较高。经济发展水平高,人均 GDP 较高,则为增加财政收入规模奠定了基础。可以说,经济发展水平是制约财政收入规模的一个最综合的基础因素,也就是人们通常所说的经济决定财政。根据世界各国的情况,无论是从横向比较还是从纵向比较,都说明了经济发展水平对财政收入规模的影响。从横向看,经济发展水平高的发达国家,其财政收入规模一般都高于经济发展水平较低的发展中国家。从纵向看,随着经济发展水平的提高,其财政收入规模一般会呈现上升的趋势。这种情况充分说明经济发展水平对财政收入规模的影响。

2. 政府职能范围

政府取得财政收入是为了履行其职能，满足社会公共需要，显然，政府的职能范围越大，政府需要筹集的财政收入规模也就越大。所以，政府的职能范围是决定一国财政收入规模的直接因素。这一点可以从西方国家财政收入规模的发展变化中得到反映。在资本主义发展的早期，政府的职能范围十分有限，政府的职责主要是国防及维护国内法律秩序，因而有"警察国家"之称。在这种"越小的政府是越好的政府"的观念下，自然是"花钱越少的政府就是越好的政府"。当时，西方国家的财政收入一般都不到 GDP 的 10%。但随着工业化和城市化的发展，社会要求政府提供社会福利和社会保障的呼声日益高涨。到 19 世纪的后期，西方国家政府担负的社会福利职能越来越大。相应地，各国政府的公共收支规模也不断地攀升。2015 年，瑞典、法国、丹麦、芬兰、挪威的财政收入占 GDP 的比重都超过了 50%，英国、荷兰、希腊、德国的财政收入占 GDP 的比重都超过了 40%，中国的财政收入占 GDP 的比重为 22.49%。

3. 分配制度和分配政策

社会产品生产出来以后要在政府、企业和居民个人之间进行一系列的分配和再分配。在我国，国家制定的国民收入分配制度和分配政策决定了政府、企业和个人在国民收入分配中所占的份额。在传统的计划经济体制下，国家对国有企业实行统收统支的财务管理体制，对城市职工实行严格的工资管理，对农产品实行"剪刀差"的价格政策，在这种分配制度和分配政策下，国民收入的分配格局中，政府财政的收入规模较大。改革开放以来，由于国家改革了分配制度，调整了分配政策，国民收入分配格局发生了重大变化，国民收入分配开始向企业和个人倾斜，加上少数人制度外的非正常收入，即灰色和黑色收入增加，挤掉了国家正常财政收入。当前，我国财政收入占 GDP 比重偏低，与国家分配政策和分配制度密切相关。

4. 价格变动

财政收入是政府取得的货币形态的社会产品，它是按照当年的现行价格水平计算出来的。这样，在其他条件一定的情况下，某个财政年度的价格水平上升，该年度的名义财政收入就会增加。但这种财政收入的增加完全是由于价格水平上升造成的，并不代表财政收入的真正增长。也就是说，这时名义财政收入虽然增加了，但实际财政收入并不一定增加。所谓的名义财政收入，是指当年在财政账面上实现的财政收入；而实际财政收入，则是指财政收入所真正代表的商品物资（劳务）的数量，在价值上它可以用按不变价格计算的财政收入的量来表示。

价格水平对财政收入的影响有三种情况：一是价格水平的增长率超过名义财政收入的增长率，则实际财政收入水平下降；二是价格水平的增长率低于名义财政收入的增长率，则实际财政收入水平提高；三是价格水平的增长率与名义财政收入的增长率相同，则实际财政收入水平不变。

因此，物价水平上涨对财政取得收入并不一定有利。但如果物价上涨是由于财政出现赤字，中央银行被迫发行货币弥补赤字而引起的，那么这时的通货膨胀对财政来说是有利的。因为财政在引发通货膨胀的同时，自己取得了一笔超额收入（即财政赤字部分），企业和居民个人的实际收入则因通货膨胀而有所下降，财政这种靠中央银行发行货币弥补赤字的做法实际上是对企业和个人征收了一笔税收，人们通常把它称作"通货膨胀税"。另外，如果一个国家的税收制度是以累进的所得税为主体税种，当出现通货膨胀时，企业和个人的名义收入水平就会提高，其适用的最高边际税率就会相应提高，出现所谓"档次爬升"的局面。一旦出现了"档次爬升"，政府的财政收入水平就会提高。

5. 税收管理水平和税收政策

由于税收收入是财政收入的主要来源，因此影响税收收入的因素也就成为影响财政收入规模的重要因素。在税源既定的条件下，税收管理水平和税收政策决定了税收收入的规模。税收管理水平包括税务管理的质量、国家对税务管理组织力量的安排、纳税人的守法程度、税务官员的廉洁程度、对征纳双方违法行为处罚的轻重、公共服务部门的服务质量与税收效率等等，税收政策则包括税种的选择、税种的数目与结构、税率的高低与税收优惠的实施情况等。

除上述因素外，一个国家的政治经济制度和经济管理体制，一定时期的经济结构，如所有制结构、产业结构，以及宏观经济政策、经济的景气周期等都是影响一国财政收入规模大小的因素。

三、公共财政收入的管理

（一）公共财政收入管理的概念

公共财政收入管理，是指对财政收入分配政策的制定、分配过程的控制和各项财政资金的管理,是财政分配制度的一项重要内容,涉及财政收入分配活动的方方面面,关系到社会经济发展和人民生活水平的提高。

(二) 公共财政收入管理的原则

公共财政体制下的政府财政收入管理应该遵循四个原则。

1. 财政收入规模必须与政府职能相适应

财政收入的首要任务是为政府开展各项活动、充分实现政府职能提供物质保障和财力支持,这就要求财政收入的规模、结构必须适度、合理,以满足公共支出的需要。

2. 财政收入形式必须有利于财政收入分配职能的实现

财政分配是政府凭借其政治权力对国民收入进行的强制性分配,既要尊重价值规律,注重效率,又要关注公共财政的公共性,实现公平、公正和公开分配。而财政收入是财政分配的基础环节,因此,必须选择有利于财政收入分配职能实现的财政收入方式,协调好各方面的利益关系,实现财政资源的合理有效配置。

3. 坚持区别对待、合理负担原则

对于实现政府职能而言,财政资金当然是越多越好,但一定时期内国民经济发展水平是一定的,所能提供的资金又是有限的,两者之间始终存在矛盾,要恰当地处理这个矛盾,就应该既考虑财政支出的需要,又考虑财政收入缴纳者的承担能力,处理好不同的财政收入缴纳者之间的分配关系。

4. 财政收入管理法制化、规范化原则

政府借助其政治权力取得财政收入,为实现国家职能提供资金保证,带有明显的强制性,因此要求财政分配活动必须依法进行,实现制度化、规范化管理,使财政分配关系的客体与主体的利益分配格局处于一种合理、稳定、规范的状态。另外,公共财政本身就是由"公共"对之规范、决定和制约的财政,公共财政收入不仅来自于民,财政支出用之于民,而且整个财政收支活动要接受公众的监督,这就要求财政分配政策和收支安排必须公开、透明,有利于社会公众的监督。

(三) 公共财政收入管理内容

财政收入管理包括如何确定财政收入的规模、财政收入各种形式之间的分工与协调,以及各种财政收入形式的具体管理措施等。

1. 确定财政收入的规模

确定财政收入的规模,是财政收入管理的最基本问题,从发达国家的财政收入结构看,税收收入往往占财政总收入的 80%～90%。从市场经济发展趋势看,税收收入应该在国家财政收入中占主导地位,而非税收收入应该是起一种补充的作用。合理的财政收入规模,应考虑四点。①财政收入的增长与经济增长同步,即财政收入的增长速度与经济总量增长速度之间保持合适的比例关系,不能为了追求财政收入的增长而抑制或妨碍国民经济的增长和运行。②财政收入规模应以能满足政府的最低支出标准为下限。政府取得财政收入的目的就是为了满足政府履行职能的需要,因此,应该以能够维持政府正常行使职能的经费支出,能够满足社会公共需要的基本资金供给作为财政收入规模的下限。③确定财政收入规模应考虑各种财政收入形式的协调,进行统筹安排。④财政收入规模应以一定时期的剩余产品价值量为上限。财政收入主要来源于一定时期社会生产的剩余产品价值,因此,一定时期财政收入的规模不能超过同期劳动者所创造的剩余产品价值总量。

2. 健全财政收入管理体制

我国从 1994 年开始实行"分税制"改革,把财政划分为中央财政和地方财政。健全财政收入管理体制,必须明确中央和地方的财政职能。中央财政的职能有四个方面:①承担国家安全、外交和中央政府机关运转所需的经费;②调整国民经济结构,协调地区发展;③实施宏观经济调控;④支付由中央直接管理的社会公共事业。地方财政的职能有三个特点:①支付地方政府机关所需的经费;②调整地方经济结构;③支持地方公共事业的发展。由于财政的分包,税收也相应地划分为国税和地税。国税主要征收增值税、印花税,地税主要征收所得税、营业税。

3. 明确财政收入各种形式之间的分工与协调

财政收入的各种形式之间应相互协调补充,但由于税收具有强制性、无偿性和固定性,能给政府带来稳定可靠的收入,是市场经济条件下政府财政的最佳资金来源,因此必须成为财政收入体系中的主力军,成为取得财政收入的基本形式,而其他各种收入形式,由于受自身特点的限制,只能在财政收入体系中居补充或辅助地位。

4. 财政收入形式的具体管理

财政收入形式的具体管理主要包括三个方面。

（1）税收管理。即对税收分配全过程的计划、组织、协调和监督，由制度管理、核算管理和征收管理三个环节组成。制度管理是指通过制定和完善必要的税收制度对税收分配全过程进行管理，这里的制度包括具有法律效力的各税种的法律、法规、税收管理体制、税收征收管理制度在内的各种制度的统称。核算管理是指税收的计划、会计和统计管理，包括对组织税收收入的事先预测、事中控制、事后监督。征收管理是税务机关对纳税人或扣缴义务人依法征税而开展的征收、管理、检查三个方面的工作。

（2）国债管理。包括确定国债发行的种类、规模和期限结构，确定国债发行与偿还的方式，确定国债的发行价格与国债利率的高低，对国债市场包括发行市场和流通市场进行规范和管理，对国债收入的使用进行管理。

（3）非税收入管理。《政府非税收入管理办法》规定，非税收入实行分类分级管理。根据非税收入的不同类别和特点，制定与分类相适应的管理制度。各级财政部门是非税收入的主管部门。非税收入管理包括四个主要内容：设立和征收管理、票据管理、资金管理和监督管理。

1）设立和征收管理。设立和征收非税收入，应当依据法律、法规的规定或者按相关管理权限予以批准。非税收入可以由财政部门直接征收，也可以由财政部门委托的部门和单位（以下简称"执收单位"）征收。未经财政部门批准，不得改变非税收入执收单位。执收单位应当履行公示非税收入征收依据和具体征收事项、编报非税收入年度收入预算等职责，不得违规多征、提前征收或者减征、免征、缓征非税收入。非税收入应当全部上缴国库，任何部门、单位和个人不得截留、占用、挪用、坐支或者拖欠。

2）票据管理。非税收入票据是征收非税收入的法定凭证和会计核算的原始凭证，是财政、审计等部门进行监督检查的重要依据。非税收入票据种类有三种：①非税收入通用票据，是指执收单位征收非税收入时开具的通用凭证；②非税收入专用票据，是指特定执收单位征收特定的非税收入时开具的专用凭证，主要包括行政事业性收费票据、政府性基金票据、国有资源（资产）收入票据、罚没票据等；③非税收入一般缴款书，是指实施非税收入收缴管理制度改革的执收单位收缴非税收入时开具的通用凭证。

3）资金管理。非税收入应当依照法律、法规规定或者按照管理权限确定的收入归属和缴库要求，缴入相应级次国库。非税收入实行分成的，应当按照事权与支出责任相适应的原则确定分成比例，并按管理权限予以批准。

4）监督管理。各级财政部门应当建立健全非税收入监督管理制度，加强非税收入政策执行情况的监督检查，依法处理非税收入违法违规行为。执收单位应当建立健全内部控制制度，接受财政部门和审计机关的监督检查，如实提供非税收入情况和相关资料。各级财政部门和执收单位应当通过政府网站和公共媒体等渠道，向社会公开非税收入项目名称、设立依据、征收方式和标准等，并加大预决算公开力度，提高非税收入透明度，接受公众监督。

第三节 公共财政支出

一、公共财政支出的概念

公共财政支出，是指在市场经济条件下，政府为提供公共产品和服务，满足社会共同需要而进行的财政资金的支付。财政支出是国家将通过各种形式筹集上来的财政收入进行分配和使用的过程，它是整个财务分配活动的第二阶段。国家集中的财政收入只有按照行政及社会事业计划、国民经济发展需要进行统筹安排运用，才能为国家完成各项职能提供财力上的保证。

公共财政支出的主要项目，包括一般公共服务支出、外交支出、国防支出、公共安全支出、教育支出、科学技术支出、文化体育与传媒支出、社会保障和就业支出、医疗卫生支出、环境保护支出、城乡社区事务支出、农林水事务支出、交通运输支出，以及其他支出项目（参见表8-2）。

表8-2 2011—2015年国家财政主要支出项目及总额

国家财政主要支出项目	支出总额（亿元）				
指标（亿元）	2015年	2014年	2013年	2012年	2011年
国家财政支出	175877.77	151785.56	140212.10	125952.97	109247.79
国家财政一般公共服务支出	13547.79	13267.50	13755.13	12700.46	10987.78
国家财政外交支出	480.32	361.54	355.76	333.83	309.58

(续表 8-2)

国家财政主要支出项目 指标（亿元）	支出总额（亿元）				
	2015 年	2014 年	2013 年	2012 年	2011 年
国家财政对外援助支出					159.09
国家财政国防支出	9087.84	8289.50	7410.62	6691.92	6027.91
国家财政公共安全支出	9379.96	8357.23	7786.78	7111.60	6304.27
国家财政武装警察支出					1082.02
国家财政教育支出	26271.88	23041.70	22001.76	21242.10	16497.33
国家财政科学技术支出	5862.57	5314.50	5084.30	4452.63	4797.00
国家财政文化体育与传媒支出	3076.64	2691.48	2544.39	2268.35	1893.36
国家财政社会保障和就业支出	19018.69	15968.90	14490.54	12585.52	11109.40
国家财政医疗卫生支出	11953.18	10176.80	8279.90	7245.11	6429.51
国家财政环境保护支出	4802.89	3815.60	3435.15	2963.46	2640.98
国家财政城乡社区事务支出	15886.36	12959.5	11165.57	9079.12	7620.55
国家财政农林水事务支出	17380.49	14173.80	13349.55	11973.88	9937.55
国家财政交通运输支出	12356.27	10400.40	9348.82	8196.16	7497.80
国家财政车辆购置税支出					2314.60
国家财政地震灾后恢复重建支出			42.79	103.81	174.45
国家财政其他支出	3670.55	3254.53	3271.79	2482.38	2911.24

注：1. 从 2000 年起，财政支出中包括国内外债务付息支出。

2. 与以往年份相比，2007 年财政收支科目实施了较大改革，特别是财政支出项目口径变化很大，与往年数据不可比。2007 年起财政支出采用新的分类指标。

数据来源：国家统计局。

二、公共财政支出分类

（一）按财政功能分类

按财政功能分类，又可称为按国家职能所做的分类。按国家职能对财政支出分类，能够明白地揭示国家执行了怎样一些职能及侧重于哪些职能；对一个国家的支出结构做时间序列分析，便能够揭示该国的国家职能发生了怎样的演变；对若干国家在同一时期的支出结构作横向分析，则可以揭示各国国家职能的差别。

我国依据国家职能的分类，将财政支出区分为五大类。

1. 经济建设费

经济建设费，包括基本建设拨款支出，国有企业挖潜改造资金，科学技术三项费用（新产品试制费、中间试验费、重要科学研究补助费），简易建筑费支出，地质勘探费，增拨国有企业流动资金，支援农村生产支出，工业、交通、商业等部门的事业费支出，城市维护费支出，国家物资储备支出，城镇青年就业经费支出，抚恤和社会福利救济费支出，等等。

2. 社会文教费

社会文教费，包括用于文化、教育、科学、卫生、出版、通信、广播、文物、体育、地震、海洋、计划生育等方面的经费、研究费和补助费等。

3. 国防费

国防费，包括各种武器和军事设备支出，军事人员给养支出，有关军事的科研支出，对外军事援助支出，民兵建设事业费支出，用于实行兵役制的公安、边防、武装警察部队和消防队伍的各种经费，防空经费等。

4. 行政管理费

行政管理费，包括用于国家行政机关、事业单位、公安机关、司法机关、检察机关、驻外机构的各种经费、业务费、干部培训费等。

5. 其他支出

其他支出省略。

（二）按支出用途分类

我国财政支出按用途分类，主要有基本建设支出、流动资金、挖潜改造资金和科技三项费用、地质勘探费、公交商部门事业费、支援农村生产支出和各项农业事业费、文教科学卫生事业费、抚恤和社会救济费、国防费、行政管理费、价格补贴支出等。

财政支出若按社会总产品的价值构成来归类，其中挖潜改造资金属于补偿性支出。基本建设支出、流动资金支出、国家物资储备及新产品试制、地质勘探、支农、各项经济建设事业、城市公用事业等支出中增加固定资产的部分，属于积累性支出。文教科学卫生事业费、抚恤和社会救济费、行政管理费、国防战备费等，则属于消费性支出。

财政支出若从动态的再生产的角度来进行归类，可分为投资性支出与消费性支出。投资性支出包括挖潜改造支出（重值投资）、基本建设支出、流动资金、国家物资储备及新产品试制、地质勘探、支农、各项经济建设事业、城市公用事业等支出中增加固定资产的部分。消费性支出包括文教科学卫生事业费、抚恤和社会救济费、行政管理费、国防战备费等。

（三）按经济性质分类

以财政支出是否与商品和服务相交换为标准，可将全部财政支出分为购买性支出和转移性支出两类。

购买性支出直接表现为政府购买商品和服务的活动，包括购买进行日常政务活动所需的或用于国家投资所需的商品和服务的支出。在这样一些支出安排中，政府如同其他经济主体一样，在从事等价交换的活动，它所体现的是政府的市场性再分配活动。

转移性支出则与购买性支出不同，它们直接表现为资金无偿的、单方面的转移，这类支出主要有补助支出、捐赠支出和债务利息支出。这些支出的目的和用途不同，但却有一个共同点：财政付出了资金，却无任何所得，在这里不存在交换的问题。我们称此类支出为转移性支出，它所体现的是政府的非市场性再分配活动。

（四）按支出产生效益的时间分类

根据财政支出所产生效益的时间可把财政支出分为经常性支出和资本性支出。

经常性支出，是维持公共部门正常运转或保障人们基本生活所必需的支出，主要包括人员经费，公用经费及社会保障支出。这种支出的特点是它的消耗会使社会直接受益或当期受益。因而，在理论上说，经常性支出的补偿方式应为税收。

资本性支出，是用于购买或生产使用年限在一年以上的耐久品所需的支出。这种支出的特点是它们的耗费的结果将形成供一年以上的长期使用的固定资产。所以，资本性支出的补偿方式有两种：一是税收，二是国债。

（五）国际分类

在国际上，从现有的分类方法来看，大体上可以归为两类：一类是用于理论和经验分析的理论分类，另一类是用于编制国家预算的统计分类。从理论分类来看，根据分析的目的不同，可按政府职能、支出目的、组织单位、支出利益等标准分类。例如，以财政支出的用途和去向为标准，财政支出可分为防务支出和民用支出两大类。这种分类方法的目的在于分析一国财政支出的军事化程度或民用化程度。

从统计分类来看，按照国际货币基金组织的分类方法，有职能分类法和经济分类法。按职能分类，财政支出包括一般公共服务支出、国防支出、教育支出、保健支出、社会保障和福利支出、住房和社区生活设施支出、其他社区和社会服务支出、经济服务支出及无法归类的其他支出。按经济分类，财政支出包括经常性支出、资本性支出和贷款。

三、公共财政支出规模

（一）财政支出规模的衡量指标

1. 反映财政活动规模的指标

财政收入占 GDP 的比重和财政支出占 GDP 的比重是反映财政活动规模的两个指标。在大多数国家的大多数财政年度中，财政收入的量与财政支出的量都是不相等的，通常的情况是后者大于前者，财政支出占 GDP 的比重要高于财政收入占 GDP 的比重。财政收支与企业和个人的收支在性质上显然是不一样的。

作为衡量财政活动规模的指标，财政支出占国内生产总值的比重比财政收入占国内生产总值的比重更能反映实际情况。①财政收入占 GDP 的比重常常被人们看作是衡量财政集中程度的指标。其实，从集中程度上考查，财政支出占 GDP 的比重更切近实际。因为，财政支出无论取何种形式，无一例外都表现为财政对 GDP 的实际使用和支配的规模。而财政收入则只是标示了财政可能使用和支配的规模。它常常并不代表实际发生的规模。②财政收入反映的是财政参与 GDP 分配过程的活动，财政支出反映的则是财政在 GDP 使用过程的活动。从持续不断的社会再生产过程来看，财政支出通过它的规模和结构实现资源的配置，直接影响社会再生产的规模和结构。财政分配的全过程固然始于财政收入,但通过财政支出才最终完成。③财政收入和财政支出都体现了财政对宏观经济运行的调控,但后者更能全面而准确地反映财政对宏观经济运行的调控能力。因为,财政的配置资源、调节收入分配及稳定和发展经济的职能,大部分是通过财政支出执行的。

2. 反映财政支出变化的指标

(1) 财政支出增长率。财政支出增长率表示当年财政支出比上年同期财政支出增长的百分比。

(2) 财政支出增长的弹性系数。财政支出弹性系数是指财政支出增长率与 GDP 增长率之比。

(3) 财政支出增长边际倾向。财政支出增长边际倾向表明财政支出增长额与 GDP 增长额之间的关系。

表 8-3 和图 8-3 反映了 2001—2016 年我国公共财政支出总额及增长速度。

表 8-3 2001—2016 年我国公共财政支出总额及增长速度

年份(年)	公共财政支出(亿元)	公共财政支出(亿元)		增长速度(%)
		中央	地方	公共财政收入
2001	18902.58	5768.02	13134.56	19.0
2002	22053.15	6771.70	15281.45	16.7
2003	24649.95	7420.10	17229.85	11.8
2004	28486.89	7894.08	20592.81	15.6
2005	33930.28	8775.97	25154.31	19.1
2006	40422.73	9991.40	30431.33	19.1
2007	49781.35	11442.06	38339.29	23.2
2008	62592.66	13344.17	49248.49	25.7
2009	76299.93	15255.79	61044.14	21.9
2010	89874.16	15989.73	73884.43	17.8
2011	109247.79	16514.11	92733.68	21.6
2012	125952.97	18764.63	107188.34	15.3
2013	140212.10	20471.76	119740.34	11.3

(续表 8-3)

年份（年）	公共财政支出（亿元）	公共财政支出（亿元）		增长速度（%）
		中央	地方	公共财政收入
2014	151785.56	22570.07	129215.49	8.3
2015	175877.77	25542.15	150336.62	11.8
2016	187841.00	27404.00	160437.00	6.4

数据来源：根据历年统计年鉴和政府数据整理。

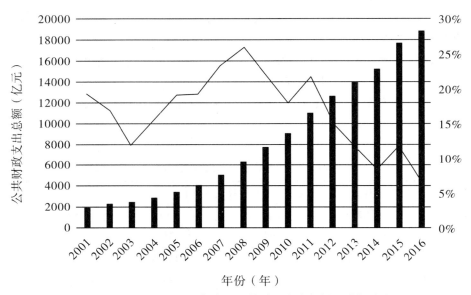

图 8-3　2001—2016 年我国公共财政支出总额及增长速度

图 8-4 反映了 2001—2016 年我国公共财政支出总额及占 GDP 比重。

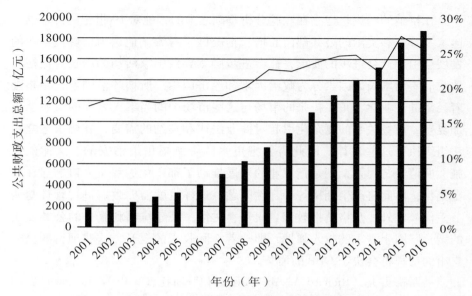

图 8-4　2001—2016 年我国公共财政支出总额及占 GDP 比重

(二) 财政支出规模发展的一般趋势

早期资本主义经济活动中，国家的职能基本上限于所谓"维持社会秩序"和"保卫国家安全"，在经济、文化、社会等方面很少有所作为，对私人生活和私营企业的经营活动不加干预，主张采取放任政策，财政支出占 GDP 的比重是比较小的。随着经济社会的发展，资本主义国家政府为了维持经济发展，逐步加强了对经济的干预；同时，致力于提高广大劳动人民的生活水平并提供基本的社会保障，因此财政支出日益膨胀。随着 GDP 的增长，可将强化筹措财政收入的措施，以及增发公债作为弥补支出的手段，也从财源方面支持了财政支出的膨胀。从实行市场经济的其他发展中国家，可以发现类似的支出同样出现不断膨胀的趋势。当然，财政支出占 GDP 比重的增长不是无止境的，当经济发展达到一定阶段则相对停止、相对稳定。

对于支出不断膨胀的趋势，许多学者做了大量的研究工作，其中尤以 19 世纪德国经济学家阿道夫·瓦格纳（Adolf Wagner）最为著名，他的研究成果被称为"瓦格纳法则"。瓦格纳法则可以简单表述为：随着人均收入的提高，财政支出的相对规模也随之提高。

瓦格纳的结论是建立在经验分析基础之上的，他对19世纪的许多欧洲国家及日本和美国的公共部门的增长情况做了考察。他认为，现代工业的发展会引起社会进步的要求，社会进步必然导致国家活动的增长。他把导致政府支出增长的因素分为政治因素和经济因素。所谓政治因素，是指随着经济的工业化，正在扩张的市场与这些市场中的当事人之间的关系会更加复杂，市场关系的复杂化引起对商业法律和契约的需要，并要求建立司法组织执行这些法律，因此需要把更多的资源提供给治安的、法律的设施。所谓经济因素，则是指工业的发展推动了都市化进程，人口的居住将密集化，由此将产生拥挤等外部性问题，这样也就需要政府进行管理与调节工作。此外，瓦格纳把教育、娱乐、文化、保健与福利服务的公共支出的增长归因于需求的收入弹性，即随着实际收入的上升，这些项目的公共支出的增长将会快于GDP的增长。

马斯格雷夫（Richard A. Musgrave）和罗斯托（Walt W. Rostow）则用经济发展阶段论来解释公共支出增长的原因。他们认为，在经济发展的早期阶段，政府投资在社会总投资中占有较高的比重，公共部门为经济发展提供社会基础设施，如道路、运输系统、环境卫生系统、法律与秩序、健康与教育，以及其他用于人力资本的投资等。这些投资对于处于经济与社会发展早期阶段的国家进入"起飞"阶段，以至进入发展的中期阶段是必不可少的。在发展的中期，政府投资还应继续进行，但此时政府投资只是对私人投资的补充。无论是在发展的早期还是在中期，都存在着市场失灵和市场缺陷，阻碍经济的发展。为了弥补市场失灵和克服市场缺陷，也需要加强政府的干预。马斯格雷夫认为，在整个经济发展进程中，GDP中总投资的比重是上升的，但政府投资占GDP的比重会趋于下降。罗斯托认为，一旦经济达到成熟阶段，公共支出将从基础设施支出转向不断增加的对教育、保健与福利服务的支出，且这方面的支出增长将大大超过其他方面支出的增长，也会快于GDP的增长速度。

（三）影响财政支出规模的因素

1. 影响财政支出规模的宏观因素

（1）经济性因素。经济性因素主要是指经济发展水平、经济体制及中长期发展战略和前经济政策。根据马斯格雷夫和罗斯托的分析，说明了经济不同发展阶段对财政支出规模及支出结构变化的影响。经济发展水平决定财政支出规模的明显例证，是经济发达国家高于发展中国家。我国总的情况是长期内仍是一个发展中国家，经济改革之初曾导致财政收入占GDP比重的下滑。随着经济体制改革的进展和经济的稳定增长，为了建设新型城镇化、大力发展教育卫生事业、扩大就业和完善社会保障制度、推进产业结构优化升级、保护生态环境等任务，财政支出占GDP的比重仍然需要适度提高。

（2）政治性因素。政治性因素对财政支出规模的影响主要体现在三个方面。①政局是否稳定。皮科克（Peacock）与威斯曼（Wiseman）认为，当一国发生战争或重大自然灾害等突发事件时，财政支出规模必然会超常规地扩大，而且事后一般难以降到原来的水平。②政体结构和行政效率。一国的政治体制和市场经济模式有关，一般而言，倾向于集中的单一制国家，财政支出占GDP的比重高一些，倾向于分权的联邦制国家则相对低一些，北欧各国由于政府提供高福利而导致财政支出规模最高。行政效率则涉及政府机构的设置问题，若一国的行政机构臃肿、人浮于事、效率低下，经费开支必然增多。③政府干预政策。政府通过法律和行政手段对经济活动的干预及通过财政等经济手段对经济活动的干预，具有不同的资源再配置效应和收入再分配效应，如通过政府管制和政府法令进行经济干预，并未发生政府的资源再配置效应或收入再分配活动，即财政支出规模不变。

（3）社会性因素。社会性因素包括人口、就业、医疗卫生、社会救济、社会保障及城镇化等因素，这些因素都会在很大程度上影响财政支出规模。发展中国家人口基数大、增长快，相应的义务教育、卫生保健、社会保障、失业和贫困救济、生态环境保护及城镇化等支出的增长压力就大。比如，我国在尚未实现工业化之前人口的老龄化已经来临，农村富余劳动力的增加迫切要求加快城镇化速度，加快经济建设与生态环境保护的矛盾日益突出，国有企业改革带来大量职工下岗失业，等等。

2. 影响财政支出规模的微观因素

福利经济学对财政支出增长的分析主要是从微观角度进行的，它采用效用最大化的分析方法，将市场有效供给原理运用到政府公共物品的供应中，通过影响财政支出增长的变量，如公共物品的需求、公共物品的成本和价格、公共物品的质量、生产组织形式等，分析和研究财政支出规模。

3. 政治决策程序

财政是一种国家或政府的经济行为，财政是一种与政治联系最紧密的经济问题，因而政治决策必然是确定财政支出规模的重要因素。

从以上的分析中可知，财政支出规模随着经济的发展而逐步上升，达到一定阶段后相对稳定，各经济发达国家相对稳定的财政支出规模却高低不一，同样是所谓自由市场经济的国家，美国财政支出占 GDP 的比重只有 35% 左右，而英、法两国则高达 50% 左右。经济发达国家目前相对稳定的水平，主要是在几百年市场运行中与政府的磨合形成的，而各国水平的差异则是由各国具体不同的国情所决定的，除由市场运行自发形成这个主要因素外，无疑还含有政治决策的因素。

社会主义市场经济体制下，政治决策对我国财政支出规模的发展变化及最终形成最佳的相对稳定水平具有决定性作用。为此，必须完善科学、民主的决策机制，健全重大问题集体决策机制和专家咨询制度，实行社会公示和社会听证制度，大力推进依法行政，严格按法律规定的权限和程序行使权力和履行职责，形成对行政权力的制约和监督。

四、财政支出结构

（一）财政支出结构的含义

财政支出结构，指基于不同的分类标准，财政支出各个部门之间的相对关系，即各类公共支出占总公共支出的比重，它直接关系到政府动员社会资源的程度，从而直接或间接地影响社会经济结构各个方面，包括社会总供需结构、产业结构、社会事业各个方面构成等，其对市场经济运行的影响可能比财政支出规模的影响更大。

（二）我国财政支出结构的变化趋势

1. 我国财政支出结构变化情况

随着经济体制从计划经济向社会主义市场经济体制的转轨，政府对经济的管理也逐步从过去直接、微观管理向间接、宏观管理转变，与此相适应，财政支出的重点逐步由偏重经济建设转向公共事业和服务方向。我国国家财政主要支出项目参见表 8-4，我国国家财政支出及其增长率参见图 8-5。

表 8-4　2007—2016 年我国国家财政主要支出项目

（单位：亿元）

年份 指标	2016 年	2015 年	2014 年	2013 年	2012 年	2011 年	2010 年	2009 年	2008 年	2007 年
一般公共服务	14790.52	13547.79	13267.5	13755.13	12700.46	10987.78	9337.16	9164.21	9795.92	8514.24
外交	482.00	480.32	361.54	355.76	333.83	309.58	269.22	250.94	240.72	215.28
对外援助						159.09	136.14	132.96	125.59	111.54
国防	9765.84	9087.84	8289.50	7410.62	6691.92	6027.91	5333.37	4951.10	4178.76	3554.91
公共安全	11031.98	9379.96	8357.23	7786.78	7111.60	6304.27	5517.70	4744.09	4059.76	3486.16
武装警察						1082.02	933.84	866.29	664.13	585.17
教育	28072.78	26271.88	23041.70	22001.76	21242.10	16497.33	12550.02	10437.54	9010.21	7122.32
科学技术	6563.96	5862.57	5314.50	5084.30	4452.63	3828.02	4196.70	3276.80	2611.00	2135.70
文化体育与传媒	3163.08	3076.64	2691.48	2544.39	2268.35	1893.36	1542.7	1393.07	1095.74	898.64
社会保障和就业	21591.45	19018.69	15968.90	14490.54	12585.52	11109.40	9130.62	7606.68	6804.29	5447.16
医疗卫生与计划生育	13158.77	11953.18	10176.80	8279.90	7245.11	6429.51	4804.18	3994.19	2757.04	1989.96

（续表 8-4）

年份 指标	2016 年	2015 年	2014 年	2013 年	2012 年	2011 年	2010 年	2009 年	2008 年	2007 年
环境保护	4734.82	4802.89	3815.60	3435.15	2963.46	2640.98	2441.98	1934.04	1451.36	995.82
城乡社区事务	18394.62	15886.36	12959.50	11165.57	9079.12	7620.55	5987.38	5107.66	4206.14	3244.69
农林水事务	18587.36	17380.49	14173.80	13349.55	11973.88	9937.55	8129.58	6720.41	4544.01	3404.70
交通运输	10498.71	12356.27	10400.40	9348.82	8196.16	7497.80	5488.47	4647.59	2354.00	1915.38
车辆购置税						2314.60	1541.82	1085.08	1002.74	849.13
地震灾后恢复重建				42.79	103.81	174.45	1132.54	1174.45	798.34	
其他支出	1899.33	3670.55	3254.53	3271.79	2482.38	2911.24	2700.38	3203.25	2940.79	2951.56
国家财政支出	187755.21	175877.77	151785.56	140212.10	125952.97	109247.79	89874.16	76299.93	62592.66	49781.35

数据来源：国家统计局。

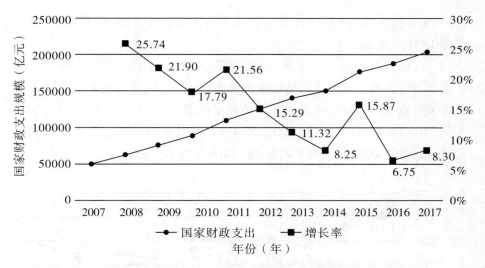

图 8-5　2007—2017 年中国国家财政支出规模与增长率

从总体上看，我国国家财政支出规模逐年增加，从 2007 年的 49781.35 亿元，增长到 2016 年的 187755.21 亿元，10 年增长了 277.2%。

从财政支出的增长率上看，总体上却呈现出降低的趋势，近几年有较大波动：2008 年同比增长 25.74%，2014 年降低到 8.25%，2015 年快速提高到 15.87%，2016 年又降到 6.75%，2017 年缓慢回升至 8.30%（见图 8-6）。

（1）国防、公共安全、科学技术、文化体育与传媒的支出呈现出总额逐年增加，但是，占国家财政支出的比重逐年下降的趋势。

国防支出（类）2007 年为 3554.91 亿元，2016 年为 9765.84 亿元，10 年增长了 174.7%；但是国防支出占国家财政支出的比重，从 2007 年的 7.0% 降低到 2016 年的 5.2%。

公共安全支出（类），是指用于内卫、消防等武装警察部队的支出，包括保障机构正常运转、完成日常和特定的工作任务或事业发展目标的支出。公共安全支出 2007 年为 3486.16 亿元，2016 年为 11031.98 亿元，10 年增长了 316.4%；但是，公共安全支出占国家财政支出的比重，从 2007 年的 7.1%，降到 2015 年的 5.3%，2016 年又回升到 5.9%。

科学技术支出（类），是指用于科学技术方面的支出，包括保障机构正常运转、完成日常和特定的工作任务或事业发展目标的支出。科学技术支出 2007 年为 2135.70 亿元，2016 年为 6563.90 亿元，10 年增长了

207.3%。科学技术支出占国家财政支出的比重,从2007年的4.3%降低到2016年的3.5%。

文化体育与传媒支出(类),是指用于文化、文物、体育、新闻出版广播影视等方面的支出,包括保障机构正常运转、完成日常和特定的工作任务或事业发展目标的支出。文体传媒支出2007年为898.64亿元,2016年为3163.08亿元,10年增长了252.0%。文体传媒支出占国家财政支出的比重,也从2007年的1.8%降低到2016年的1.7%。

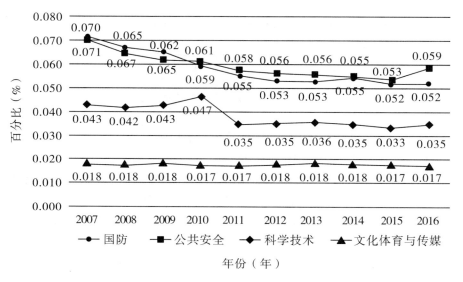

图8-6 2007—2016年国防、公共安全、科学技术、文体与传媒支出占国家财政支出的比重变化

(2)城乡社区事务、社会保障和就业及医疗卫生支出总额不断增长,占国家财政支出的比重也呈现出明显的增长趋势(见图8-7)。

城乡社区事务支出(类),是指用于城乡社区事务的支出,包括保障机构正常运转、完成日常和特定的工作任务或事业发展目标的支出。城乡社区事务支出2007年为3244.69亿元,2016年为18394.62亿元,10年增长了466.9%。城乡社区事务支出占国家财政支出的比重,从2007年的6.5%增长到2016年的9.8%。

社会保障和就业支出(类),是指用于社会保障和就业方面的支出,包括保障机构正常运转、完成日常和特定的工作任务或事业发展目标的支出。归口管理的行政单位离退休,指离退休人员管理机构统一管理的机关离退休人员的经费。社会保障和就业支出2007年为5447.16亿元,2016年为21591.45亿元,10年增长了296.4%。社会保障和就业支出占国家财政支出的比重,从2007年的10.9%短暂下滑到2009年、2012年的10%之后,逐步上升到2016年的11.5%。

医疗卫生与计划生育支出(类),是指用于医疗卫生与计划生育方面的支出,包括保障机构正常运转、完成日常和特定的工作任务或事业发展目标的支出。医疗卫生与计划生育支出2007年为1989.96亿元,2016年为13158.77亿元,10年增长了561.3%。医疗卫生支出占国家财政支出的比重,也从2007年的4%增长到2016年的7%。

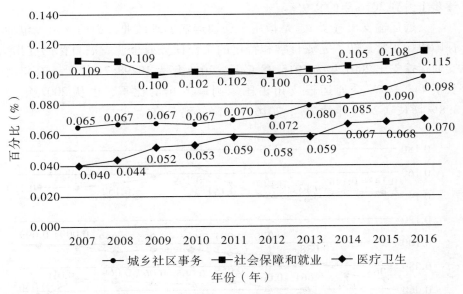

图8-7 2007—2016年城乡社区事务、社会保障和就业、医疗卫生支出占国家财政支出的比重变化

(3)教育、环保、农林水事务、交通运输支出总额不断增长,占国家财政支出的比重呈现增长趋势(见图8-8)。

教育支出(类)是指用于政府教育事务的支出,包括保障机构正常运转、完成日常和特定的工作任务或事业发展目标的支出。教育支出2007年为7122.32亿元,2016年为28072.78亿元,10年增长了294.2%。教育支出占国家财政支出的比重，从 2007 年的 14.3% 增长到 2016 年的 15%，2012 年曾达到 16.9%。

环境保护支出（类），是指用于节能环保的支出，包括保障机构正常运转、完成日常和特定的工作任务或事业发展目标的支出。环境保护支出 2007 年为 955.82 亿元，2016 年为 4734.82 亿元，10 年增长了 395.4%。环境保护支出占国家财政支出的比重，从 2007 年的 2% 增长到 2016 年的 2.5%，2010 年、2015 年曾达到 2.7%。

农林水事务支出（类），是指用于农林水事务的支出，包括保障机构正常运转、完成日常和特定的工作任务或事业发展目标的支出。农林水事务支出 2007 年为 3404.70 亿元，2016 年为 18587.36 亿元，10 年增长了 445.9%。农林水事务支出占国家财政支出的比重，从 2007 年的 6.8%，逐步上升到 2016 年的 9.9%。

交通运输支出（类），是指用于交通运输和邮政业方面的支出，包括保障机构正常运转、完成日常和特定的工作任务或事业发展目标的支出。交通运输支出 2007 年为 1915.38 亿元，2016 年为 10498.71 亿元，10 年增长了 448.1%。交通运输支出占国家财政支出的比重，也从 2007 年的 3.8% 增长到 2015 年的 7%，2016 年又降低到 5.6%。

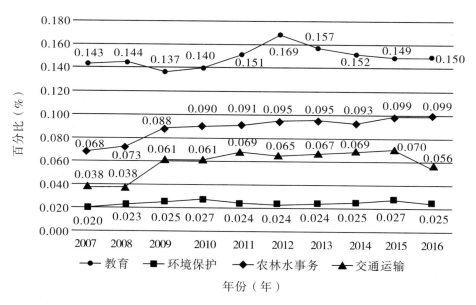

图 8-8 2007—2016 年教育、环保、农林水事务、交通运输支出占国家财政支出的比重变化

2. 我国财政支出结构变化原因

总体上来讲，改革开放以来，我国政治、经济、社会、文化等各个领域的变化是财政支出结构变化的直接原因。

1998年，中国政府提出建立公共财政基本框架，这意味着政府职能由生产建设向公共服务转型，政府职能的重新定位对财政支出结构提出了重大的改革要求。多年来，经济建设费的持续下降（由1994年占全部政府支出的41.3%下降到2005年的27.5%），反映了这一改革趋势。不过，其间，由于适逢亚洲金融危机，对我国出口需求造成了较大的负面影响，政府于1998年下半年不得不扩大公共投资以保持经济社会形势的稳定，使财政支出改革主要停留在规范支出管理方面，而财政职能的调整则被相应推后了。

2003年春天"非典"疫情暴发，社会上对医疗卫生、教育、社会保障与就业等社会性支出不足的呼声渐成声势，也使政府在支出管理改革之外，对政府职能的调整和财政支出结构的完善给予了更切实的关注。

2006年，中国政府的社会文教费支出首次取代经济建设费，成为全部财政支出中占比最大的一项开支。这一年召开的党的十六届六中全会，提出走共同富裕道路，推动社会建设与经济建设、政治建设、文化建设协调发展，这标志着公共政策格局由经济政策向社会政策的正式转型。现在我国财政支出结构日趋合理，政府尤其重视民生方面的支出力度，如社会保障支出、公共卫生支出、教育支出等。

3. 当前我国财政支出结构的特点

（1）经济建设支出占财政支出比重过高。经济建设支出，是指国家用于生产性投资和基本建设方面的财政支出，这些支出或者是与社会公共需要有关，或者是与宏观调控有关，它是我国财政预算内支出的主要部分，其范围主要包括用于国有企业、农业、林业、水利、气象、铁道、交通、邮电、国内商业、对外贸易、城市公用事业等的基本建设拨款或贷款，挖潜改造资金，简易建筑费，以及核工业、航天工业流动资金拨款等；支援农业生产支出；国家物资储备支出；城市维护税；等等。

（2）行政管理支出增长过快。在所有财政支出中，我国的行政管理支出是上涨速度最快的，从改革开放初期的1978年至2006年的28年间，我国行政管理支出从52.90亿元增长到7571.05亿元，增长了142.12倍。其占财政总支出的比重，在1978年仅为4.71%，到2006年上升到18.73%。

根据2006年经济合作与发展组织发布的报告《中国公共支出面临的挑战》上的数据显示，我国的行政管理支出占财政支出比重高于大部分OECD（经济合作与发展组织）国家，远高于许多发达国家，如美国、英国、法国。国际货币基金组织曾经规定行政管理支出占财政支出不应高过15.6%的标准，那么按此标准，以我国的现实数据来看，我国无疑是世界上行政成本昂贵的国家。而且，行政管理支出比重上升迅速，说明政府机构依然庞大，政府监管依然过度，与构建社会主义市场经济体制、建立"大社会、小政府"的社会框架的方向是相逆的。

（3）民生类比重依然过低。一些重要的民生类支出项目，如科学技术支出、环境保护支出、教育支出、医疗卫生与计划生育支出、社会保障和福利支出等近年来虽然快速增长，但起点较低。要强化教育、卫生、医疗、社会保障、住房、城乡社区事务等公共服务领域的财政支持力度，这也是我国现阶段社会矛盾焦点较为集中的领域。必须更加注重民生支出，使改革成果惠及全体人民。

第四节　国家预算

一、国家预算的内涵

国家预算也称为政府预算，首先是以年度财政收支的形式存在的。它是对年度政府财政收支的规模和结构进行的预计和测算。其具体形式是按一定的标准将国家预算年度的财政收支分门别类地列入各种计划表格，通过这些表格可以反映一定时期财政收入的具体来源和支出方向。

国家预算具有法律效力，表现为国家预算的级次划分、收支内容、管理职权划分等都是以预算法的形式规定的；预算的编制、执行和决算的过程也是在预算法的规范下进行的。国家预算编制要经过国家立法机构审查批准后方能公布并组织实施；预算的执行过程受法律的严格制约，不经法定程序，任何人无权改变预算规定的各项收支指标，这就使政府的财政行为通过预算的法制化管理被置于民众的监督之下。

国家预算又称财政预算，是一国政府在一定时期的财政收入与财政支出的安排与作用计划。

国家预算的内涵包括四个方面。

（1）国家预算可以反映政府的活动范围。

（2）国家预算可以体现政府的政策意图。

（3）国家预算有利于控制政府的收支规模，使政府的收支公之于众，有利于对政府的监督。

（4）国家预算是政府调控市场的重要手段。在预算中通过对资金的筹集、分配和使用，调节社会总供给与总需求的关系，以保持经济稳定发展和保障收入分配的公平。

二、国家预算的原则

国家预算的原则，是指政府选择预算形式和体系应遵循的指导思想，也就是确定政府财政收支计划的方针。自国家预算产生之后，就开始了对预算原则的探索，形成各种各样的思想和主张。时至今日，影响较大并为大多数国家所接受的主要有六条原则。

（一）公开性原则

国家预算反映政府活动的范围、方向和政策，与全体公民的切身利益息息相关，因此，国家预算及其执行情况必须采取一定的形式公之于民，让人民了解财政收支状况，并置于人民的监督之下。

（二）可靠性原则

每一收支项目的数字指标必须运用科学的方法，依据充分翔实的资料进行计算，并总结出规律性，不能任意编造。

（三）法律性原则

国家预算与一般财政经济计划不同，它必须经过规定的合法程序，并最终成为一项法律性文件。国家预算的法律性原则，是指国家预算的成立和执行结果都要经过立法机关审查批准。国家预算按照一定的立法程序审批之后，就形成反映国家集中性财政资金来源规模、去向用途的法律性规范。

（四）统一性原则

尽管各级政府都设有该级财政部门，也有相应的预算，但这些预算都是国家预算的组成部分,所有的地方政府预算连同中央政府预算一起共同组成统一的国家预算。这就要求统一的预算科目,每个科目都要严格按统一的口径、程序计算和填列。

(五)年度性原则

任何一个国家预算的编制和实现,都要有时间上的界定,即所谓预算年度。它是指预算收支起讫的有效期限,通常为一年。世界各国普遍采用的预算年度有两种:一种是历年制的预算年度,即从每年1月1日起至同年12月31日止,我国即实行历年制的预算年度;另一种是跨年制的预算年度,即从每年某月某日开始至次年某月某日止,中间历经12个月,但却跨越了两个年度,如美国的预算年度是从每年的10月1日开始,到次年的9月30日止。所谓预算年度性原则,是指政府必须按照法定的预算年度编制国家预算,这一预算要反映全年的财政收支活动,同时不允许将不属于本年度财政收支的内容列入本年度的国家预算之中。

(六)预测性原则

在编制预算时,要根据对社会经济发展的预计,预测能收取到多少收入,根据社会管理和发展的需要安排支出。当客观经济形势发生意想不到的变化,原来预计能取得的收入和安排的支出已不可能实现时,就要及时对预算进行调整。

三、国家预算的形式

国家预算可以按照不同的标准分类。

(一)按收支管理范围分类,国家预算可分为总预算和单位预算

总预算是各级政府的基本财政收支计划,它由各级政府的本级预算和下级政府总预算组成。单位预算是国家预算的基本组成部分,是各级政府的直属机关就其本身及所属行政事业单位的年度经费收支所汇编的预算;另外,还包括企业财务收支计划中与财政有关的部分,它是机关本身及其所属单位履行其职责或事业计划的财力保证,是各级总预算构成的基本单位。

（二）按照预算的级次分类，国家预算可分为中央政府预算和地方政府预算

中央政府预算，是指经法定程序审查批准的、反映中央政府活动的财政收支计划。我国的中央政府预算由中央各部门的单位预算、企业财务收支计划和税收计划组成。财政部将中央各部门的单位预算和中央直接掌管的收支等，汇编成中央预算草案，报国务院审定后提请人民代表大会审查。中央政府预算主要承担国家的安全、外交和中央政府机关运转所需的经费，调整国民经济结构、协调地区发展、实施宏观调控的支出及由中央直接管理的事业发展支出，因而在国家预算体系中占主导地位。

地方政府预算，是指经法定程序审查批准的，反映各级地方政府收支活动计划的总称，是国家预算体系的有机组成部分，是组织、管理国家预算的基本环节，由省、地、县、乡（镇）预算组成，担负着地方行政管理和经济建设、文化教育、卫生事业及抚恤等支出。

（三）按编制形式分类，国家预算可分为单式预算和复式预算

单式预算是传统的预算形式，其做法是在预算年度内，将全部的财政收入与支出汇集编入单一的总预算内，而不去区分各项财政收支的经济性质。其优点是把全部的财政收入与支出分列于一个统一的预算表上，这就从整体上反映了年度内政府总的财政收支情况，整体性强，便于立法机关审议批准和社会公众了解，而且简便易行。其主要缺点是没有把全部的财政收入按经济性质分列和汇集平衡，不便于经济分析和有选择地进行宏观经济控制。

复式预算是从单式预算组织形式演变而来的，其做法是在预算年度内，将全部的财政收入与支出按经济性质汇集编入两个或两个以上的收支对照表，从而编成两个或两个以上的预算。首先，这种组织形式的典型例子是把国家预算分成经常预算和资本预算两个部分。其中，经常预算主要以税收为收入来源，以行政事业项目为支出对象；资本预算主要以国债为收入来源，用于经济建设支出及宏观调控。复式预算组织形式由于把政府的一般性质上的经常收支列为经常性预算，把政府的资本投资支出列为资本预算，这样就区分了各项收入和支出的经济性质和用途，便于政府权衡支出性质，分清工作的轻重缓急，做到资金使用的有序性，比较合理地安

排各项资金，便于经济分析和科学的宏观决策与控制。其次，把预算分成经常预算和资本预算两个部分，两个部分以各自来源应付各自的支出，各自平衡，这就打破了预算的完整性原则和传统的收支平衡观念。最后，由于把国债收入作为资本预算的正常收入项目，这就使资本预算总是平衡的，只有经常预算的收支才可能有差额。

（四）按编制方法分类，国家预算可分为增量预算和零基预算

增量预算，是指财政收支计划指标在以前财政年度的基础上，按新的财政年度的经济发展情况加以调整之后确定的。零基预算是指对所有的财政收支完全不考虑以前的水平，重新以零为起点而编制的预算。零基预算强调一切从计划的起点开始，不受以前各期预算执行情况的干扰。零基预算的做法是，编制预算不只是对新的和扩充部分加以审核，而且要对所有正在进行的和新的计划的所有预算支出申请都重新审核，以提高资金使用效率，从而达到控制政府规模、提高政府工作效率的目的。

（五）按投入项目能否直接反映其经济效果分类，国家预算可分为项目预算和绩效预算

项目预算，是指只反映项目的用途和支出金额，而不考虑其支出经济效果的预算。绩效预算是指根据成本—效益比较的原则，决定支出项目是否必要及其金额大小的预算形式。具体来说，就是有关部门先制定需要从事的事业计划和工程计划，再依据政府职责和施政计划选定执行实施方案，确定实施方案所需的支出费用所编制的预算。绩效预算是一种比较科学的预算方法。其特点有两个方面：一是绩效预算重视对预算支出效益的考察，预算可以明确反映出所产生的预计效益；二是按职责、用途和最终产品进行分类，并根据最终产品的单位成本和以前计划的执行情况来评判支出是否符合效率原则。

（六）按预算作用的时间分类，国家预算可分为年度预算和中长期预算

年度预算，是指预算有效期为一年的政府收支预算。这里的年度指预算年度，大体有公历年制和跨历年制。中长期预算，也称中长期财政计划，一般一年以上十年以下的计划称为中期计划，十年以上的计划称为长

期计划。在市场经济下，经济周期性波动是客观存在的，而制订财政中长期计划是在市场经济条件下政府进行反经济周期波动，从而调节经济的重要手段，是实现经济增长的重要工具。

四、国家预算的管理

我国国家预算组成体系是按照一级政权设立一级预算的原则建立的。《中华人民共和国宪法》规定，国家机构由全国人民代表大会、国务院、地方各级人民代表大会和各级人民政府组成。与政权结构相适应，并同时结合我国的行政区域划分，《中华人民共和国预算法》明确规定，国家实行一级政府一级预算，相应设立中央，省、自治区、直辖市，设区的市、自治州，县、自治县，不设区的市、市辖区，乡、民族乡、镇五级预算。

中央政府预算由中央各部门的预算组成，地方预算由各省、自治区、直辖市总预算组成，地方各级总预算由本级国家预算和汇总的下一级总预算组成，地方各级国家预算由本级各部门的预算组成，各部门预算由本部门所属各单位预算组成。单位预算是指列入部门预算的国家机关、社会团体和其他单位的收支预算。

（一）国家预算管理职权

全国人民代表大会审查中央和地方预算草案及中央和地方预算执行情况的报告，批准中央预算和中央预算执行情况的报告，改变或者撤销全国人民代表大会常务委员会关于预算、决算的不适当的决议。

全国人民代表大会常务委员会监督中央和地方预算的执行，审查和批准中央预算的调整方案，审查和批准中央决算，撤销国务院制定的同宪法、法律相抵触的关于预算、决算的行政法规、决定和命令，撤销省、自治区、直辖市人民代表大会及其常务委员会制定的同宪法、法律和行政法规相抵触的关于预算、决算的地方性法规和决议。

县级以上地方各级人民代表大会审查本级总预算草案及本级总预算执行情况的报告，批准本级预算和本级预算执行情况的报告，改变或者撤销本级人民代表大会常务委员会关于预算、决算的不适当的决议，撤销本级政府关于预算、决算的不适当的决定和命令。

县级以上地方各级人民代表大会常务委员会监督本级总预算的执行，审查和批准本级预算的调整方案，审查和批准本级政府决算（以下简称

"本级决算"），撤销本级政府和下一级人民代表大会及其常务委员会关于预算、决算的不适当的决定、命令和决议。

设立预算的乡、民族乡、镇的人民代表大会审查和批准本级预算和本级预算执行情况的报告，监督本级预算的执行，审查和批准本级预算的调整方案，审查和批准本级决算，撤销本级政府关于预算、决算的不适当的决定和命令。

国务院编制中央预算、决算草案，向全国人民代表大会做关于中央和地方预算草案的报告，将省、自治区、直辖市政府报送备案的预算汇总后报全国人民代表大会常务委员会备案，组织中央和地方预算的执行，决定中央预算预备费的动用，编制中央预算调整方案，监督中央各部门和地方政府的预算执行，改变或者撤销中央各部门和地方政府关于预算、决算的不适当的决定、命令，向全国人民代表大会、全国人民代表大会常务委员会报告中央和地方预算的执行情况。

（二）国家预算收支范围

预算由预算收入和预算支出组成。

（1）预算收入包括：①税收收入；②依照规定应当上缴的国有资产收益；③专项收入；④其他收入。

（2）预算支出包括：①经济建设支出；②教育、科学、文化、卫生、体育等事业发展支出；③国家管理费用支出；④国防支出；⑤各项补贴支出；⑥其他支出。

（三）国家预算管理程序

1. 预算编制

各级政府、各部门、各单位应当按照国务院规定的时间编制预算草案。

中央预算和地方各级国家预算，应当参考上一年预算执行情况和本年度收支预测进行编制。

中央预算和地方各级国家预算按照复式预算编制。复式预算的编制办法和实施步骤，由国务院规定。

2. 审查批准

国务院在全国人民代表大会举行会议时，向大会做关于中央和地方预算草案的报告。

地方各级政府在本级人民代表大会举行会议时，向大会做关于本级总预算草案的报告。

中央预算由全国人民代表大会审查和批准。

地方各级国家预算由本级人民代表大会审查和批准。

乡、民族乡、镇政府应当及时将经本级人民代表大会批准的本级预算报上一级政府备案。县级以上地方各级政府应当及时将经本级人民代表大会批准的本级预算及下一级政府报送备案的预算汇总，报上一级政府备案。

县级以上地方各级政府将下一级政府依照前款规定报送备案的预算汇总后，报本级人民代表大会常务委员会备案。国务院将省、自治区、直辖市政府依照前款规定报送备案的预算汇总后，报全国人民代表大会常务委员会备案。

3. 预算执行

各级预算由本级政府组织执行，具体工作由本级政府财政部门负责。

预算年度开始后，各级国家预算草案在本级人民代表大会批准前，本级政府可以先按照上一年同期的预算支出数额安排支出；预算经本级人民代表大会批准后，按照批准的预算执行。

预算收入征收部门，必须依照法律、行政法规的规定，及时、足额征收应征的预算收入。不得违反法律、行政法规规定，擅自减征、免征或者缓征应征的预算收入，不得截留、占用或者挪用预算收入。

有预算收入上缴任务的部门和单位，必须依照法律、行政法规和国务院财政部门的规定，将应当上缴的预算资金及时、足额地上缴国家金库，不得截留、占用、挪用或者拖欠。

各级政府财政部门必须依照法律、行政法规和国务院财政部门的规定，及时、足额地拨付预算支出资金，加强对预算支出的管理和监督。

各级政府、各部门、各单位的支出必须按照预算执行。

4. 预算决算

决算草案由各级政府、各部门、各单位，在每一预算年度终了后按照国务院规定的时间编制。

编制决算草案的具体事项，由国务院财政部门部署。

编制决算草案，必须符合法律、行政法规，做到收支数额准确、内容完整、报送及时。

各部门对所属各单位的决算草案，应当审核并汇总编制本部门的决算草案，在规定的期限内报本级政府财政部门审核。

各级政府财政部门对本级各部门决算草案审核后发现有不符合法律、行政法规规定的，有权予以纠正。

国务院财政部门编制中央决算草案，报国务院审定后，由国务院提请全国人民代表大会常务委员会审查和批准。

县级以上地方各级政府财政部门编制本级决算草案，报本级政府审定后，由本级政府提请本级人民代表大会常务委员会审查和批准。

乡、民族乡、镇政府编制本级决算草案，提请本级人民代表大会审查和批准。

本章小结

公共财政历来就是国家治理中政治、管理（包括行政管理和公共管理两大范式）、经济和社会的交会点。在社会主义市场经济体制下，公共财政更加成为弥补市场缺陷、为市场提供公共产品、依法依规理财的民主财政、透明财政。公共财政在现代国家治理过程中，承担着资源配置、收入分配、发展经济等功能。为了实现政府职能，各级政府运用一定手段对财政分配及相关活动过程进行决策、优化、组织、协调和监督等活动，这些活动成为现代国家治理的基础。公共财政收入是政府为了满足政府公共活动支出的需要，履行政府的公共管理、公共服务及国民经济的市场化管理等职能，而从企业、家庭等社会目标群体中所获得的一切货币收入的总和。公共财政收入的规模在很大程度上决定着公共财政支出的规模，从而决定着政府活动的范围，进而影响到一个国家的经济增长和社会发展。公共财政收入一般包括税收、公债、非税收入三种形式。其规模受到经济发展水平、政府职能范围、分配制度和政策、价格变动及税收管理水平和税收政策等因素的影响。公共财政支出，是政府为提供公共产品和服务，满足社会共同需要而进行的财政资金的支付。财政支出是国家将通过各种形式筹集上来的财政收入进行分配和使用的过程，它是整个财务分配活动的第二阶段。公共财政支出的主要项目包括一般公共服务支出、外交支出、国防支出、公共安全支出、教育支出、科学技术支出、文化体育与传媒支出、社会保障和就业支出、医疗卫生与计划生育支出、环境保护支出等。公共支出规模受到政治、经济、社会等宏观因素及公共物品等需求、成本和价格等微观因素的影响，同时也受到政治决策程序等影响。公共财政管理等重要形式就是以年度财政收支的形式存在的国家预算，也称为政府预算。国家预算按照预算法实施，具有法律效力。

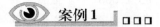 案例1 □□□

美国农业财政补贴政策

所谓农业补贴，是指一国政府对本国农业的支持与保护政策体系，主要对农业生产、流通和贸易等进行的转移支付。美国是当今世界最重要的农产品生产和贸易大国，农产品种类丰富，品质上乘。2013年美国农产品出口总额达创纪录的1409亿美元，占全球1/6，这得益于美国能不断调整农业补贴政策，并以农业法案为基础，形成国内全方位、多层次的政策支持体系，对农业发挥巨大支撑作用。

美国于1933年出台第一部农业调整法，其后大约每隔5年即进行修订调整，使之适应新的经济社会环境。依据法案出台背景及主要目标内容，可将美国农业补贴政策分为三个阶段。

第一阶段（1933—1984年）：农业政策主旨以价格支持和供给管理为中心。第一次世界大战之后，欧洲减少了对美国农产品的需求，经济危机使局面进一步恶化，美国农业收入锐减。为稳定农产品价格和农民收入，美国1933年出台第一部农业调整法，限制农业生产，实施对农业的补贴，如让一部分农地休耕、屠宰多余的牲畜等，以减少农产品生产过剩，进而提高价格。1985年前的12部农业法，基本上都围绕此目的。

第二阶段（1985—1995年）：农业政策导向开始向农业生产市场化方向调整。20世纪80年代，随着世界农产品市场竞争的加剧，美国农产品出口下降，政府库存增加。从1985年《美国食品安全法》开始，政策重心旨在削减政府预算，增强农产品国际竞争力，具体措施为：降低价格支持标准、减少补贴面积、鼓励农场主根据市场扩大出口。同一背景下，1990年的食品、农业、资源保护和贸易法，又降低价格支持水平，放松生产控制，减少农业补贴，扩大产品出口，推动市场化。

第三阶段（1996—2013年）：农业政策的重心转向直接收入支持及农

场安全网的构建。以履行《乌拉圭回合协议》为契机，1996年出台了《联邦农业完善与改革法案》，实施脱钩直接补贴，进一步减少政府的干预，以建立在历史记录基础上的直接支付，取代价格支持和供给管理计划，从价格支持转向收入保障。2002年颁布《农场安全和农村投资法案》，开始重视经营风险管理和灾害援助，建立反周期支付、作物平均收入选择计划和补充农业灾害援助等，构筑有效的农场安全网。2008年《食品保护和能源法案》在完善农业安全网的基础上，更注重食品安全、环境保护和能源安全等。

美国的高额补贴政策，使本国农产品获得相应的价格空间和比较优势，在国际市场具垄断竞争地位。

由于联合国和世贸组织对美国农业补贴的异议态度，认为违背公平贸易的基本原则，抑制发展中国家的农业发展与产业升级，受到他国起诉。同时，基于美国国内财政赤字的压力，也迫使美国农业补贴政策朝WTO（世界贸易组织）规则的方向调整。2014年2月，奥巴马总统签署了《2014年农业法案》（Agriculture Act of 2014），时效2014—2018财年。法案旨在削减预算，使农业走向市场化；加大风险管理，注重农业的可持续发展。该法案包括农场主收入支持、农作物保险、生态保护、信用支持、贸易、研究、国际食品援助、农村发展及其他项目。据美国国会预算办公室（CBO）测算，落实《2014年农业法案》需要9560亿美元。

中国的农业财政补贴政策主要针对"三农"问题。粮食直补从2002年开始探索，在一些省市进行试点；良种补贴起于2003年，先为小麦，后逐渐扩大范围；2004年又出台最低收购价格，并开始进行农机具购置补贴；2006年，由于化肥、农药等农资成本上涨，国家开始实施农资综合直补。到2012年，我国四项补贴总额达到了1668亿元。其中，粮食直补151亿元，占9.05%；良种补贴224亿元，占13.43%；农机具补贴215亿元，占12.89%；农资综合补贴1078亿元，占64.63%。

2007年开始实施政策性农业保险。随着农业保险条例的贯彻落实，中央与地方财政"联动补贴"，农业保险的财政补贴制度初步形成。品种有粮食、油料、棉花、糖料，以及能繁母猪、育肥猪和奶牛等15种，补贴力度不断加大。2012年，我国农作物保险保费财政补贴比例平均达80%，为世界之最。

案例资料来源：郭玮、张海风、苑连霞：《美国农业财政补贴政策及对我国农业发展的启示》，载《对外经贸实务》2014年第8期，第35-38页。

讨论思考题：

1. 各国政府为何对农业实施财政补贴政策？这反映了公共财政的什么功能？
2. 政府的农业财政补贴政策是否有利于政府财政收入增长？
3. 我们能够从美国农业财政补贴政策上学习到什么？

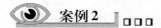

案例2

浙江温岭"参与式预算"民主恳谈会

"许多国有资产可以盘活的没盘活，或者租金明显偏低，这些都能为镇里带来一定的经济收入，为什么不好好利用起来？""养老中心投入明显偏低，能不能再追加一部分？"……2015年新一年浙江温岭泽国镇公共财政预算民主恳谈会上，参与代表提出了113条修改建议，这让该镇人大主席张敏亮工作更加忙碌，对于这些意见他需一一整理，让政府在人民代表大会召开前能再一次调整、修改预算。

2005年，温岭首创公众参与公共财政预算的"参与式预算"民主恳谈会。在各地还在关注政府"晒账本"时，温岭的预算"改革"已将政府财政预算交到人大代表和群众代表手中，让他们"过过堂"，共同管住政府的"钱袋子"。

主动报名人数、实到人数、收集到的意见……均达到了历年之最，张敏亮连道了几个"没想到"。"现在代表对政府公共事务的关注程度越来越高，预算审查的能力越来越高。"张敏亮说，过去政府相对被动，而现在政府真正放下了架子，公开所有预算让老百姓来"把脉"。

"参与式预算"是温岭民主恳谈会发展过程中在具体领域中的深化，最早可追溯至1999年。温岭市委民主恳谈工作办公室主任陈奕敏作为民主恳谈会的创始人，他还记得，那场恳谈会上自发前来的民众将会场围得水泄不通，尽管提出的问题多是邻里纠纷等小事，这种民主协商方式由此在温岭落了地。

据不完全统计，目前温岭全市每年举行恳谈会2000场以上，当地学校的建设、村委财务的收支，甚至家门口道路的铺设整修……都被列为恳谈会讨论主题，民众广泛参与，共同讨论研究解决。

"泥土里诞生的村议会"不断演进，展现出基层民主向上扩展的生命力。

"更透明、更公开、更公平，老百姓可以对政府做的事提出意见，有了话语权，有了一种自豪感。"10多年来，新河镇村民63岁的林崇增都要参加民主恳谈会，作为活跃的参与者，他乐于表达自己的意见。

而后，温岭将民主的触角伸向神秘的政府账本。"参与恳谈—提出意见—部门反馈—调整预算—付诸实施—期中恳谈—适当调整"，这就是温岭"参与式预算"的编制和执行流程。如今，"参与式预算"已推广到该市30多个部门。

2013年，温岭16个镇（街道）、71个一级部门预算单位及下属单位的整年预算和"三公"经费，在网上首次全公开，涉及资金88.68亿元。温岭"参与式预算"网里，大到千万元的改造工程，小到千把块钱的退休工资，各项收支明细、"三公"经费等一览无余。

温岭从民主恳谈到"参与式预算"的发展演变，是浙江公众参与法治建设的生动缩影。温岭民主恳谈这一基层民主治理的新形式，被喻为"21世纪农村基层民主政治建设的一道曙光"，还拿过"中国地方政府创新奖"。

2016年1月6日，温岭市人大常委会举行市农村工作办公室2016年预算（草案）民主恳谈，与会代表注意到，在市农办提交的会议资料中，《2016年美丽乡村建设专项资金预算绩效目标》《2016年农村生活污水处理专项资金预算绩效目标》不仅列出了项目标准和投资金额，而且载明了项目实施依据和保障项目实施的若干具体措施。

"这是今年部门预算民主恳谈新增的内容，也是今年部门预算民主恳谈的亮点之一，首次将绩效思维贯穿于预算编制、预算执行、决算及预算审查的各个环节。通俗一点说，这次预算恳谈不仅谈项目用多少钱、钱用多了还是少了，还要谈项目的必要性、如何更好地做好项目等。"市人大常委会相关负责人告诉记者。民主恳谈预算绩效目标，就是要建立起预算编制有目标、预算执行有监控、预算完成有评价、评价结果有反馈、反馈结果有应用的预算绩效管理机制，提高财政资金使用效益，推进预算绩效监管工作。从某种程度上说，预算绩效目标民主恳谈将终止部门预算编制、执行与审查的粗放管理现象，进入以绩效论英雄的科学管理轨道，同时也使部门预算民主恳谈更加规范。

案例资料来源：改编自两篇文章。①《浙江百姓民主"恳谈"出政府明白"账"》，2015年02月17日，见http://news.ifeng.com/a/20150217/43198203_0.shtml。②《部门预算民主恳谈更加规范透明》，2016 年 1 月 18 日，见 http：//www.wl.gov.cn/mzkt/zxdt/201601/t20160119_179385.shtml。

讨论思考题：

1. 从政府晒账本，到政府财政预算交到人大代表和群众代表手中，其中的区别是什么？反映了预算管理中的哪些问题？
2. 民主恳谈在预算管理中有哪些利弊，如何做到兴利除弊？
3. 温岭公民参与财政预算的民主恳谈对国家预算管理的意义何在？

复习思考题

1. 如何全面理解公共财政的内涵？公共财政功能是如何实现的？
2. 公共财政收入的主要内容有哪些？中央与地方是如何划分这些收入的？
3. 公共财政收入的规模受哪些因素影响？
4. 当前我国公共财政支出表现出哪些趋势？哪些因素影响财政支出规模？

第九章　事业单位管理体制改革

第一节　事业单位管理体制

一、事业单位的含义

根据国务院1998年10月发布、2004年6月修订的《事业单位登记管理暂行条例》，事业单位是指国家为了社会公益目的，由国家机关举办或者其他组织利用国有资产举办的，从事教育、科技、文化、卫生等活动的社会服务组织。这是我国通过行政法规形式对事业单位的目的、举办主体、资产性质和社会功能等所做的规范性界定。

2005年4月，中央机构编制委员会办公室批转由国家事业单位登记管理局制定的《事业单位登记管理暂行条例实施细则》，对事业单位的外延进行了界定，指出事业单位是"国家为了社会公益目的，由国家机关举办或者其他组织利用国有资产举办的，从事教育、科研、文化、卫生、体育、新闻出版、广播电视、社会福利、救助减灾、统计调查、技术推广与实验、公用设施管理、物资仓储、监测、勘探与勘察、测绘、检验检测与鉴定、法律服务、资源管理事务、质量技术监督事务、经济监督事务、知识产权事务、公证与认证、信息与咨询、人才交流、就业服务、机关后勤服务等活动的社会服务组织"。

根据我国《国民经济行业分类》（GB/T4754—2002），事业单位行业领域涉及教育，科学研究、技术服务和地质勘查业，水利、环境和公共设施管理业，卫生，社会保障和社会福利业，文化、体育和娱乐业，等等，10多个大类、100多个小类。

从事业单位的法定含义和管理实践出发，事业单位本质上即国家为履行公共服务职能而依法设立的公共服务组织。事业单位所承担的教育、科技、文化、卫生等基本公共服务，实际是现代政府职能的有机组成部分，事业单位作为从事公共服务的社会组织，则是我国公共部门不可或缺的重要组成部分。

从实际工作中考察，现有事业单位显然在内涵和外延上远远大于上文中的界定。事业单位概念使用上的差别主要体现在四个方面。①现有事业单位设立主体并非限于国家，其他社会主体如自然人、其他法人在履行了法定的程序后也是事业单位的设立主体之一，如民办学校、民办医疗机构、民办体育机构等等。②现有事业单位的财产来源也并非仅限于国家投资或者其他组织利用国有资产两种形式，民办事业单位是由除国家之外的其他社会主体利用非国有资产设立并运转的。③现有事业单位并非完全是为了社会公益目的，或者在设立之初虽然具有公益目的，但这种公益色彩随着社会的发展而逐步淡化。事实表明，现有事业单位中具有经营性的、营利性的越来越多。④现有事业单位也并非完全是从事社会服务的组织，其中不少事业单位行使的是行政职能，享有行政权力，与社会其他主体是管理与被管理、监督与被监督的关系。实然角度的事业单位构成了现在我们日常使用的广义上的概念。

二、事业单位的特征

（一）服务性

事业单位主要分布在教、科、文、卫等领域，是政治、经济、文化生活正常进行的社会服务支持系统。如教育事业单位，主要功能是为社会培养合格的劳动者和各方面所需要的人才；文化事业单位，主要功能是提高全民族的文化修养和道德水平；卫生事业单位，主要功能是关注公民的身体健康，使其享受良好的医疗服务；科技事业单位，主要功能是揭示自然和社会规律，促进生产力的发展；等等。缺乏这些服务支持，或服务支持系统不健全，生产力发展就会受到制约，并影响社会稳定。经济愈发展，社会愈进步，对服务功能的要求标准也愈高，范围也愈大。服务性，是事业单位最基本、最鲜明的特征。

（二）公益性

事业单位所追求的首先是社会效益，同时，有些事业单位在保证社会效益的前提下，为实现事业单位的健康发展、社会服务系统的良性循环，根据规定向接受服务的单位或个人收取一定的服务费用。公益性，是由事业单位的社会功能和市场经济体制的要求决定的。在社会主义市场经济条件下，市场对资源配置起基础性作用，但在一些领域，某些产品或服务，不能或无法由市场来提供，如教育、卫生、基础研究、市政管理等。为了保证社会生活的正常进行，就要由政府组织、管理或委托社会公共服务机构从事社会公共产品的生产，以满足社会发展和公众的需求。我国的事业单位大都分布在公益性领域中，主要从事精神产品的生产和服务，有的虽然也从事某些物质产品的生产，但多数不属于竞争性生产经营活动，不以营利为目的。

（三）知识密集性

事业单位为社会提供的常常是社会生活中某些专业领域的公共服务，具有较强的专业性。绝大多数事业单位是以脑力劳动为主体的知识密集型组织，专业人才是事业单位的主要人员构成，利用科技文化知识为社会各方面提供服务，是事业单位的主要手段。虽然事业单位主要不从事物质产品的生产，但由于其在科技文化领域的地位，对社会进步起着重要的推动作用，是社会生产力的重要组成部分，在科技创新体系中居于核心地位。

（四）授权性

企业的设立是依照出资人之间的协议，理论上只要不违反法律法规的强制性规定，并经过登记注册，取得营业执照即可，属于核准备案制。与此不同，事业单位的设立采取的是法定制和批准制，根据《事业单位登记管理暂行条例实施细则》，事业单位经县级以上各级人民政府及其主营部门——也就是审批机关——批准成立后依法登记或者备案。县级以上各级人民政府机构编制管理机关所属的事业单位登记管理机构负责实施事业单位的登记管理工作。事业单位实行分级登记管理。

（五）独立性

改制前的事业单位具有一定的独立性，但是这种独立性由于事业单位与行政机关之间存在着隶属关系而被大大地限制住了。改革后的事业单位应成为独立的法人，有自己独立的法人财产权，在法律法规授权范围内和合同约定的范围内享有独立的法律权利，承担独立的法律责任。

三、事业单位存在的社会基础

（一）公共需要

公共需要，指满足社会公共利益的需要，诸如社会公共秩序的维护、防治水旱灾害、环境保护、国防建设等。这种需要不是个别需要的总和，而是共同利益，具有不可分割性。公共需要可以划分为三类。

（1）刚性的公共需要（典型的公共需要）。这类公共需要基本上或全部由国家解决，如行政、国防、城市公共设施、基础科研、环境保护、义务教育。

（2）有弹性的公共需要，如职业教育、医院、交通、通信、能源。如果国家有力量包下来，当然由国家办更好；如果国家包不下来，而民间能够举办又愿意举办，则由民间举办更好。这类公共需要随着生产力的发展而得到进一步扩大。

（3）随机的公共需要。根据国家宏观调控的需要，对某些产业进行投资。这些产业在一个阶段成为财政投资重点，在另一些时候则完全由市场调节。有些事情，虽然一般地可以归类为公共需要，但只要民间可以办，又愿意办，而且也并不妨碍社会公共利益，这就并不一定非得由纳税人掏钱，完全可由市场或者志愿组织去解决。

（二）市场失灵

市场失灵，是指当市场价格不能真正反映商品的社会边际估价和社会边际成本时，市场机制转移资源的能力不足，从而出现市场失灵的状况。造成市场失灵的主要原因包括不完全竞争的市场结构、公共物品及外部经济影响三个方面。

（1）不完全竞争市场。垄断产生的原因包括物质技术条件、人为的和法律的因素及地理位置、稀缺资源等。垄断造成的后果是产品价格高于边际成本，从而导致资源配置缺乏效率。垄断还可能造成其他的社会成本增加，如完全垄断厂商缺乏降低成本和进行技术革新的动力、寻租行为等。

（2）公共物品。公共物品具有非排他性和（或）非竞争性。非排他性和非竞争性产生"搭便车"的问题。

（3）外部经济影响或外部性。外部性是指未经交易，由一方对他人强加的经济影响,其后果是使社会成本与私人成本(或者说社会收益与私人收益)二者出现差异。与社会最优相比,正的外部性导致产量生产不足,负的外部性导致产量过多。

除了上述三个制约市场机制发挥作用导致市场失灵的原因以外,市场结构不合理、信息不完全等其他因素也可能引起市场失灵。

(三) 政府失灵

政府失灵又称政府失败或政府缺陷,一般认为,政府失灵是政府在克服市场失灵或是市场缺陷的过程中产生的。现代的市场经济是一种混合经济,用查尔斯·沃尔夫(Charles Wolf)的话说,"不是纯粹在市场与政府之间的选择,而是经常在两者的不同结合间的选择,以及资源配置的各种方式的不同程度上选择";或者用韦默和维宁的话说,"每个社会都通过个人选择与集体选择的某种组合来生产和分配物品"。也就是说,市场经济的发展过程中,政府总是要发挥其作用。但是,国家或政府的活动并不是那样"有效",或像理论上所说的能够做到的那样"有效",政府的经济调节措施在许多方面不理想,政府发挥不了预定的经济调节作用。

(四) 契约失效

市场经济实质上是契约经济。契约是规范和调整市场中政府、企业和个人之间的相互利益和相互关系的准则,是保证市场经济正常运行的基础。契约失效,是指由于信息不对称,导致仅仅依据生产者和消费者之间的契约,难以防止生产者坑害消费者的机会主义行为的出现。契约失效无法靠市场自行解决,消费者在购买产品时往往会选择依靠市场之外的一些组织来保护自己的利益。政府和非营利组织就是市场之外的组织机构,它们都不以营利为目的,它们在提供产品和服务时不会借信息不对称的优势获取利润。政府和非营利组织受非分配性原则约束,它不能将所得利益分配给组织实施控制和管理的成员。非分配性约束原则使政府和非营利组织在提供存在信息不对称的商品和服务时,故意提高价格或降低质量的可能性不高,因此,政府和非营利组织能抑制一些市场主体的机会主义行为,维护消费者的利益。

(五) 志愿失灵

志愿失灵是非政府组织在其志愿活动运作过程中出现种种问题,使志愿活动无法正常进行的现象。主要表现为，一方面，志愿团体不断展开行动试图帮助弱势群体，社会各界亦给予一定的关注与支持；但另一方面，受助群体仍不能有效地得到帮助，或者某一些群体得到过剩的帮助，而另一些得不到帮助。总的来说，受助群体得到的收益远小于社会付出的资源。

萨拉蒙（Lester M. Salamon）指出，非政府组织的缺陷导致志愿失效。

（1）慈善不足。非政府组织活动所需要的开支与所能筹集到的资源之间存在巨大的缺口。非政府组织用来"生产"公共产品的资源有三个来源：社会捐赠、政府资助和收费。通常，志愿捐款只占非政府组织开支的很少一部分，服务性收费也不作为主要资金来源。政府补贴一直是非政府组织的主要来源，在其预算开支中占主要地位，但政府越来越没有能力，也没有意愿来过多地支持非政府组织了。

（2）非政府组织往往存在家长作风。实际掌握经济资源的人对如何使用资源有较大的发言权，他们所做的决定往往既不征求多数人的意见，也不必对公众负责和接受监控。

（3）非政府组织的业余性。非政府组织强调的是志愿性，义工服务，工作常常由有爱心的志愿人士担任，这不可避免地影响组织绩效和服务产品质量。同时，由于非政府组织不能提供有吸引力的工资待遇，因此很难吸引专业人员加盟，这也影响了非政府组织功效的发挥。

（4）非政府组织对象的局限性。作为政府失灵的一种补充，非政府组织活动的对象往往只是某些特定的社会群体，如果每个群体都要建立自己的慈善机构，很多机构提供的服务很难产生规模效应，或者成本很高，效率很低。

（5）非政府组织的官僚化倾向。任何一种组织的存在都是以反应迅速和高效管理为目标的，非政府组织也不例外。政府组织与市场组织是两种成功的组织形式，它们的结构和运转方式也是非政府组织模仿和选择的，所以，非政府组织的官僚化倾向和组织目标的转移也就在所难免，这些也是志愿失灵的一种表现。

四、事业单位管理体制发展沿革

(一) 事业单位管理体制发展历程

1. 改革开放至 20 世纪 80 年代：从党政干部管理到干部分类管理

改革开放以来，随着干部人事制度的改革，我国事业单位人事制度的改革也不断创新推进。20 世纪 80 年代，中央提出了实行干部分类管理的目标，打破按照党政干部管理方式来管理事业单位干部的传统模式成为重要的改革导向。1986 年《中华人民共和国民法通则》将事业单位作为我国四大单位法人之一。科技、教育、文化、卫生管理体制的改革开始启动，事业单位行政首长负责制全面实施，事业单位人事管理、收入分配的自主权逐步扩大。国务院先后印发了《事业单位奖金税暂行规定》和《关于实行专业技术职务聘任制度的规定》等规范性政策文件，对事业单位收入分配、职称评审等重点管理环节进行了初步规范。这些规定对规范事业单位专业技术人员管理具有重要意义，也为以后实施的事业单位聘用制度进行了先期准备。

2. 20 世纪 90 年代至 20 世纪末：建立科学分类管理体制与有效激励机制

20 世纪 90 年代，党的十四大明确了建设社会主义市场经济体制的目标，同时提出，要逐步建立健全符合机关、企业和事业单位不同特点的科学的分类管理体制和有效的激励机制。1996 年，中共中央办公厅和国务院办公厅印发了《中央机构编制委员会关于事业单位改革若干问题的意见》，对事业单位改革的目标和推进方式做出了规定。1998 年 11 月，国务院公布了《事业单位登记管理暂行条例》，指出事业单位是国家为了社会公益目的，由国家机关举办或者其他组织利用国有资产举办的，从事教育、科技、文化、卫生等活动的社会服务组织，明确了事业单位的概念和性质，并确定在全国范围内统一对事业单位进行登记管理，事业单位管理体制机制改革进一步深化。事业单位人事制度改革的基本思路逐步形成。比如，要改变用管理党政干部的模式来管理事业单位工作人员的办法，事业单位管理人员不再明确行政级别，逐步使事业单位的人事制度与党政机关的人事管理制度脱钩；对不同类型的事业单位实行不同的人事管理办法，对管理人员建立职员制度，对专业技术人员实行技术职务聘任制度，对工勤人员实行以技术等级考核为主要内容的管理制度；在国家的宏观管理下，赋予不同类型事业单位相应的人事管理自主权；要逐步引进竞争激励机制，逐步推进聘用制度，完善工资制度，建立社会保障制度，做到在什么岗位享受什么待遇，实现人员能进能出、职务能上能下、待遇能高能低。为搞活事业单位人事管理机制、促进人才流动、激励优秀人才，原国家人事部先后印发了《全民所有制事业单位专业技术人员和管理人员辞职暂行规定》《全民所有制事业单位辞退专业技术人员和管理人员暂行规定》《事业单位工作人员考核暂行规定》等部门规章，适应了人才流动环境下事业单位人员管理规范化的需要。

3. 21世纪至今：以推行聘用制和岗位管理制度为重点的分类管理改革

进入21世纪，事业单位人事制度改革开始了全新的布局。2000年，中央印发《深化干部人事制度改革纲要》，提出要适应事业单位管理体制改革的要求，以推行聘用制和岗位管理制度为重点，逐步建立适应不同类型事业单位特点的人事管理制度，形成有利于优秀人才成长和发挥作用的用人机制和重实绩、重贡献的分配机制，破除事业单位目前实际存在的干部身份终身制，全面推行聘用制度，制定《事业单位聘用制条例》（简称《条例》）。中组部、人事部印发的《关于加快推进事业单位人事制度改革的意见》则提出要求建立政事职责分开、单位自主用人、人员自主择业、政府依法管理、配套措施完善的分类管理体制，明确提出要实现事业单位人事管理的法制化、科学化。事业单位管理体制改革的核心是人事管理制度，不改革人事制度，事业单位管理体制改革就无从谈起。《条例》的出台，对于深化事业单位管理体制改革，不仅具有必要性，而且具有重大意义。

以事业单位的职能和设立目的为标准，目前中国的事业单位通常可以分为以下四类，即行政类、公益类、中介服务类及生产经营类。一是行政类，指承担政府职能、为政府服务的事业单位，主要从事的是监管、资质认证、质检、鉴证等活动。二是公益类，指承担公共事业发展职能、为社会服务的事业单位，主要从事的是科教文卫等社会事业和与公共基础设施建设、公共事业服务相关的活动。三是中介服务类，指承担着中介沟通职能、为市场和企业服务的事业单位，主要从事的是咨询、协调一类的活动。四是生产经营类，指具有生产经营性质、从事生产经营活动的事业单位。

以设立机构、领导机构及出资人的不同为标准，事业单位可以分为中央国家机关及其部门所属的事业单位、地方各级国家机关及其部门所属的事业单位、各类企业所属的事业单位、社会团体所属的事业单位。

以所有权性质为标准，可以分为国有事业单位和民办事业单位。

以经费来源为标准，可以分为全额拨款事业单位、差额拨款事业单位、自负盈亏事业单位。差额拨款事业单位，由国家财政对事业单位经费不足部分通过拨款弥补，又分为三七开、四六开、五五开三种。

（二）事业单位人事管理体制改革

2014年7月1日起施行的《事业单位人事管理条例》，把事业单位管理体制改革推进到了新的阶段，也使事业单位管理体制改革具有了新的时代意义。

1. 事业单位人事管理法制化是公共人事管理的重大创新

在世界多数国家，类似我国事业单位的公共科研机构、公立学校、公立医院等，在行政法上被界定为行政组织的一种类型，其工作人员作为政府雇员，需遵守行政雇员道德准则和义务，一般实行统一的公务员制度，适用公务员法，而不适用劳动法。在我国，出于分类管理和激活事业单位服务效率的需要，根据事业单位作为非监管性公共服务机构的特点，借鉴企业管理制度，实行与公务员不同的人事制度，是我国干部人事制度改革的重大创新。

2. 有助于实现事业单位人事管理体制改革成果"合法化"

改革开放以来，建立适应机关、事业、企业不同特点的人事制度是改革的重要目标，《中华人民共和国公务员法》和《中华人民共和国劳动合同法》的颁布实施为公务员管理和企业劳动关系的调节提供了充分法律依据。由于事业单位管理的特殊性和对事业单位人事管理性质的不同理解，导致事业单位人事管理立法相对滞后，管理的法律、法规严重缺失，一方面影响了我国人事法规体系的完整性，另一方面也不利于事业单位人事管理的规范化。特别是聘用制作为对公职人员职务常任制度的重大改革，涉及事业单位人事法律关系的重大调整，关系事业单位职工的切身利益，仅仅以政策意见为基础，成为事业单位人事制度深化改革的制约因素之一，也不符合依法治国和依法行政的要求。当前事业单位管理体制改革，对聘用制、公开招聘制度、岗位设置管理制度、纪律处分制度等先期改革成果进行了法律确认，使其实现了"合法化"。同时，提高了事业单位人事立法的层次和效力，使事业单位人事管理实现了有法可依、有章可循，成为我国人事法规体系的重要而有机的组成部分。事业单位人事管理进入了法制化的新阶段，为事业单位人事管理的全面规范奠定了基础。

3. 有助于实现事业单位人事管理制度体系化

当前，事业单位管理制度内容庞杂，包括总则、岗位设置、公开招聘、竞争上岗、聘用合同、考核培训、奖励处分、工资福利、社会保险、争议处理、法律责任等各个方面，虽十分简洁，却涉及事业单位人事管理的主要的、基本的环节，全面构建了事业单位人事管理的制度体系，是事业单位人事管理的总章程，有助于推进事业单位人事制度改革全面发展，标志着中国特色事业单位人事制度体系框架的初步形成，适用于分类改革到位后的事业单位管理。

4. 有助于实现事业单位人事制度改革方向明确化

实行聘用制改革以来，适应管理实践的迫切需要，公开招聘、岗位设置、纪律处分等制度规范得以先行出台，但竞争上岗、奖励、考核、培训、申诉、人事监督等重要制度限于上位法规的缺失，未能及时进行制度规范。当前的改革对这些管理领域做出了原则性的规定，并进行了相应的制度创新。如《条例》第 40 条规定，对事业单位人事管理工作中的违法违纪行为，任何单位或者个人可以向事业单位人事综合管理部门、主管部门或者监察机关投诉、举报，有关部门或机关应当及时调查处理，明确了社会公众和事业单位职工对事业单位人事管理的监督权和控告权，意义重大。这些规定指明了事业单位人事制度改革的发展方向，为相关配套规章的出台提供了依据，有助于推动事业单位人事管理法制化目标的全面实现。

第二节 事业单位管理体制改革概述

一、事业单位的现状

1999 年的数据表明，首先，大部分事业单位的职工从事公共卫生和教育工作，这两个部门加起来占所有事业单位总人数的 60% 左右；其次是农业部门，主要是从事农业推广工作的职工，占职工总数的 11%；再次，城市公共设施的职工人数占4%左右。交通、文化、新闻出版这些行业的事业单位的职工人数相对较少；其他的职工包括比较广泛的宾馆、科研单位等等，职工有500多万人。1999年事业单位职工总数为2800多万，现在大家比较认可的数字是3000万人左右。①

2001年，科、教、文、卫四大行业才占5.1%。"60%的人才，1/3的国有资产，国家预算开支的1/3，贡献才是5%～10%，和企业的贡献率没法比，其效率之低有目共睹。"②

2004年，事业单位数量超过130万，拥有近3000亿国有资产，其经费支出占政府财政支出的30%以上。③ 然而相对于事业单位所拥有的资源，它对社会的贡献不成比例。据统计，事业单位对中国GDP的贡献在5%～10%之间。

2015年，统计数据显示，我国有事业法人单位823615个，比2014年的828440个，减少了4825个（见图9-1）。2016年我国事业单位法人有821777个，比2015年减少了1838个。事业单位的数量要远超事业法人单位数量。

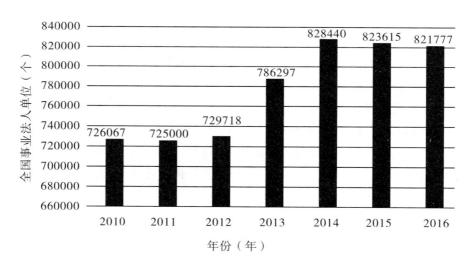

图9-1　2010—2016年全国事业法人单位数

---

① 参见黄佩华《中国事业单位改革的一个经济学分析框架》，见吴敬琏《比较（第12辑）》，中信出版社2003年版，第17页。

② 林楚方、法伊莎：《事业单位改革：一场涉及2900万人变革拉开大幕》，载《南方周末》2004年4月15日。

③ 参见杨雪婷《事业单位改革 上路遭遇困境》，载《北京现代商报》2004年5月20日。

二、事业单位管理体制改革探索

(一) 事业单位分类改革

进入 21 世纪,各地都在探索事业单位分类改革的路子。如山东省出台的《关于推进事业单位改革的意见》,对现有事业单位区分为行政支持类、社会公益类、经营开发服务类三种类型;而浙江绍兴在改革中将事业单位分为生产经营型、社会中介型、技术服务型、行政执法型、公益性事业型五类①。山东的事业单位改革在上述三种类型基础上进行,对行政支持类单位参照国家机关管理。改革后,行政支持类事业单位要依法设立,人员编制标准由省统一制定;对社会公益类按照"区域覆盖"和就近服务的原则打破部门、条块界限进行联合重组,扩大其在业务运营和用人、分配等方面的自主权,真正确立其独立事业法人的地位,政府部门将主要通过政策引导、依法监督、重点管好其领导班子或法定代表人、监管其国有资产的保值增值等形式进行管理,不再干预其日常事务;对经营开发类则必须按照事企分开的原则,实施改企转制。浙江绍兴根据类型划分进行的改革思路:生产经营型将全部转为企业;社会中介型,在人、财、物等方面要与政府主管部门彻底挂钩,实现政事分开,改制为具有独立法人资格的有限责任公司,或其他独立的社会法人主体;技术服务型,将加快社会化和企业化运作进程,推进非经营性资产向经营性资产转变,并大胆推行产权制度改革,实行投资主体多元化;行政执法型,如各执法大队,要进行全面梳理,对应当由行政机关行使的权力要坚决收回,对企业职能要进行分离;等等。②

(二) 撤销、重组、出售、企业化改制、股份合作、行政化

2011 年,国务院出台《关于分类推进事业单位改革的意见》,要求

---

① 参见《浙江事业单位改革启动 先从产权改革开刀》,见"中国机构网改革信息栏目事业单位改革动态专题",2004 年 6 月 3 日。2001 年 2 月 7 日,绍兴市下发了《关于深化市直事业单位改革的若干意见》。

② 参见《浙江事业单位改革启动 先从产权改革开刀》,见"中国机构网改革信息栏目事业单位改革动态专题",2004 年 6 月 3 日。2001 年 2 月 7 日,绍兴市下发了《关于深化市直事业单位改革的若干意见》。

"在清理规范基础上,按照社会功能将现有事业单位划分为承担行政职能、从事生产经营活动和从事公益服务三个类别。对承担行政职能的,逐步将其行政职能划归行政机构或转为行政机构;对从事生产经营活动的,逐步将其转为企业;对从事公益服务的,继续将其保留在事业单位序列,强化其公益属性。今后,不再批准设立承担行政职能的事业单位和从事生产经营活动的事业单位"。国家改革发展委员会有关负责人在介绍事业单位改革的总的调整思路时指出①,现有事业单位能够撤销的,在做好相关善后工作的基础上坚决撤销;目前已从事大量市场经营活动、企业色彩比较浓重的和公益性事务较少、可以改制为企业的,应明确转变为企业;其服务与市场经营活动密切相关、承担着非沟通协调职能的,应明确转变为市场中介组织;对现有由国家财政全额拨款的事业单位,通过合并、重组进行整合,将其减少到最必要的限度;不宜再由政府出资兴办,且有市场前途的事业单位,可通过招标拍卖的方式,让渡给其他投资者;目前已承担着政府职能且不宜撤销的,应明确转变为政府部门。

从浙江绍兴的改革政策看,国有资产、集体资产最大化地从生产经营型、社会中介型事业单位退出,使职工的劳动关系得到最大限度的置换,彻底剥离,进行改制,并按照《中华人民共和国公司法》规定,采取发起人制度,改制为具有独立法人资格的有限责任公司,或其他独立的社会法人主体;技术服务型事业单位,要推进非经营性资产向经营性资产转变,并大胆推行产权制度改革,实行投资主体多元化,走集团化、产业化发展之路;对公益性事业单位如绍兴市第五人民医院,则被绍兴民营企业绍兴咸亨集团以3320万元成功公开拍走,绍兴市第五人民医院成为全国第一家产权公开拍卖的公立医院。

(三)法人治理结构改革

事业单位改革后,无论是改制为企业还是继续作为公益性的事业单位而存在,都将建立新型的法人治理结构。如果改革后的事业单位是由多元投资形成的,则可以参照企业建立董事会领导下的总经理负责制度。如果仍然属于财政全额拨款的事业单位,将可能实行与现在事业单位中对上级机关负责完全不同的理事会领导下的执行人日常负责的制度;执行人由理

---

① 参见范恒山《关于事业单位改革的思考》,见"中国机构网改革信息栏目事业单位改革动态专题",2004年4月28日。

事会向社会公开招聘选出，并负责事业单位的日常运营，向理事会负责。理事会则由包括出资者、业内专家等在内的若干有代表性人士通过竞争方式选出。事业单位监管机构依据对全额拨款事业单位的具体评估状况，决定理事会成员的更换和奖惩，从而形成事业单位监管机构、理事会和执行人相互间的有效制衡机制。

（四）人事制度改革进一步深化

对改革后继续存续的事业单位，要建立竞争性的劳动人事制度及有效的激励和约束制度。取消事业单位的行政级别和管理者的干部身份。全面实行管理者聘任制和全体职员竞争上岗、优胜劣汰的制度。实行区别于政府部门的薪酬制度和奖励制度，根据事业单位完成任务的总体情况和具体业绩，实施对理事会、执行人的奖励和惩罚。如山东省事业单位改革后，对新进人员，除按照国家政策规定必须安置的外，一律面向社会公开招聘；对不同类型事业单位的领导人员，将按照干部管理权限和规定程序，实行直接聘任、招标聘任、推选聘任、委任等多种任用方式。

三、比较视野中的事业单位改革

（一）日本的社会公益事业改革

日本政府设立的公法人和民间发起成立的公益法人，是日本原有的社会公益事业体制中的行为主体，但二者的分工有着明显的区别。公务员型的公法人机构主要承担教育、科技、卫生等涉及政府基本职能的社会公益事业，其运作与组织特点与政府的行政机构类似，其中部分特定类型的社会公益事业由政府设立的公法人中的特殊法人与认可法人机构承担。特殊法人与认可法人所承担的社会公益事业大都集中在经济与贸易服务领域，以及诸如铁路、邮电、公共交通等基础设施建设和公众基本生活服务领域。在日本，民间公益法人一般属于政府承担的基础性社会事业以外的领域，主要包括宗教、慈善与福利事业、经贸服务与促进事业、某些文化事业、特殊需求的教育与医疗服务事业、私立大学及部分边缘性科研事业等。

日本原有的事业体制也存在组织成本过高、机构运行效率低下等问题。基于进一步提高行政效率的追求，日本从1996年起开始了政府行政体制改革，其中的一个主要内容就是改革那些承担社会公益事业的公务员机构及特殊法人（包括认可法人）的组织运行方式。其改革的基本内容和做法包括两个方面。第一，调整政府与民间力量在社会公益事业上的分工。能够委托给民间主体的事务，尽可能由民间主体承担；必须行使政府权力并由政府承担的事务，则应该以国家为主体承担。就是要把一些公益性特点不突出或不宜继续由国家作为主体的公法人（机构）实施民营化，或者将有关社会事务以委托方式交给民间主体（包括民间营利性主体和非营利主体）承担。第二，日本行政改革的核心内容是实施独立行政法人制度。基本目标是要将教育、科研、医疗卫生、文化及经贸服务等领域的公务员机构和特殊法人、认可法人等准公务员机构，改革为独立行政法人，赋予机构更大的独立性，调整政府的管理方式，实现行政决策与各种社会事务组织实施过程的分离，全面提高效率。

原来附属于政府部门的国立机构（包括公务员机构和特殊法人等）改为独立行政法人后的基本组织与运行方式主要包括两个特点。第一，在法律地位上，独立行政法人仍为公法人；换句话说，仍为国立机构。设立任何一个独立行政法人都必须由议会通过专门法律，即专门规范其行为的个别法。独立行政法人仍然承担着政府社会事务的责任，其活动经费仍全部或绝大部分来自政府拨款。第二，给予独立行政法人更大的业务活动自主权。改革为独立行政法人后，政府主管部门将大大减少对具体业务活动的直接管理。独立行政法人在人事管理、财务管理等方面也获得了更大的自主权。除主要负责人仍由主管省厅任命外，独立行政法人的内部机构设置、中层领导任免均由法人机构自主决定。除少数机构保留公务员待遇外，一般独立行政法人的雇员都要采取聘用方式。在主管省厅大致确定工资总额的前提下，各个独立行政法人有权决定内部人员的工资分配。在接受政府拨款的同时，各个法人机构可以在业务允许的范围内从事一定的创收活动，并可以围绕所从事的事业自主决定资金的使用。财务收支不再严格地按照财政年度进行管理，可以在一个中期计划期间调剂使用。

（二）美国的公共服务部门改革

美国的联邦政府和州政府、地方政府在三个不同的政府层次上支持和提供公共服务的安排，2002年联邦政府的公共服务支出仅相当于州和地方政府支出总和的一半。政府对公立高等教育的资金支持，还不到公立高等教育机构全部收入的一半，其他的资金来源包括销售与服务、学费及私人捐赠。根据美国劳工部劳工统计局数据，到2017年3月，美国联邦政府有279万名政府雇员，其中有61.5万是邮政服务人员；州政府有532万雇员，其中263万是州政府教育人员；地方政府有1458万雇员，其中825万是地方政府教育人员。

根据萨拉蒙教授对20世纪80年代早期美国16个社区的一项研究①，社会服务、雇佣和培训服务、住房与社区发展、健康、艺术和文化等公共事业服务中，由政府直接提供的占39%，由非营利组织提供的占42%，由营利组织提供的占19%。

在美国，如果拥有足够的资金，政府部门就可以雇佣从具体的个人到整个公司在内的各种承包人，让他们来执行各种公共事务。美国政府的执行部门是一个组织类型，它包括了执行法律所规定的公共目标的许多非政府组织。其中，联邦政府的私人执行部门是由私人拥有和管理的，其特征包括他们实现公共目标的能力，他们执行这些目标的可问责性，以及这些项目的周期。私人执行部门被允许从事那些相关授权法律机构所批准的业务。私人执行部门的外部环境包括了市场在内，但政治因素会起指导作用，即对私人所有者负责，通常也受到政府的管制。要对私人所有者可能还要对政府管制部门披露财务信息，形成以营利为目标与有管制的服务的组合。②但是，那些与政府有合同关系的典型的私人公司没有成为执行部门，它们与政府只是合同上的关系而已。而执行部门为私人、合作或非营利公司，则均由联邦法律予以授权；或者由联邦法律直接引导公司的活动，这样它们才能为公共目标服务。私人执行部门的类型基本上有三种：一是投资者拥有的营利性公司（如商业银行），二是合作社（如农业信贷系统），三是非营利组织（如美国红十字会）。其中，所有非营利组织的共同特点：①依照国内税收法享有免税待遇；②没有股份持有者和其他的所有者。但是，并非所有的非营利组织都是政府的执行部门；作为执行部门的非营利组织与其他非营利组织的区别在于：这个组织是否实施了包括公共目标在内的活动。

---

① 参见［美］莱斯特·M. 萨拉蒙《政府工具：新治理指南》，牛津大学出版社2002年版。
② 参见［美］托马斯·斯坦顿《迈向更能干的政府：组织设计指南》（*Moving toward More Capable Government*: *A Guide to Organizational Design*），普华永道资助的政府业务研究项目，2002年6月。

美国政府可以采取许多不同的方法使私人执行部门来服务于公共目标，这些方法包括：①限制对私人执行部门实施公共目标的授权范围；②提出治理和组织方面的要求；③政府对私人执行部门在授权立法下实施的活动进行监督。

美国公共服务提供的总体演变趋势：一方面，联邦政府不断将提供公共服务的任务转交给州和地方政府；另一方面，联邦政府还将其他许多服务交由私人部门提供。

四、我国事业单位管理体制改革的路径

（一）坚持分类改革

2012年以来，按照《中共中央国务院关于分类推进事业单位改革的指导意见》的设计和要求，中央统筹部署大力推进事业单位改革。

各级机构编制部门对事业单位进行分类：将现有承担行政决策、行政执行、行政监督职能的事业单位划入行政类；将完全由市场配置资源、从事生产经营活动的划入经营类；将从事公益服务的划入公益类，其中，承担基本公益服务的划入公益一类，承担一般公益服务的划入公益二类。

1. 行政类事业单位改革

第一类，行政类事业单位改革，范围主要是一些政府直属事业局、部门所属事业单位和各级各类行政执法机构。一是清理职能。各试点地区和部门结合简政放权和推行政府权力清单，平均每个试点县清理的职能任务达500项左右。二是推动行政职能回归。政府直属事业局、部门所属事业单位承担的行政许可、行政裁决等行政职权划归到行政机构。

2. 经营类事业单位改革

第二类，经营类事业单位改革，此类从事生产经营活动事业单位，多数是在计划经济体制下建立起来的，多是宾馆、招待所、咨询中心等竞争性领域机构。改革方向是转为自主经营、自负盈亏、平等竞争、自我发展的市场主体。经济效益较好的，2017年前转企改制；经济效益一般的，2018年前转企改制；人员、资产规模较小或资不抵债、债权债务不清晰，基本不具备转企条件的，妥善做好资产处置、人员安置等工作，2020年年底前退出事业单位序列。

3. 公益类事业单位改革

第三类，公益类事业单位改革，此类事业单位编制占整个事业编制的

90%，目前主要存在总体规模偏大、布局结构不够合理、管理行政化与服务营利性并存、一定程度上偏离公益目标、自主权落实不到位等问题。事业单位公益属性不断强化。大力破除事业单位逐利机制，清理了"红顶中介"。

(二) 逐步推进完善

1. **不断完善改革配套政策**

中央有关部门先后研究出台了干部人事管理、创新机构编制管理、政府购买服务、财政支持、规范收入分配、推进养老保险制度改革、加强和改进党的建设等一系列政策，解决了一些制约公益事业单位改革发展的问题。各类事业单位统一登记管理制度逐步完善，标准化、线上线下一体化有序推进，"双随机一公开"监管全面推开。事业单位新的改革管理制度框架正在形成，治理体系逐步完善。

2. **不断强化事业单位公益属性**

公益属性是事业单位的本质属性。各地区各部门积极剥离事业单位的非公益性职能，大力破除事业单位逐利机制。对公益类单位职能进行全面清理，明确公益一类与所办企业脱钩，公益二类所办的与主业无关的企业也要脱钩，划清公益与市场经营的行为边界。

3. **进一步创新机构编制管理**

各级机构编制部门积极探索建立新型事业机构编制管理体系，实现审批制与备案制相结合、编制保障与购买服务相结合、事前审批与事中事后监督相结合。中央一级在有代表性的主要新闻单位试点人员编制总量管理，各省市结合卫生、教育等行业体制改革，推进公立医院、高等院校人员总量管理改革试点，落实用人自主权，激发发展活力。

4. **不断扩大法人治理结构试点**

中央编办会同相关部门，研究制定了事业单位章程范本，指导地方开展法人治理结构建设，明确了中央地方共同联系试点单位，还对地方试点单位进行了指导。目前，大学章程、图书馆章程、博物馆章程等实施工作顺利推开，法人治理结构试点稳步推进。各地区按照中央部署要求，积极探索取消学校、科研院所、医院等事业单位的行政级别，为打破事业单位行政化的篱笆，强化公益属性探出了路子。

教育、科技、文化、卫生等部门协同作战，按照"分业推进"的方针，继续深化行业体制改革，积极与事业单位改革做好衔接。

第三节 事业单位法人与法定机构

一、事业单位法人治理结构

(一) 事业单位法人

事业单位虽然是具有中国特色的社会组织名称,但并非中国所特有。在国外政府管理中,承担公共服务职能的机构普遍存在。如美国的"公共服务机构"(public service organizations)、英国的"政府执行(代理)机构"(executive agencies)、日本的"(独立)行政法人"(autonomic administrative corporation)等。在我国,事业单位与国家机关和武装力量、各政党和各社会团体、各企业组织一起,是《中华人民共和国宪法》所规定的六大社会组织的一员,也是《中华人民共和国民法通则》规定的四大法人组织之一。

事业单位成为法人组织,是改革开放的重要成果。事业单位法人具有与其他法人不同的地位和特征。首先,事业单位属于公法人,是公共部门的一部分;其次,事业单位法人主要以服务社会公共利益为目的;再次,事业单位法人经费主要由国家预算拨给或事业收入取得;最后,事业单位法人的成立需经县级以上各级人民政府及其有关主管部门批准成立,由专门管理机关负责实施登记管理。事业单位法人还必须有必要的财产或者经费,有自己的名称、组织机构和场所,特别是能够独立承担民事责任。

(二) 事业单位的法律属性

对事业单位的法律性质问题,目前的法律法规显然确认其为法人,并且属于与机关法人、企业法人、社会团体法人并立的法人类型,民法通则[1]和相关民法[2]理论基本上不存在分歧。事业单位法人属于公益法人,这一点在理论上也基本取得了共识。但在事业单位的法律属性认识上仍存在

---

[1] 《中华人民共和国民法通则》第五十条:有独立经费的机关从成立之日起,具有法人资格。具备法人条件的事业单位、社会团体,依法不需要办理法人登记的,从成立之日起,具有法人资格;依法需要办理法人登记的,经核准登记,取得法人资格。

[2] 参见魏振瀛《民法》,北京大学出版社2000年版,第74-79页。

以下分歧。

（1）如何认识现有事业单位的法律属性。现有事业单位中的一部分享有行政权力、具有行政职能，在法律性质上应当属于机关法人；一部分从事生产经营活动、具有营利性，在法律性质上应当属于企业法人；还有一部分从事社会公益活动，从属于行政机关，不具有营利能力，符合法律规定的事业单位法人性质。因此，如果从理论上对现有事业单位进行分类，则具有机关法人性质的事业单位应属于公法人、非营利法人，具有企业法人性质的事业单位应属于私法人、营利法人，还有一部分事业单位是公益法人。

（2）如何认识公益法人的性质；换言之，事业单位在现有法律理论框架下是私法人还是公法人。现有事业单位既有具有私法人性质的企业法人，也有属于公法人性质的机关法人，但问题是纯为公益法人性质的事业单位是公法人还是私法人，这一点在认识上存在分歧。公法人与私法人是传统民法的基本分类，前者是指以社会公共利益为目的，由国家或公共团体依公法所设立的行使或分担国家权力或政府职能的法人；后者是指以私人利益为目的，由私人依私法而设立的法人。从现状看，现有事业单位中以公益为目的设立，且从事着社会公益性活动的很难从传统法人分类中进行定位，如民办学校等民办非营利性机构。

之所以提出公益法人的公法人和私法人属性区分，意义在于：一是诉讼方式不同。对于公法人，因行使公共权力所生争执，依行政救济程序解决，或行政复议，或行政诉讼。对于私法人之间所生争执，依民事诉讼程序或仲裁程序解决。二是损害赔偿依据不同。公法人及其职员因侵权行为所生损害，依国家赔偿法或特别规定承担损害责任；私法人及其职员因侵权行为所生损害，依民法规定承担损害赔偿责任。[1]

对于与事业单位性质相近的社会组织的法律属性，国外的理论界和立法实践在认识上也大相径庭。如它们可以由政府的行政部门组建，也可由立法部门组建；它们可以在公法、私法或者两者共同的框架内行使职能；它们的工作人员可以被视为公务员的一部分，也可以被认为是按普通劳动法雇佣的雇员。[2]

---

[1] 参见魏振瀛《民法》，北京大学出版社2000年版，第74—79页。
[2] 参见国家发改委事业单位改革研究课题组《分散化的公共治理》，中信出版社2004年版，第5页。

从理论或者法律法规中对事业单位的定义看，事业单位应属于公法人。理由是无论现有事业单位的事实属性如何，在设立之初，无不是以社会公益目的为其设立的初衷；无论事业单位附属于从中央到地方的各级政府中的哪一层级，也无论是属于上述各级政府中的哪个部门，事业单位的建立都依附于各级行政机关或其部门，在法律上常常以行政法为调整工具；同时，事业单位的运行又常常以行政机关的文件和命令作为行为的依据，以完成行政机关的命令或指示为义务。应当指出，虽然现有事业单位的类型非常复杂，但这是社会发展后事业单位本身随着产生了分化，是计划经济向市场经济转型中原有事业单位本身的分化。因此，笔者认为，事业单位理论上应当属于公益法人、公法人。

二、法定机构改革

（一）法定机构的含义

法定机构是根据特定的法律、法规或者规章设立，依法承担公共事务管理职能或者公共服务职能，不列入行政机构序列，具有独立法人地位的公共机构。法定机构一般具有依法设立、职责法定、运作独立、共同治理、公开透明等特点，在公共事务管理和公共服务领域发挥着重要作用。

借鉴我国香港地区和新加坡的有益经验，有利于进一步转变政府职能，创新体制机制，实现政事分开、管办分离，为事业单位的改革发展探索新思路；有利于明确事业单位的功能定位，激发事业单位从业人员的积极性和主动性，提高公共服务的质量和效益，不断满足人民群众和经济社会发展对公益服务的需求；有利于扩大社会参与，完善监督机制，确保事业单位的公益属性。

法定机构是根据特定的法律、法规或者规章设立，依法承担公共事务管理职能或者公共服务职能，不列入行政机构序列，具有独立法人地位的公共机构。

法定机构一般具有依法设立、职责法定、运作独立、共同治理、公开透明等特点，在公共事务管理和公共服务领域发挥着重要作用。

（二）法定机构试点改革的目标与实质

1. 法定机构改革的目标

法定机构改革的目标有两点：一是探索实现政事分开、管办分离的有效模式，激发事业单位活力；二是进一步深化行政体制改革，推动政府职能转变，协调推进大部门体制改革，切实提高试点单位的政策执行能力、效率和公共服务水平。

事业单位作为政府提供公共管理和公共服务的重要载体，在促进经济社会协调发展等方面发挥了重要作用。但是，随着经济社会的不断发展和各项改革的不断深入，事业单位的体制机制与经济社会发展的新要求还不相适应，政事职责不清晰、内部运转不灵活、监督机制不完善等深层次矛盾和问题仍然存在。从根本上解决这些问题，迫切需要进一步解放思想、深化改革。实行政社分开、管办分离的有效措施就是推行事业单位法人治理机构改革，建立法定机构——一事一法，依法设立自主管理、独立运作的公益服务机构。

2. 法定机构改革的实质是去行政化

现行事业单位具有准行政的官方身份，按照行政化管理方式和运作机制来管理和运行。从事业单位转向法定机构，就是要去除事业单位的行政性和依照政府管理模式的僵化性，从唯命是从的行政管理转为基于合意的合同治理，依法独立运作，追求公益服务绩效的最大化。

法定机构改革的取向是"从身份到契约"。法定机构倚重合同治理。对外要与政府委托部门签订行政合同，形成公法关系；对内要与聘用员工签订劳动合同，形成私法关系。这种基于平等自愿的合同治理，彰显的是行为的公务性而非身份的官方性，实现了从强调单方性、强制化、命令—服从式的行政管理，向推崇平等、自愿和意思自治的合同治理的转变。

法定机构改革的重点是从行政化到法定化。相对于政府和企业而言，针对事业单位的立法明显滞后，相关规定散见于单行法律法规中，缺乏系统性，其设立和运行主要依靠"三定"或行政指令，容易因行政干预而随意改变。从事业单位到法定机构，就是要通过一揽子立法将其设立和运行纳入法治化轨道。这种"法定化"有两个显著特点：一是全面覆盖，既规范机构设立，更规范机构运行；既理顺与政府委托部门形成的公务关系，也要理顺机构内部的管理关系。二是纲举目张，首先要出台一个统率性的专门性法律、法规或规章，然后再由法定机构据此制定一套详尽的管理和运行机制，形成一个制度体系。

法定机构改革的目标是从行政控制到公私合作。现行事业单位基于公私对峙的假定，奉行单一性的行政过程控制，抑制了其他方面的积极性和创造性。公共治理就是公私合作的混合治理。法定机构改革就是要淘汰这种失之偏颇的行政控制模式，确立公私合作的混合治理模式，整合公共选择和私人选择两种优势，以实现公益服务绩效的最大化。一方面，法定机构保留了必要的"公"元素，政府通过审批、备案、报告、审计等方式实现监督管理；另一方面，法定机构又回应市场化和社会化，添加了许多"私"元素，这集中体现为通过合同的治理。

（三）法定机构的管理方式和运行机制

1. 机构依法设立

法定机构是专门立法的产物，一事一法，依法设立自主管理、独立运作。例如，法定机构——深圳市城市规划发展研究中心，对应的立法是《深圳市城市规划发展研究中心管理办法》（以下简称《管理办法》），它以规范规划研究中心的管理和运作为目的。该中心是根据《管理办法》设立的公共服务机构，按事业法人登记，依法独立运作，依照《管理办法》履行职责。

2. 通过约定方式履行法定职责

一方面，深圳市城市规划发展研究中心的职责是法定的，要承担《管理办法》规定的多项职责；另一方面，《管理办法》要求规划研究中心与政府委托单位签订合同，明确双方权利义务。法定机构通过约定方式履行法定职责，实现了约定和法定两种治理方式的有机结合。

3. 实行理事会决策、法人具体执行的内部管理体制

根据《管理办法》，深圳市城市规划发展研究中心设理事会为决策机构，它可以根据工作需要聘用专业人士成立咨询委员会。设中心主任为法定代表人，负责日常管理工作，对理事会负责，接受理事会监督；同时设立总规划师、总建筑师和总工程师协助中心主任开展工作。此外，《管理办法》还规定，在制定薪酬管理、社会保障等重大制度时，应当在理事会审议前提交职工大会或职工代表大会讨论。

4. 配套的财务管理、人事管理和社会保障制度

《管理办法》要求规划研究中心建立科学、规范、公开的财务管理制度；按精简、效能原则设置人员岗位，按照公平、公正、竞争、择优原则聘用人员；自主制定薪酬分配制度；依法与聘用员工签订劳动合同，参加企业社会保险，并按市有关规定建立企业年金制度。在此基础上，规划研

究中心制定并实施《民主评议管理规定》《薪酬管理规定》《绩效考核管理规定》等自我管理规范。

5. 接受政府监督管理

为了保证规划研究中心秉持科学、开放、公益、可持续发展的原则，《管理办法》在授权其自我管理的同时，又要求其接受政府监管，以寻求授权与控权的平衡。具体措施包括：中心主任的任免由规划国土部门提出，总规划师、总建筑师和总工程师的任免人选要报规划国土部门审定，薪酬分配方案、企业年金方案及中心管理层具体薪酬标准和激励事项要报规划国土部门审定，人员总额由规划部门审核后报机构编制管理部门审批，岗位设置及人员聘用受规划国土部门和人力资源保障部门监督，薪酬调整机制要受规划国土部门、人力资源保障部门和财政部门监督，接受审计监督等。

（四）法定机构试点改革要解决的几个问题

法定机构改革代表着我国事业单位特别是公益服务类事业单位的改革方向。不过，对照完整形态的法定机构，现有事业单位还有明显差距，大多数要做结构性调整。要推广法定机构试点，还有许多基本问题需要研究解决，主要包括以下三个方面。

1. 准确定位适用于法定机构的事业单位类型

①按照分类改革的精神，现行事业单位主要承担行政职能的，逐步转为行政机构或将行政职能划归行政机构，法定机构不适用于此类事业单位；②主要从事生产经营活动的，逐步转为企业，法定机构一般也不适用于此类事业单位，除非是范围非常有限的特许经营领域；③主要从事公益服务的，要强化公益属性，整合资源，完善法人治理结构，加强政府监管，法定机构主要适用于此类事业单位。进言之，就公益服务类而言，法定机构又主要适用于纯公益领域，包括义务教育、公共文化、公共卫生、群众体育、生态资源和环境保护等；至于准公益领域的事业单位，包括非义务教育、非营利医疗卫生等，一旦市场发育成熟即可纳入转企改制之列，因此转为法定机构的必要性不大。今后，凡是新出现的用以满足新型公益服务需求的组织，应当一律依法设立为法定机构。

2. 选择一种统分结合、条块互补的法定化模式

法定机构只能依法而定，如何实现机构的"法定化"是问题的关键。

法定机构试点改革中，采用的是一事一法的分散立法模式。例如，深圳市针对深圳市城市规划发展研究中心、深圳市房地产评估和发展研究中心分别制定管理办法，珠海市的做法也如出一辙。应当说，分散立法模式比较符合试点改革特点。分散立法的优势是有针对性，内容单一，比较容易出台；但其劣势也很明显，针对同一公益服务领域，不同层级的法定机构都要对应于各自的管理办法，这难免会造成重复立法，不仅浪费立法资源，而且容易造成规范冲突。

我国绝大多数地市都没有地方立法权，无法自我解决法定机构的法定化难题。在现实的事业单位法制建设中，还经常采用一种集中式的法定化模式，例如，出台《行政学院工作条例》适用于全国的行政学院。集中式的法定化模式的优势在于整齐划一。不过，我国的公益服务类型事业单位情况复杂，在有些领域，集中式的法定化模式难以照顾到公益服务供求的地方性差异。大多数法定机构的法定化需要量体裁衣，不宜千篇一律。

因此，建议在推广试点、普及法定机构的过程中，采取一种统分结合、条块互补的法定化模式。所谓"统"，是指在"条"上由上位法规定一个适用于全行业的统一性制度框架，就该类法定机构的法定职责、管理方式和运行机制做出原则性规定；所谓"分"，是指在"块"上由下位法结合地方实际做出有针对性的制度安排，细化当地法定机构的法定职责、管理方式和运行机制。待条件成熟后，还可以考虑借鉴日本做法，出台一部统一的法定机构法。

3. 统筹规划从事业单位转向法定机构的时间表和路线图

事业单位改革的复杂性和难度不亚于政府机构改革和国企改革，既不能因徘徊不前而制约政府职能精简，又不能因步子太快而影响公共服务提供，也不能因不合理的减量调整而影响社会和谐稳定。因此，法定机构取向的改革不是孤立的，不能孤军深入，需要通盘考虑、统筹规划，制定一个循序渐进的时间表和由点到面的路线图。2010年，广东省成为中央机构编制委员会办公室《关于事业单位分类试点的意见》确定的试点地区，广州、深圳、珠海等地继续深化法定机构试点改革，为在全省范围内推行法定机构改革进一步积累经验。在此基础上，建议有关部门及时总结广东省和其他地方法定机构试点改革经验，研究制定一个在全国范围内推行法定机构改革的时间表和路线图，积极稳妥、循序渐进地实现从事业单位到法定机构的转变。

本章小结

事业单位是在计划经济体制下产生的，已经成为当前改革的重点。本章对事业单位在法律层面、实践层面的外延进行了分析，概括了事业单位的特征，并分析了事业单位存在的社会基础。在事业单位改革中，需要进一步认识到不同类别的事业单位的存在价值，以及管理需求和特点。从当前事业单位的状况来看，数量仍然十分庞大，效率依旧低下，人员冗余、叠床架屋，不改革没有出路。当前事业单位的改革路径是沿着分类改革继续推进，进一步深化行政类事业单位、经营类事业单位、公益类事业单位在人员编制、治理结构等方面的改革。从国际上也可以看得出来，事业单位改革的方向是逐步改造成为事业法人单位、法定机构，治理结构上更加注重其法律属性。

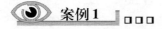

案例1

深圳前海管理局法定机构改革探索

2016年2月29日，广州市政府常务会议决定中南沙区成立两个法定机构：中国（广东）自由贸易试验区广州南沙新区片区设立明珠湾区开发建设管理局和产业园区开发建设管理局。类似机构在英国、美国、新加坡等国家和中国香港地区并不是新鲜事物。新加坡中央政府共设有法定机构65个[①]，包括会计与企业管制局、新加坡民航局等。

在广东省，深圳前海管理局是法定机构，也是广东十几个试点中发展最为成熟的，不过也被专家认为没有完全脱离行政色彩。2011年1月，中国内地首个法定机构——前海管理局在深圳成立。前海管理局是前海合作区法定机构，实行企业化管理，但不以营利为目的，享有完整的区域管理权限（主要指经济管理权限，享有非金融领域的副省级城市管理权限），而其他的社会管理职能如消防、公安等仍归所在的深圳市南山区政府和深圳市的政府部门管理。

按照规定，前海管理局实行企业化、市场化的用人制度，享有独立的

---

① 见新加坡中央政府机构，中国机构编制网，http://www.scopsr.gov.cn/gjdt/201303/t20130308_210040.html。

用人自主权,在市政府确定的授薪人员员额、领导职数及薪酬总额范围内,自主决定机构设置、岗位设置、人员聘用、薪酬标准,高级管理人员可以从中国香港地区或者国外专业人士中选聘。目前只有前海管理局局长由深圳市政府任命,具有公务员身份,其他人员为自行聘用,受到深圳市编办批员额总数进行员额管理,不同于编制管理。这和深圳自2010年开始实行的公务员聘任制还有所不同,2010年以后,深圳新进入的公务员全部实行聘任制,虽然被称为"聘任制公务员",但仍具有公务员身份。

前海管理局实行企业化管理,薪酬是按照企业的方式,实行年薪制。不同于机关事业单位,其薪酬结构分为固定薪酬和浮动薪酬两块,把薪酬同考核和激励机制结合。固定薪酬分12个月发放,剩下部分作为浮动薪酬,年底考核通过后发放。职位越高,浮动薪酬所占比重就越大,能占到40%~50%。

前海管理局考核办法以绩效为导向,每年各个处室都与管理局签订绩效合同,这块占绩效考核的60%。处室的日常工作占30%,此外还有一些党建、预算、廉政考核等。考核和工资、干部职级、岗位调整直接挂钩。干部能上能下、能进能出,薪酬能高能低,体现了市场化管理的特色。

根据规定,前海管理局具有相对独立的财政管理权,但并未实现自收自支,其预算纳入市级财政年度预算。按照《前海管理局暂行办法》规定,前海区内的土地出让收入可以自留。前海管理局应积极探索区内土地及公共服务的市场化运营模式,逐步实现预算经费自筹自支。

尽管前海管理局是法定机构,但在实际运作中,前海管理局更像深圳市政府下属的一个职能局。成立6年来,前海管理局法定机构治理模式还在摸索探讨中,运行机制没有体现市场化、法治化的特点,实际还是按照政府机关运作模式;部门职责边界至今不清晰,有的职能交叉,有的管理真空,机关与局属公司运作机制不明确,局属公司定位模糊。前海管理局与市部门的关系、与派驻单位的关系需要理顺,工作协作机制尚待完善。

深圳综合开发研究院常务副院长郭万达认为[1],法定机构最重要的特点是用法律来规范,实现企业化管理、市场化运作,像前海、南沙、横琴等新开发的地区,适合用法定机构的模式,有助于实现政府职能、管理模式的创新与转变。从积极的方面看,法定机构能够成为与港澳地区紧密合

---

[1] 参见徐艳、陈熊海《法定机构:"法"不定"够"不着》,载《南方都市报》2016年3月18日AA12版。

作的平台。从消极的方面看,薪酬体制等并未充分市场化,许多人从公务员转型而来,薪酬体制仍和公务员较为相似;充分授权方面需进一步完善。前海管理局法定机构的改革尚处在探索之中。

讨论思考题:
1. 法定机构与行政单位、事业单位、企业单位的区别是什么?
2. 法定机构对于深圳、佛山等这些开放前沿地区的作用是什么?
3. 如何进一步深入推进法定机构改革?

案例2

英国非部委公共机构退出机制

英国非部委公共机构的官方定义为非部委公共机构,是一个参与全国性政府管理过程的机构,但不是政府部门或者政府部门的一部分,在不同程度上独立于政府部长运行。

英国现存的非部委公共机构一共有397个。它们都难以摆脱膨胀的命运,但实际支出却大大增加了。2010年,英国政府启动公共机构改革,致力于减少公共机构的数量;同年,英国政府对公共机构及其职能进行了一次大规模的审查,包括17个部门的900多个公共机构,政府对承担这些职能的公共机构进行测评,以判断其是否是承担特定职能的最好模式,通过回归政府、移出政府或者废除的改革,提高政府行政效率,使公共机构的版图合理化。

这次改革提出建立对非部委公共机构的定期质询与审议制度,即要求主管部门至少每三年一次对非部委公共机构进行审查,标志着非部委公共机构以使命审查为核心的常规化退出机制的建立。

2014年,内阁办公厅发布《三年期审议:非部委公共机构的审议指南》(以下简称《指南》),对非部委公共机构审议活动提供具体指导。其主要内容有六个方面。

一是审议时间。所有非部委公共机构在每三年的审议周期内都要由其主管部门对其进行至少一次的审议活动,特殊情况须经内阁办公厅同意。部分非部委公共机构由于性质不同,审议周期也不尽相同。审议活动必须快速完成,一般不超过六个月。

二是审议原则与目标:①质疑。审议活动首先要质疑的就是非部委公共机构的职能是否有存在的必要，审议活动必须考虑效率问题及绩效。②相称。审议活动不能过分官僚化，必须与被审议的非部委公共机构的规模和性质相符合。③情境。审议活动不应封闭进行，必须尽可能与其他部门的政策创新、效率评审、全面评审等相结合。④快速。审议活动通常必须在六个月内完成。⑤包容。审议活动必须公开且具有包容性。⑥透明。所有审议活动必须向议会和公众正式通报。

三是审议方案与实施计划。审议活动必须依据《指南》展开。主管部门应在内阁办公厅的指导下制订审议方案，并报请国务大臣与内阁办公厅大臣批准。审议实施计划应由内阁办公厅与主管部门共同协商制定。实施计划应清晰呈现审议的时间安排（包括开始和结束的时间）、审议负责人等。主管部门必须与被审议的机构就审议计划进行商议和咨询，听取意见。审议活动所需的所有资源由主管部门提供，内阁办公厅可以对此提供支持。

四是审议团队与质疑小组。审议活动可以由个人或团队实施，主管部门可以在审议过程中建立同行评议的机制，或者通过邀请高级官员或其他非部委公共机构的董事会成员加入审议小组或质疑小组中。

五是审议过程。三年期审议活动包括两个阶段：第一阶段，审议活动应对非部委公共机构的核心职能进行识别与审视，对这些职能如何构成非部委公共机构、主管部门及整个政府的核心工作进行评估，并确定这些职能是否有存在的必要；第二阶段，如果第一阶段的审议结果表明某一职能依然要由现存的非部委公共机构来履行，主管部门应讨论如何确保非部委公共机构的内部效率问题，对于部分对经济增长有贡献进行评估，等等。

六是审议结果。所有审议结果都要与内阁办公厅进行咨询和商议。一般来说，如果审议结果确定撤销某个非部委公共机构，则依法设立的机构仍需通过法律程序撤销。

自2011年三年审议制度正式实施以来，经三年审议程序被建议撤销或改变机构性质的非部委公共机构共有三个：养老金和补偿金中央顾问委员会、平等2025和军事医学顾问团。上述机构中，第二、第三个机构在报告发布的当年完成了改革。平等2025已在2013年被撤销，军事医学顾问团也在2014年完成了机构性质的转变。但截至2015年4月，养老金和补偿金中央顾问委员会在英国政府网站上，仍然显示为咨询性非部委公共机构。

案例资料来源：改编自句华《事业单位的退出机制——以英国非部委公共机构（NDPB）为

例》,载《中国行政管理》2015年第7期,第17–21页。

讨论思考题：
1. 比较英国非部委公共机构的属性与事业单位、法定机构的异同。
2. 比较日本、美国、英国、中国公共机构改革的做法。
3. 英国非部委公共机构改革对我国事业单位改革有哪些启示？

复习思考题

1. 试述事业单位与行政单位、企业单位的区别。
2. 试分析不同经济社会背景下，事业单位改革的措施。
3. 我国当前事业单位改革的阻力是什么？如何解决？

第十章 新公共管理：新的治理模式

自20世纪70年代以来，西方国家针对政府管理过程中出现的财政危机、信任危机和效率危机，开展了一场旨在推行公共服务民营化、效率至上和顾客取向的政府改革运动。这股改革浪潮起源于英国、美国、澳大利亚和新西兰，并逐渐席卷其他西方国家乃至全世界，成为一种国际趋势。正如胡德（C. Hood）所言，新公共管理并不是由英国单独发展起来的，而是20世纪70年代中期以后公共管理领域中出现的一种显著的国际性趋势。[①] 这场改革运动虽然有管理主义（managerialism）、企业型政府（entrepreneurial government）、以市场为基础的公共管理（market based public administration）、重塑政府（reinventing government）和新公共管理（new public management）等不同称谓，但是他们指的是同一概念，其中用"新公共管理"这一概念最为广泛。这种以经济学为基础、以政府和市场关系协调为核心的新公共管理运动，不但成为西方国家改革的理论指导，而且也波及发展中国家，成为20世纪末公共管理改革的主导方向。

第一节 新公共管理的理论渊源

新公共管理的理论基础主要来自经济学和私人部门的管理理论。其中经济学基础可以追溯到20世纪50年代以后兴起的公共选择理论、新制度经济学理论中的交易费用理论和委托—代理理论。

一、公共选择理论

公共选择理论是初创于20世纪50年代并在60年代成熟起来的一个西方经济学流派，它把对经济问题的分析置于政治学研究的领域，成功地用经济理论研究了政治活动的许多问题。其代表人物主要有詹姆斯·布坎南、戈登·塔洛克、威廉·A. 尼斯卡兰（William A. Nishkanen）、小曼瑟

---

① Hood C. A public management for all seasons? . Public Administration, 1991, 69 (1), p.19.

尔·L. 奥尔森（Mancur L. Olson, Jr.）等。

公共选择理论以新自由主义经济哲学分析方法为根本分析方法原则，以个人主义方法论、"经济人"假定和交易政治概念为三个基本方法分析要素，去研究传统上被分开经济学和政治学两个学科领域中的政治选择行为。① ①个人主义方法论。这一方法论认为，人类的一切行为，不论是政治行为还是经济行为，都应从个体的角度去寻找原因，因为个体是组成群体的基本细胞，个体行为的集合构成了集体行为。②"经济人"假设。在经济学家眼里，人人都是追求个人利益的，个人效用最大化是人的行为的最基本动机。公共选择理论把人的行为纳入"经济人"分析框架，认为人的政治行为与经济行为一样，也受自利动机的左右，人是为了谋求个人的利益而参加政治活动的。③交易经济学分析方法。交易经济学把市场看作是由市场交易构成的，公共选择理论把这一分析方法运用于政治分析过程，认为政治领域的重要命题是社团、党派和国家这些集团之间与组成集团的个体之间，出于自利动机而进行的一系列交易过程。

公共选择理论的基本假定是，人是关心个人利益的，是个人效用最大化的追逐者，是理性的"经济人"。公共选择理论从这一基本假设出发去分析政府组织的行为，认为政府组织及其官员并不像人们以前所说的那样充满公益心，他们也是个人效用最大化的追逐者，包括追逐选票、薪金、所在机构的规模、社会名望、额外所得、权利和地位等。也正是因为这些"经济人"的特点，使政府失败，成为不可避免。所谓政府失败，是指个人对公共物品的需求在现代代议制民主政治中得不到很好的满足，公共部门在提供公共物品时趋于浪费和滥用资源，公共支出成本规模过大或效率低，政府的活动达不到预期目的。公共选择理论认为，现代西方社会的种种矛盾和问题，与其说是市场失灵，不如说是政府失灵。政府失败主要表现在公共政策失效、政府政策与政府工作机构低效率、政府扩张及寻租和腐败这四个方面。

对于政府失败的治理，布坎南提出了两个思路：一是重新创造市场，二是宪政改革。对于重新创造市场，尼斯卡兰提出的对策②：①在行政机

---

① 参见王慎之、赵汉平《西方经济思想库》（第三卷），经济科学出版社1997年版，第309 – 312页；参见王成云《试论公共选择理论的方法论》，载《江西行政学院学报》2005年第A2期，第53 – 54页。

② 参见方福前《公共选择理论——政治的经济学》，中国人民大学出版社2000年版，第212 – 216页。

构之间引入竞争；②重构公共部门的刺激结构；③将私人市场办法运用扩大到公共服务的生产中去，换句话说，就是通过在公共部门恢复竞争来实现。弗里德曼（Milton Friedman）也提出减少福利国家浪费的方案，认为最好的政策应是充分发挥市场机制来解决问题的政策，而不是强行取消市场或限制市场机制的政策。而对于宪政改革，布坎南认为，宪法制度是影响政治决策的方式和行为的根本制度，宪法制度是约束政府权力和政府活动扩张的最强有力手段。为此，要进行宪政改革。改革的基本思路是，把政府职能主要限定在维持国家和社会秩序方面，在纯私人的行动和私人选择方面则不允许政府介入；而介于两者之间的活动，在市场不能很好地发挥作用的时候需要由政府介入的，则要根据其预期成本和收益进行慎重权衡和选择。

二、交易费用理论

以科斯（Ronald H. Coase）为代表的新制度经济学以交易费用作为分析的起点和理论工具，科斯在《企业的性质》（*The Nature of the Firm*）和《社会成本问题》（*The Problem of Social Cost*）中，提出了"交易费用"范畴和科斯定理。所谓科斯定理，即在交易费用为正的情况下，一种制度安排与另一种制度安排的资源配置效率是不同的。交易费用包括寻找交易对象的费用，制定合约、执行合约和监督合约执行的费用，维护交易秩序的费用，解决交易纠纷的费用，对违约者实施惩罚的费用，等等。科斯认为，企业和市场是两种既有区别又可互相替代的契约制度安排。企业的产生和存在是因为利用市场机制是有成本的。当交易成本高到一定程度时，企业这一制度安排就会代替市场。而企业的运行也是有管理成本的，随着边际运行成本的递增，对企业实际需求的约束条件，就是企业的边际管理成本等于市场的边际交易成本。"随着企业规模变大，在企业主的职能上，可能存在收益递减，就是说，在企业内组织更多交易，成本可能上升。自然，有一个点必须被达到，那就是说，在企业内增加一项交易的组织成本等于在公开市场上进行这项交易的成本，或等于另一个企业主组织这项交易的成本。"①

交易费用理论对新公共管理的意义主要表现在以下四个方面。

---

① [美] 罗纳德·科斯：《企业的性质》，见 [美] 路易斯·普特曼、[美] 兰德尔·克罗茨纳《企业的经济性质》，孙经纬译，上海财经大学出版社2000年版，第86页。

（1）交易费用理论可以用来解释为什么一些原有政府业务可以合同外包给非政府机构。公共行政学家威尔逊指出，交易费用，政府对于研究政府活动是一个非常有用的角度。通过比较合同管理费用和内部管理费用可以帮助政府部门决定自己生产还是向私人部门购买某些服务。①

（2）交易费用理论明确了政府在界定和明晰产权中的作用。政府在产权制度形成中的作用主要表现在以下三个方面②：①政府凭借其暴力潜能和权威在全社会实现所有权。②有利于降低产权界定和转让中的交易费用。政府的标准化有利于降低交易成本。③政府在产权制度形成中的作用还取决于政府权力介入产权安排的方式和程度的差异。在历史和现实中，有的政府只为产权安排和产权变革提供"游戏规则"；有的政府不仅提供"游戏规则"，而且还直接参与甚至干预产权的安排与产权变革。

（3）交易费用成为衡量、评价政府组织内部运行效率的一项重要指标。凭借交易费用这一变量，政府能够诊断在部门与层级间权力体制、职能关系、权责体系、沟通管道、反馈机制、人力配置、技术装备与运行程序设置中存在的问题，全面检视政府组织内部制度安排的合理性，从而寻求更有效的组织结构设计方案。③

（4）放松管制，减少政府的寻租行为。有的学者认为，从根本上讲，西方的管制是对他们所认为的正常的市场运转出了问题后的一种纠正，其基本理念仍然是怎么去维护市场的公平竞争，怎样使市场更加有效地运转。他们普遍同意，自由签约是最重要的，只要交易双方的协议不形成对第三方的损害，管制就没有必要；只有市场运转会形成对他人利益的损害，而这种损害又无法通过当事人之间解决时，才需要政府管制。但不能简单地推论，只要市场有毛病，政府就应该管制。

三、委托—代理理论

委托—代理理论是新制度经济学中的一个重要理论模型，也是20世纪后半叶契约理论的重要发展之一，代表人物有威尔逊（Wilson）、斯宾塞（Spencer）、泽克豪泽（Zeckhauser）和罗斯（Ross）等。

所谓委托—代理关系是指一方（委托人）委托另一方（代理人）代其

---

① 参见马骏、叶娟丽《西方公共行政学理论前沿》，中国社会科学出版社2004年版，第53页。
② 参见卢现祥《西方新制度经济学》，中国发展出版社1996年版，第190–193页。
③ 参见李鹏《新公共管理及应用》，社会科学文献出版社2004年版，第85页。

从事某种活动,代理人的活动将会影响到委托人的利益,而且代理人的活动最后引起的责任(或损失)将由委托人来承担。在这种委托—代理关系中,如果委托人和代理人之间在目标和利益上是一致的,那么就不会有任何冲突和问题存在。但是,委托人和代理人却有着不同的目标和利益。代理人关心的是自己付出后获得的回报,而委托人更多的是关心结果而非代理人的付出。委托人的收益取决于代理人的成本(付出的努力),而代理人的收益就是委托人的成本(支付的报酬),因而他们有不同的效用函数和行为目标。由于委托人无法知道代理人的努力水平,代理人便可以利用自己拥有的知识优势,实现自身效用最大化,从而出现了代理问题。代理人努力水平的不可观测性或不可证实性,意味着代理人的努力水平不能被包含在契约条款中,因为即使契约包含了这一变量,当代理人出现违约时,也没有第三者能知道或证明其真的违约,从而无法实施。

  委托—代理理论认为,由于契约双方的信息不对称,存在着逆向选择(adverse selection)和道德风险(moral hazard)。所谓逆向选择,通常是指在信息不对称的状态下,接受合约的一方一般拥有"私人信息",并且利用另一方信息缺乏的特点而使对方不利,从而使博弈或交易的过程偏离信息缺乏者的愿望。道德风险则通常指交易合同达成后,从事交易的一方在最大限度地增进自身效用时做出不利于另一方的行为。由于不对称信息和不完全的合同,使代理人的道德风险屡见不鲜,损害委托人的利益。然而,监控不道德行为的成本又非常高。这就出现一个选择的难题:一方面,委托人预期效用的实现,依赖于代理人的行动,但代理人的效用函数与委托人的又不同,信息的不对称性又使委托人对代理人的行为难以监控。因此,这就需要委托人设计出某种契约或机制,促进代理人选择适合委托人利益的最优努力水平。委托—代理理论对上述难题提出了一个最优的激励合同方法。即在给定的代理人努力不可观测的情况下,至少满足两个基本条件:一个是"参与约束",也就是说合同必须对代理人有吸引力,使代理人参加合同至少比不参加合同要"有利可图";另一个是"激励相容约束",也就是委托人想要得到的结果要符合代理人的利益,或者说委托人为实现自身效用最大化而要求代理人的努力程度也要有利于实现代理人自身的效用最大化。

  依照委托—代理理论,一般可以将公共权力的结构性关系分解成三个层次的委托—代理关系。第一层次为主权所有者(人民)与立法者(政治家)之间的委托—代理关系,第二层次是政治家与行政官员之间的委托—代理关系,第三层次是不同层次的行政机构之间的关系。为了减少公共部门中存在的代理问题,可以采取以下途径。①缩小政府规模,将一些公共服务合同外包。②建立有效的公民参与机制,消除委托人的"理性无知"。③加强监督,抑制代理人的机会主义行为。④建立激励相容约束机制。⑤理顺中央政府与地方政府之间的关系,减少地方政府的投机主义行为。

四、新公共管理的管理学基础:管理主义

新公共管理的另一重要理论基础源自私营部门的管理,即所谓管理主义。管理主义主张公共部门要运用私营部门的管理方法和技术。管理主义"主导性的含义是相通性的管理,或认为公共组织和私营组织的管理在本质上是相似的"①。管理主义坚定地认为,私营部门的管理水平和管理技术要比公共部门先进和优越,无论在管理创新能力、经济性、效率、质量和服务水平上均如此,再加上管理的相通性,所以,它坚决主张要引入私营部门的管理方法改造公共部门。

不同的学者对管理主义做了不同的概括和总结。波立特(C. Pollitt)在《管理主义与公共服务:盎格鲁和美国的经验》(*Managerialism and the Public Services:The Anglo,American Experience*)一书中将管理主义的特征概括为以下几个方面:第一,管理主义追求不断提高效率;第二,强调管理技术在公共领域中的利用;第三,强调以有组织的劳动力来提高生产力;第四,强调专业管理角色的运用;第五,给予管理者以管理的权力。波立特认为,公共部门与私营部门之间没有什么区别,认为管理就是用来组织和激励雇员的人事机制,在公共部门和私营部门同样适用。② 而哈伯德(M. Hubbard)则把管理主义改革概括为十大趋势:①主管的战略角色和战略管理实践的强化;②从行政到管理的重点转移,即从执行规则到实现既定目标的转移;③人事权由中央人事部门向部门主管的转移,限制工会的权力,打破统一的工资结构;④政策和执行的分离——核心部集中于战略管理和计划,设立独立执行机构执行政策;⑤绩效工资;⑥改善财务

---

① [美]B. 盖伊·彼得斯:《欧洲的行政现代化:一种北美视角的分析》,见国家行政学院国际合作交流部《西方国家行政改革述评》,国家行政学院出版社1998年版,第76页。
② 转引邓念国《从管理主义到服务主义:公共行政理论基础的演变》,载《江汉论坛》2005年第6期,第77-80页。

管理，强化财务控制；⑦以组织规划和评估的形式，把执行机构的运作与其目标更密切地联系起来；⑧加强对运作状况的评估；⑨追求高质量和高标准的顾客服务；⑩改变传统的组织文化，建立新的"心理契约"。①

有人把管理主义称为"新泰勒主义"，按照波立特的说法，管理变革背后的推动力是"管理的一般模式"及带有"新泰勒主义特征"倾向的某些特殊的、普遍性的理论。② 有人比较了管理主义与泰勒（Frederick W. Taylor）的科学管理原理后甚至认为，管理主义是泰勒科学管理原理的回归。③ 首先，公共行政长期以来立足于研究两个问题，一是政府应该做什么，二是政府应该如何做。而管理主义则重点研究后一个问题，即政府应如何恰当地做事。这正如奥斯本（David Osborne）和盖布勒（Ted Gaebler）在《改革政府——企业精神如何改革着公营部门》（*Reinventing Government: How the Entrepreneurial Spirit is Transforming the Public Sector*）一书的前言中所说的："本书的主题不是政府应该做什么，而是政府如何运作。"④ 所以，他们开出的改革政府的药方大多是如何改善政府组织结构及其运作。因此，它是对泰勒的科学管理原理着重关注管理方式和方法的一种回归。其次，管理主义所倡导的改革公共部门的一个主要目的，就是提高公共物品和服务的提供效率，手段有民营化、引入竞争机制、业务合同外包、质量管理、标杆管理、绩效评估、使用者付费等。而泰勒的科学管理原理确定了依靠科学和合作以发挥每个人的最高效率，实现产出的最大化的基本原则，其基本方法是通过时间动作研究、成本会计制度和职能工资制度等措施和方法减少浪费，杜绝"磨洋工"等现象，从而提高管理效率。再次，管理主义在处理公共部门与其管理和服务对象的关系上强调顾客导向，其实质是泰勒劳资合作思想的回归。只不过管理主义把公共部门从独立承担提供公共物品和服务的责任中解脱出来，让社会和顾客与公共部门一起承担这方面的责任。最后，管理主义主张借鉴和引入私营部门的

---

① 参见周志忍《当代国外行政改革比较研究》，国家行政学院出版社1999年版，第28—29页。
② 参见［澳］欧文·E. 休斯《公共管理导论》，彭和平等译，中国人民大学出版社2001年版，第77页。
③ 参见陈文理、龚超《管理主义对泰罗科学管理思想的回归与发展》，载《社科纵横》2005年第6期，第35—37页。
④ ［美］戴维·奥斯本、［美］特德·盖布勒：《改革政府——企业精神如何改革着公营部门》，上海市政协编译组、东方编译所编译，上海译文出版社1996年版，第7页。

管理方法和技术则更是对泰勒过程管理的直接继承。

第二节　新公共管理的内涵与特征

何谓新公共管理？在不同学者眼里，新公共管理模式有着不同的内涵及特征。从名称上，就包括"公共管理主义""管理主义""后官僚体制模式""以市场导向的公共行政"等。有的学者指出，新公共管理本身是一个含混不清的概念，任何人对它都难以把握和界定。[①] 新公共管理"塞满了各种各样的含义且变化不断，使学者们在诸如它的操作定义、解释单位和探索问题的重要性等基本点上难以取得一致意见。……新公共管理需要进行系统的解释，在情境、目标、政策工具和选择等关系方面形成清晰的讨论框架"[②]。

一、新公共管理的内涵

"新公共管理"这个概念最早是由胡德提出的，在1991年胡德发表的《一种普适性的公共管理？》（*A Public Management for All Seasons?*）一文中，胡德明确地使用了"新公共管理"的提法来指称以撒切尔改革为代表的西方政府改革运动，为此后英国乃至世界范围内的公共管理研究开辟出新的路径。胡德将新公共管理看作是一种以强调明确的责任制、产出导向和绩效评估，以准独立的行政单位为主的分权结构（分散化），采用私人部门管理、技术、工具，引入市场机制以改善竞争为特征的公共部门管理新途径。胡德进一步归纳出七条新公共管理的要点：第一，在公共部门之中放手给专业管理，即让管理者自己管理；第二，目标必须明确，绩效必须能够加以测量；第三，特别强调产出控制，重视实际的成果甚于重视程序；第四，走向分解的转变，即透过小型政策领域的机关设立，而将大规模的部门分割开来；第五，转变为更大的竞争性；第六，重视私人部门的管理行为；第七，资源运用上的克制与节约。[③]

[①] Forssell A. Reform theory meets new public management. In Christensen T, Laegreid P. New Public Management – The Transformation of Ideas and Practice. Britain: Ashgate Publishing Limited, 2002, p. 261.

[②] Ott J S, Boonyarak P. New public management: Public policymaking dilemmas: Balancing between administrative capacity, control and democratic governance. Public Organization Review, 2001.

[③] 参见李鹏《新公共管理及应用》，社会科学文献出版社2004年版，第155页。

胡德使"新公共管理"一词名声大噪,随后,学者们从不同角度对新公共管理的本质内涵进行阐释。

波利特在《管理主义和公共服务:盎格鲁和美国的经验》(*Managerialism and the Public Services: The Anglo, American Experience*)一书中认为,新公共管理是由20世纪初发展而来的古典泰勒主义的管理原则所构成,强调商业管理的理论、方法、技术及模式在公共部门中的应用。

康门(Common)从与传统公共行政比较的角度阐述新公共管理,认为公共管理在全球范围内发生变化,即从官僚制到后官僚制的转变;前者强调行政价值,而后者则强调管理价值,后者指的就是新公共管理。[①]

基克特(Walter J. M. Kiekert)在《荷兰的行政改革与公共部门管理》一文中,把新公共管理界定为一种强调商业管理风格、顾客至上和市场竞争的改革取向。

国内学者毛寿龙等指出,新公共管理的含义主要是企业化的管理,加强竞争和市场导向,总起来就是政府管理采纳私人企业的管理方法,而不是去努力完善韦伯式的官僚制度,利用集权、加强监督、加强责任制的方法来改善行政绩效。[②]

二、新公共管理的特征

也有学者对新公共管理的表现形式和特征加以分类和提炼,主要有以下观点。

休斯(Owen E. Hughes)从方法论的角度解释新公共管理,认为它具有六个方面的特点:一是注重结果和管理者的个人责任;二是强调组织、人事管理、任期和条件更有灵活性;三是明确规定组织和人事目标,这样可以根据绩效指标对工作任务的完成情况进行测量,并对计划方案进行系统评估;四是管理人员更有可能带有政治色彩地致力于政府工作,而不是无党派的或中立的;五是政府职能更有可能受到市场检验,例如以合同方式包出工程等;六是通过民营化和市场检验、签订合同等其他方式减少政

[①] Common R K. Convergence and transfer: A review of the globalisation of new public management. International Journal of Public Sector Management, 1998 (11), pp. 440 – 450.

[②] 参见毛寿龙、李梅、陈幽泓《西方政府的治道变革》,中国人民大学出版社1998年版,第300页。

府职能的趋势。①

奥斯本和盖布勒眼中的新公共管理则是"企业家政府",他们在《改革政府——企业精神如何改革着公营部门》一书中概括了其十大基本原则:①起催化作用的政府,掌舵而不是划桨;②社区拥有的政府,授权而不是服务;③竞争性政府,把竞争机制注入提供服务中去;④有使命感的政府,改变照章办事的组织;⑤讲究效果的政府,按效果而不是按投入拨款;⑥受顾客驱使的政府,满足顾客的需要,不是官僚政治的需要;⑦有事业心的政府,有收益而不浪费;⑧有预见的政府,预防而不是治疗;⑨分权的政府,从等级制到参与和协作;⑩以市场为导向的政府,通过市场力量进行变革。

格里尔概括了新公共管理的六种内涵。①公共服务组织的非集成化,即分散化。②对高级人员的雇佣实施有限任期的契约制,而不偏好传统的职位保障制;全面货币化激励,而不是传统的通过精神、地位、文化和货币等因素的混合和单一的固定工资制的公共部门的控制结构;高级管理人员通过系统地约束一线管理人员的行为来"自由地管理"。③公共服务的供给与生产分开。④强调降低成本。⑤重点从政策转向管理,主要重视服务提供的效率和成本,更加重视绩效和评估的量化方法和效率标准。⑥从程序转向产出的控制和责任机制。②

经济合作与发展组织(OECD)也总结了新公共管理的核心内容。①更加关心服务效率、效果和质量方面的结果。②高度集权、等级制的组织结构为分权的管理环境所取代,在分权的环境中,资源配置和服务提供的决策更加接近第一线,并且为顾客和其他利益集团的反馈提供更多的余地。③灵活地选择成本效益比更好的方法,如市场的方法,来替代政府直接提供和管制。④更加关心公共部门直接提供的服务的效率,包括生产力目标的设定、在公共部门组织之间建立竞争性的环境。⑤强化国家核心战略能力,引导国家变得能够自动、灵活、低成本地对外界的变化及不同的利益需求做出反应。③

---

① 参见[澳]欧文·E. 休斯《公共管理导论》,彭和平等译,中国人民大学出版社2001年版,第62页。

② 参见毛寿龙、李梅、陈幽泓《西方政府的治道变革》,中国人民大学出版社1998年版,第301页。

③ 参见毛寿龙、李梅、陈幽泓《西方政府的治道变革》,中国人民大学出版社1998年版,第302页。

《布莱克维尔政治学百科全书》则把新公共管理内涵概括为:"宁要劳动承包而不要通过没有终结的职业承包而直接劳动的倾向;宁要提供公共服务的多元结构(宁可出现多种提供者的竞争,并存在使用者对供给者运用控制手段,如美国选举产生的校董事会制度),而不要单一的无所不包的供给方式结构的倾向;宁可向使用者收费(或至少是指定了用途的税收),而不是把普通税金作为资助不具有公共利益的公共事业基础的倾向。"①

德国学者格林(Gerno Gruning)认为,新公共管理的"确凿无疑的特征"至少包括22种,即削减预算、民营化、生产与供应的分离、签约外包、使用者付费、顾客观念、竞争、自主管理(弹性)、政治与行政的区分、绩效管理(绩效责任、绩效稽核)、分权化、财政和审计的改进、战略规划与管理、管理风格变革、人事管理、信息技术的运用、支出的法律约束、规制改进、行政司法的理性化、行政结构的理性化、政策分析与评估、民主化与参与。②

新西兰的乔纳森·博斯顿(Jonathon Boston)把新公共管理的特征归纳为八个方面:①强调的是管理而不是政策;②从利用投入控制转向依靠可量化的产出测量和绩效目标;③伴随着新的报告机制、监控机制和责任机制的发展而下放管理控制权;④将庞大的官僚机构分解为准自治机构,特别是把商业功能与非商业功能分开……⑤优先选择私人所有,对外承包及公共服务供给的可竞争性;⑥仿效某些私营部门的管理方法,例如……开发公司计划(和)绩效协议,采用与绩效相联系的薪酬制度……以及更加关注机构形象;⑦一般都偏爱的是货币刺激而不是诸如伦理、精神和地位等非货币刺激;⑧强调的是削减成本、效率和削减管理。③

国内的陈振明将新公共管理的特征概括为八个方面:①强调职业化管理;②明确的绩效标准与绩效评估;③项目预算与战略管理;④提供回应性服务;⑤公共服务机构的分散化与小型化;⑥竞争机制的引入;⑦采用

---

① 参见[英]戴维·米勒、韦农·波格丹诺《布莱克维尔政治学百科全书》,邓正来译,中国政法大学出版社1992年版,第613页。
② 参见朱仁崎、彭黎明《新公共管理研究综述》,载《求索》2003年第1期,第84-86页。
③ 参见[美]珍妮·V. 登哈特、[美]罗伯特·B. 登哈特《新公共服务:服务,而不是掌舵》,丁煌译,中国人民大学出版社2004年版,第13页。

私人部门管理方法;⑧管理者与政治家、公民关系的改变。①

总体而言,学术界对新公共管理的含义远未形成共识。由于各国的国情不同,改革的力度、方式和方法也不尽一致,这使"新公共管理"在实践上具有差异性。无论是英国模式,抑或是新西兰模式、瑞典模式等,学者们都把这些改革统称为新公共管理,不管它在多大程度上适用了其原则和方法,从而导致了人们对它的理解难有一个系统和统一的框架。本书认为,新公共管理既是一种政府改革运动又是一种理论形态。它是各国政府面对政府管治危机而做出的一种实践回应,在此基础上,学者们对运动进行研究,对它进行理论上的概括,并反过来指导实践。其基本精神可以概括为:提倡政府政策职能与管理职能的分离,政府着重制定公共政策,在此基础上引入竞争机制,实现公共物品供给的多元化,并借鉴私人企业的一些管理方法,从而提高政府的工作效率和效果。新公共管理具体的操作方法,包括对公有企业的私有化改造、顾客导向、下放管理权力、增加透明度、政府业务合同外包、政府绩效评估、质量管理和企业式人事管理等。

第三节 新公共管理的实践

一、英国的实践

英国是新公共管理运动的发源地之一。第二次世界大战后,长期的福利国家政策使英国政府的负担日益加重,机构臃肿庞大。庞大繁杂的官僚机构却无法提供高效服务,政府公信力备受质疑,有民众甚至打出"不要多税收政府,而要少税收政府"的口号。与此同时,受 20 世纪 70 年代石油危机的影响,英国的经济逐渐衰退,失业问题相当严重,失业率在 10.5% 左右,失业人口高达 300 多万,英国面临严重的社会经济问题。1979 年撒切尔夫人上台以后,英国开始了长达 17 年保守党执政的历史,在这个过程中,英国政府推行了西欧最激进的政府改革计划。撒切尔夫人坚持新右派的反国家主义观,反对干涉主义的福利国家政策,认为过度扩张的国家扭曲了市场法则,抹杀了个人的创造性,是无效率的,倡导减少政府在内政中所扮演的角色,发挥市场机制的作用。因而,英国开始了这

---

① 参见陈振明《评西方的"新公共管理"范式》,载《中国社会科学文摘》2000 年第 6 期,第 55-58 页。

种以注重商业管理技术、引入竞争机制和顾客导向为特征的新公共管理改革,以解决政府面临的财政危机、提高效率和降低公共开支。

英国的新公共管理改革内容广泛而全面,主要可分为两个阶段,第一个阶段的重心是减少政府职能和削减政府开支,第二个阶段则致力于提高公共服务的质量和增加行政管理的自主性。其间开展了包括雷纳评审、部长管理信息系统、财务管理新方案、"下一步"行动方案、公民宪章、竞争求质量运动和合作政府等一系列改革运动。其中,较具代表性的是雷纳评审、"下一步"行动方案、公民宪章和竞争求质量运动。

1979年,撒切尔夫人在内阁办公室设立了一个效率小组,并任命出身于私人部门的雷纳为首相的效率顾问,主持效率小组的工作,负责对公共部门的绩效进行调查评估,即著名的雷纳评审。该评审主要是针对政府部门工作的特定方面展开,包括选择评审对象、对现有活动的质疑、推动争论或辩论、达成共识、改革措施的实施等程序和步骤。雷纳评审旨在提高政府部门的效率水平。相关资料显示,到1985年雷纳离任时,共评审了155个项目,平均年节约支出4.21亿英镑。[1] 而且,它也是撒切尔政府推行改革的第一个重要步骤,与后面的一系列改革措施密切相关。1980年,环境大臣赫素尔廷率先在环境部建立部长信息系统,后推广至国防部及其他部门。建立该系统的目的在于,让部门高层主管能够了解部门内部正在做一些什么事情和谁对这些事情负责等方面的信息,弄清谁做、为什么做和需要多少成本开支等情况,从而"为大臣提供了一个从哪里进行裁员的清单"[2]。财务管理新方案则是部长管理信息系统的扩展、延伸和系统化,也是20世纪80年代英国政府部门管理改革的总蓝图,其将改革内容作为对各部门的普遍要求,强化各部门的成本意识和绩效意识,使政府不再是国家资源的消费者。

从1988年开始,英国开始启动"下一步"行动方案,它与公民宪章运动和竞争求质量运动一起,构成了英国20世纪90年代新公共管理改革的总框架。"下一步"行动方案是整个英国政府改革运动中最重要的事件,其主要内容包含在《改变政府管理:下一步行动方案》(*Improving Management in*

---

[1] Kemp P. Next steps for the British civil service. Governance: An International Journal of Policy and Administration, 1990, 3 (2), pp. 186-196.

[2] Greenwood J, Pyper R, Wilson D. New Public Administration in Britain. London: Taylor & Francis Group, 2005, p. 30.

Government: the Next Steps）的报告中。该报告指出，长期以来，缺乏真正的压力以迫使政府机构改善绩效，提高工作效率；以往所重视的是标准化的程序而忽视公共服务的提供；白厅注重的是高级文官的政策咨询功能而非管理功能。为了解决这些问题，该报告建议把整体的部（委）分解成若干机构，这些机构在主管的部（委）的政策指导下，履行公共服务和有效管理的职责；以管理主义的技术和程序培训职员，并且所有活动都是在一位高级主管的领导下进行。① 随着改革的推进，大量的执行机构纷纷建立。到1997年，包含387000名公务员（约占公务员总数的74%）共计130个执行机构建立起来。到1998年，7个机构被私有化，7个被合并，1个被分拆，另有3个的业务全部实现合同外包，2个被解散，1个改组为不属于政府部门的公共实体。执行机构负责人的任用采取开放竞争的形式。到1997年，23%的负责人从外部招聘任用，67%通过开放竞争产生。②

　　1991年，梅杰接替撒切尔夫人就任英国首相，如果继续坚持20世纪80年代以经济和效率为重点的改革，必然会忽视公共服务的质量，难以继续赢得民众的支持，在这种背景下，英国的行政改革重点转移到质量和公共服务上来。于是，梅杰上台伊始便发动了公民宪章运动。所谓公民宪章运动，就是用宪章的形式把政府公共部门服务的内容、标准和责任等公之于众，接受公民监督，实现提高服务水平和质量的目的。梅杰政府要求所有公共服务机构和部门都要制定宪章，宪章必须符合明确的服务标准、信息和透明度、选择和协商、礼貌服务及有效的纠错机制等要求，这体现了明显的顾客导向和改善服务的特征。发动公民宪章运动仅四个月后，梅杰政府又发表了《竞争求质量》的白皮书，核心是引入竞争机制，进一步推动以质量和顾客满意为核心的改革。白皮书确定了该运动的三个目的：①使政府机构把精力集中于核心事务；②在服务提供领域引入更多的竞争和选择；③改善服务标准。与早期的改革相比，竞争求质量运动提出了市场检验（market testing）这一重要概念，促使各公共部门之间、公共部门与私人部门之间为公共物品和服务的提供展开竞争，尤其是通过公开投标，赢得竞争并提供优质服务的单位才能生存与发展。

---

　　① 参见陈振明《走向一种"新公共管理"的实践模式——当代西方政府改革趋势透视》，载《厦门大学学报》2000年第2期，第77页。

　　② John Greenwood, Robert Pyper, David Wilson. New Public Administration in Britain. London: Taylor & francis Group, 2002, pp. 33.

二、美国的实践

美国是现代管理科学的摇篮,也是泰勒科学管理原理的诞生地,信奉管理主义的文化。无论是里根政府的政府收缩计划,还是克林顿政府的"重塑政府"运动,美国的新公共管理改革都带有更明显的管理主义或"新泰勒主义"倾向。

自 20 世纪 30 年代以来,美国采取了凯恩斯的政府干预政策,政府承担了广泛的社会经济职能,其结果是政府的财政负担越来越重,造成严重的财政赤字,并引发了一系列的社会经济问题。人们逐渐认识到"政府不是处理问题的办法,而是问题本身"。因而,里根政府的改革是通过改革福利制度和放松管制,收缩政府的经济职能。

里根政府的改革第一项是推行社会福利制度改革,主要内容包括以下几点[1]:①提高接受福利者的资格,压缩享受福利的人数;②对许多福利项目市场化;③逐步采取联邦、州和地方政府三级管理体制,转移联邦财政负担;④将社会福利改为"工作福利",以工作交换福利,以求解决"搭便车"的偷懒行为;⑤适当增加个人的福利负担份额;⑥老人老办法,新人新办法;⑦将福利项目的直接供给者(职业性利益群体)与福利的接受者分开。

第二项是放松管制。1981 年 2 月,里根发布了第 12291 号行政命令,对工商企业活动管理规章的改革定下了五条政策原则。随后,行政管理和预算局据此又制定出供改革实践遵循的 10 项指导方针,它们可概括为以下几点[2]:①对工商企业管制活动的最高原则,应当是最大限度地增进全社会的净受益程度;②在可能的条件下,对于管制的成本和效益必须进行定量分析,确定其成本效益比;③管制关注的焦点是实际效果,而不是产生效果的中间过程;④在一般情况下,政府不应对企业的开设和经营方式、产量和物价等经济活动进行管制,即使需要管制,也应保持最低限度。

里根政府前期改革的重心是调整政府与社会的关系,政府内部的改革则处于次要的地位。到了 20 世纪 90 年代,克林顿政府发起了以绩效评估运动为重点的大规模的"政府重塑"运动,力图突破传统官僚体制办事效率低下、人浮于事和重规则不重结果的痼疾。1993 年 3 月,克林顿委托以

---

[1] 参见宋世明《美国行政改革研究》,国家行政学院出版社 1999 年版,第 31 – 32 页。
[2] 参见周志忍《当代国外行政改革比较研究》,国家行政学院出版社 1999 年版,第 192 – 193 页。

戈尔为领导的国家绩效评价委员会对联邦政府行为进行全面调查研究。六个月后，戈尔提交长达100多页的调查报告《从繁文缛节到以结果为本：创造一个少花钱多办事的政府》（From Red Tape to Results: Creating a Government That Works Better and Costs Less），简称《戈尔报告》，以此正式拉开克林顿政府改革的序幕。"戈尔报告"吸取了戴维·奥斯本和特德·盖布勒合著的《改革政府：企业精神如何改革着公营部门》一书中的大部分改革原则。"戈尔报告"指出："从20世纪30年代到60年代，美国建立起庞大的、从上而下的、集中化的官僚体制来处理公共事务，这种体制以那时的公司结构为模式，采用分等级的科层制形式——它将任务加以分解，落实到不同层次的雇员，而这些雇员及机构则由严格的规章制度所约束。由于对标准化程序的先入之见、垂直的指挥链条和标准化的服务，这些官僚机构是稳定的，但是也造成机构臃肿和反应迟缓。当代迅速变化着的世界、闪电般的信息技术、全球性竞争和需求式的顾客，使庞大、自上而下的官僚体制已经失效。"① 在分析联邦政府管理上的流弊之后，进一步提出政府改革的设想：第一，铲除繁文缛节，由注重过程转变为注重结果；第二，树立顾客第一的理念；第三，政府雇员要对结果负责；第四，回到基点——创造一个工作更好而花钱更少的政府。

三、新西兰与澳大利亚的实践

新西兰、澳大利亚与英国一起被人们视为新公共管理改革最为迅速、系统、全面和激进的国家。在新西兰和澳大利亚，旧的公共行政传统以管制经济和由政府部门提供一切公共服务（即福利国家）为特征。20世纪70年代末80年代初，两国面临相同的问题与压力。两国于20世纪80年代初期、中期相继开始了全面的行政改革（澳大利亚从1983年开始，新西兰从1984年开始）。尽管两国改革的总体框架、制度设计、改革进程和管理实践等方面存在着差别（尤其是新西兰的改革先有总体框架，而澳大利亚是在改革进程中逐步形成总体框架），但是，这两个国家与其他经合组织成员国相比，更多、更明确地采用了管理主义的模式。② 特别是新西

---

① 参见陈振明《走向一种"新公共管理"的实践模式——当代西方政府改革趋势透视》，载《厦门大学学报》2000年第2期，第77页。
② 参见陈振明《走向一种"新公共管理"的实践模式——当代西方政府改革趋势透视》，载《厦门大学报》2000年第2期，第77-78页。

兰，它因改革的彻底性、持续性和成效性而被许多西方国家奉为改革的典范。

新西兰于1984年发起的政府改革，几乎涉及其所有公共部门的组织、过程、角色和文化等方面。按照博斯顿在《转变着的新西兰公共服务》一文中的说法，新西兰的公共部门管理改革有三个基本趋向：一是政府已使许多由公共组织履行的功能商业化；二是只要可能就将商业活动与非商业活动分开，并将交易活动转移到公共公司；三是人力资源管理政策上的变化，尤其是引入合同制、绩效工资制和新的责任机制。① 在改革特征方面，主要表现为五个特征：一是改革有一系列的法律做保障，二是改革有充分的理论准备，三是改革的彻底性，四是改革的持续一致性，五是成效的显著性。这五个特点使新西兰的改革引起了国际上的广泛关注，被许多国家誉为改革的典范。"新西兰的改革框架被公认为最先进和最具有内在一致性，是一个'设计精湛，内容完整，各组成部分相互增强'的方案，在执行过程中体现了'严格性和内在一致性'。"②

综观新西兰的新公共管理改革，主要包括国企改革、政府部门改革和财政体制改革三个主要内容。

（1）国有企业改革。1986年，国有企业法颁布，它是指导国有企业改革的法律文件，由此正式开始了大规模的国有企业改革。改革主要分两个阶段：第一阶段从1986年开始，是公司化改造，即将从事商业活动的政府部门改组成国有企业，它们与私人工商企业一样从事经营活动，以营利为目的，不再享有各种保护和特权。第二阶段从1989年开始，是私有化阶段，或称民营化。新西兰的私有化范围很广，既有国有资产的出售，又有国企引入私人企业的管理机制，即观念上的私有化。③

（2）政府部门改革，重塑职能与管理机制。1988年，新西兰颁布国家部门法，开始对从事非商业活动的政府机构进行重大改革。改革以调整职能为重心，将政府掌舵与划桨相分离，并引入竞争机制，完善责任机制，崇尚以绩效为本的管理机制。一方面是职能分立与功能调整，包括政策与

---

① 参见陈振明《走向一种"新公共管理"的实践模式——当代西方政府改革趋势透视》，载《厦门大学报》2000年第2期，第77-78页。
② 国家行政学院国际合作交流部：《西方国家行政改革述评》，国家行政学院出版社1998年版，第101-102页。
③ 参见佟福全《新西兰、新加坡国有企业改革及其共同规律性》，载《管理世界》1997年第4期，第144-153页。

执行分开,公共服务的出资、购买与供应分开,调整政府各部门的职责等;另一方面是重构和引入新管理机制,包括执行主管的合同任用、执行主管拥有不受政治控制的充分权力、绩效评估和选择性购买公共服务等等。

(3) 财政体制改革。1988 年的国家部门法、1989 年的公共财政法和 1994 年的财政责任法是构成新西兰新的财政体制的基本法律文件,为核心中央政府(各部部长、各部门和皇家实体等)的财政管理体制奠定了法律基础。根据上述法案,新西兰的财政管理制度主要涉及财政管理权下放、应计会计制(accrual accounting)和财政报告制度等。

澳大利亚的新公共管理改革主要包括财政改革、优化政府职能和公务员制度改革三个方面。

(1) 财政改革。澳大利亚财政管理改革的内容非常广泛,公共部门的财政管理改革主要包括建立费用管理体系,权限自上而下下放到基层操作部门,有偿收费服务,增大公共部门的责任,等等。

(2) 优化政府职能。在改革的过程中,澳大利亚政府进行了大规模的职能优化改革,还权于市场和社会,实现政府的"规模适度化"。一方面是国有企业的私有化,改革遵循的原则是,凡是私人能做好的事情,政府就不做;凡是私人能经营好的,公营企业就逐步退出该领域;政府只做私人做不了或应当由政府做的事情。另一方面是政府与社会关系的分权化改革。分权化改革主要涉及中央与地方权责的重新划分问题,特别是地方自治权的扩大问题,下放联邦政府的社会福利、教育等领域的权利责任,实行社区参与体制。

(3) 公务员制度改革。主要体现为机构和人员的精简,通过把一些政府部门或职能并入私人企业实行商业化管理,从而减少公务员的数量。此外,将一些如吸收录用、提拔晋升、奖励惩处、工资福利、流动调配、辞退辞职等权力下放给基层一些相关部门等。[①]

[①] 参见程样国、韩艺《国际新公共管理浪潮与行政改革》,人民出版社 2007 年版,第 146 – 153 页。

第四节　对新公共管理的诘难与批判

作为一场风行世界的公共行政改革运动，新公共管理创立了一个新的公共管理的知识框架，通过对经济学理论的借鉴和对私人部门管理方法的引进，新公共管理的新理念也契合了西方当代公共管理实践发展的需要，被越来越多的政府所推崇和采纳。林恩（Lynn）就指出，新公共管理对于公共行政领域和民主理论与实践带来了三项建设性的遗产：①更加关注绩效—激励的行政模式，以及建立了绩效导向型的制度、结构和管理等行政原则；②建立了关于政府设计和行政改革的国际对话和比较机制；③经济学、社会学、社会心理学和其他先进概念框架的综合与启发性的使用。[1]

然而，新公共管理并不是放之四海而皆准的，其自身也存在一些矛盾的要素，不可避免会出现一些不可预期的后果。学界也从不同角度对其进行反思和批判。私人利益高于公共利益吗？效率优于公平吗？顾客比公民更能使政府提供高质量的服务吗？企业化真能提高效率吗？很多学者认为，新公共管理从产生之日起就存在着许多问题。总的来说，主要可以概括为以下几个方面。

一、公共性的丧失：对效率的盲目推崇

从核心价值来看，新公共管理理论引进了经济学的效率理念，倡导"三E"的基本价值，即经济（economy）、效率（efficiency）与效能（effectiveness），行政官员往往被视为企业家，强调企业价值的工具理性。新公共管理直接将效率作为改革行动的直接目标，因而也被认为是一种"新泰勒主义"，波立特（C. Pollitt）就直接指出"新公共管理是泰勒管理主义原则的再现"[2]。过分强调对效率和工具理性的追求，使政府管理仅限于工具性的角色，而忽略了公共行政的公共性，即以民主宪政为基石，强调追求人民主权、公民权利、人性尊严、社会公正、公共利益、社会责任等多元价值。诚如行政学家登哈特（Robert B. Denhardt）所言，以效率为

---

[1] Lynn L E. The new public management: How to transform a theme into a legacy. Public Administration Review, 1998, 58 (3), pp. 231–237.

[2] Pollitt C. Managerialism and the Public Services: The Anglo-American Experience. Oxford, U. K.: Blackwell, 1990.

导向的工具理性只会引导人们关注达成既定目标的手段，而忽略对目的本身的关切。也就是在工具理性下的种种行动，将使行政工作越来越远离社会价值的体现，只是斤斤计较地减少行政成本，从而沦为公务产生过程中的工具，以致完全丧失作为行政体系行动本身的"道德内容"（moral content）。①

对效率的盲目推崇，也会在一定程度上导致政府忽略了对整体公共利益的推进，因为行政效率的提高有时候是以牺牲平等及公共利益为代价的。一项对美国14423家养老院机构所进行的全国性调查研究发现：由于各级政府普遍采用合同外包，由私人经营的养老机构所占的比例最大，而它们提供的服务质量远低于非营利性和政府机构经营的养老机构。营利性的私人养老机构接纳许多低收入的老人，并以降低服务质量为代价来控制成本，而这些比较贫穷的"顾客"别无选择，只能接受较低的服务质量。而且，大量的民营化还会进一步造成政府"甩包袱"、摒弃责任的问题。例如，中国20世纪90年代开始的教育产业化和民营化改革，在一些地方"仿佛是地方教育主管部门开拓财源、放弃责任的游戏，但在游戏中公众普遍平等的受教育权丢失了"②。

二、对民主的冲击：不恰当的"顾客"隐喻

学者佩龙（Bellone）和葛尔力（Goerl）曾指出，以市场为导向的公共行政或管理主义与民主政治价值之间存在着冲突，即自主性与民主责任（autonomy vs accountability）、个人远见与公民参与（personal vision vs citizen participation）、秘密性与公开性（secrecy vs openness）、风险承担与公共财货的监护（risk-taking vs stewardship of public good）之间的冲突。③博克斯（Box）、马歇尔（Marshall）、里德（Reed）等也指出，"新公共管理的市场模型阻碍了实质性民主的发展，并且限制了公民可以有效影响公共政策和行政的程度"④。新公共管理倡导顾客导向，将政府与公民之间的

---

① Denhardt R B. Theory of Public Organization. Brooks/Cole，1993.
② 丁元、颜海娜：《美国公共行政百年历史回顾及对中国公共行政学未来十年的启示》，载《复旦公共行政评论》2012年第12期，第81页。
③ Bellone C J, Goerl G F. Reconciling public entrepreneurship and democracy. Public Administration Review, 1992, 52 (2), pp. 130–134.
④ Box R C, Marshall G S, Reed B J, et al. New public management and substantive democracy. Public Administration Review, 2001, 61 (5), pp. 608–619.

关系比拟为企业与顾客的关系，注重企业家精神和满足顾客的自我利益，认为以顾客为导向较能满足大众的需求。但却忽略了一个基本事实，无论是具体内涵、在治理中扮演的角色抑或是行为逻辑，"顾客"与"公民"都是两个完全不同的概念，将其等同相当于把"公民"简单化了。

首先，"民众是政府的'所有者'（owner），而非顾客，'所有者'概念具有主动性，它可以决定政府的议程，更符合人民的地位"①。公民在民主治理的过程中，不仅是公共服务的接受者，同时也是公共服务的参与者，而不仅仅只是作为被动接受服务的"顾客"，其有权决定哪些服务是应该提供，哪些服务是不应该提供，而不仅仅只是对服务的效果做出评价和选择。其次，顾客在面对政府机构时总是处于弱势地位，他们缺乏监督政府的权利，对政府机构的决策无法产生实质性的影响。但是公民作为纳税人，具有监督政府运作的责任和权利，其也是公共服务的监督者。黑费茨和沃纳（Hefetz and Warner）在对地方政府合同外包过程的一项实证研究中发现，公民监督是解释合同外包及"逆向合同外包"（reverse contracting）的重要因素之一。如果公民能够发挥积极的参与和监督作用，地方政府则更有可能采用合同外包方式来提供公共服务，而那些不注重公民参与和监督的地方，则有"逆向合同外包"的趋势。② 最后，顾客的需求往往是多元化的，这种多元性的目标经常会出现冲突，而政府在有限的资源下，不可能满足每一位顾客的要求，只能从整体利益出发去考虑，因而"顾客至上"的导向在实践中也具有一定的不可行性。而不可忽略的是，政府不仅是服务的提供者，也是管制者，在许多情况下，政府必须抑制公民的某些需求，才足以保证公共利益的存在，而且事实上，政府满足的仅是公民合法的期待。③

三、对公私部门差异的忽略：并非灵丹妙药

公共管理组织学派的代表人物博兹曼（Barry Bozeman）曾指出："新

---

① Frederickson H G. The spirit of public administration. San Francisco：Jossey-Bass，1997.
② 参见丁元、颜海娜《美国公共行政百年历史回顾及对中国公共行政学未来十年的启示》，载《复旦公共行政评论》2012 年第 12 期，第 80 页。
③ 参见张成福《公共行政的管理主义：反思与批判》，载《中国人民大学学报》2001 年第 1 期，第 20 页。

公共管理对于公共、私人部门之间的差别并没有加以深刻的探讨和区分。"① 新公共管理的一个主要假设在于：公共部门的管理与私人部门的管理不存在差异，存在着一种跨越公私情景的一般管理（generic management）。② 因而，新公共管理把政府公共部门与私营部门等量齐观。不可否认的是，公私部门的管理的确存在一定的相似性，无论是在政府机关还是私营机关的管理者，都需要类似的管理知识、技能、概念与工具，以帮助同样功能（如计划、决策、组织、领导、沟通、控制）的发挥，从而长期有效地生产和提供财货与服务，这些管理知识、技能、工具可以相互学习与借鉴。③ 然而，公共管理与私人管理有本质差异，两者在根本目标和价值准则上并不相同，前者提供公共服务，必须奉行平等、正义等价值准则，后者则以利润最大化为目的。公共部门不能盲目搬用私营部门的管理方法。艾利森（Allison）在其经典著作中便揭示了公私两域的管理，在所有不重要的层面上相同，而在所有重要的层面上不同。④ 黑堡学派也认为，公共行政不同于企业管理：①政府官员不能像企业人员在与对手们竞争中追求市场与利润，他们应注重公共利益、社会公平与主义的实现；②公众作为公共部门服务的对象，不同于私营部门的消费者与供应商，公众对公共部门的效能和作用又不同于私营部门的认知与期待。⑤

再者，新公共管理认为，在很多公共服务的提供上，私人部门比公共部门做得更好。在许多发展中国家，新公共管理被当成灵丹妙药而被不假思索地应用，但却鲜少反思其是否适合于不同的文化和政治背景。例如，把电子政务作为新公共管理改革的一部分，创建一个更加透明和问责的政府，似乎已成为一种全球性的规范。然而，翁和韦尔奇（Wong and Welch）在对14个国家"电子政务对政府责任的影响"的实证研究中发现，电子政务是否能提升政府问责在很大程度上取决于不同国家的官僚制度和政治

---

① Bozeman B. Introduction: Two concepts of public management. In Bozeman B. Public Management: The State of the Art. San Francisco: Jossey-Bass, 1993, pp. 3 – 4.
② 参见张成福《公共行政的管理主义：反思与批判》，载《中国人民大学学报》2001年第1期，第19页。
③ 参见张成福《公共行政的管理主义：反思与批判》，载《中国人民大学学报》2001年第1期，第19页。
④ Allison G T. Public and private management: Are they fundamentally alike in all unimportant respects?. OMP Document, 1980, p. 127.
⑤ 参见李鹏《新公共管理及应用》，社会科学文献出版社2004年版，第172页。

环境。① 在一些官僚行为"高高在上"的国家里,行政官僚有可能在电子政务的引入过程中利用对信息的控制来扩大自己的权力。在那些缺乏民选官员和公民社会有效制衡的国家,引入电子政务有可能导致一个更不负责任和不透明的政府。同样,在合同外包过程中,"不健全的市场不但没有增加竞争性,相反地,它们使政府和合同承包商走向利益的结合"②。

本章小结

罗森布鲁姆(Rosenbloom)指出,由政府再造所促发的新公共管理运动,其理论及实务均已展现出独特之处,成为与传统管理途径、政治途径及法律途径并驾齐驱的新研究途径。③ 应该说,新公共管理运动的兴起,意味着公共部门管理尤其是政府管理研究领域范式的转变。诚如休斯在《公共管理导论》一书所说:"自从80年代中期以来,发达国家的公共部门管理已发生了转变,曾经在本世纪的大部分时间中居于支配地位的传统公共行政管理的那种刻板(僵化)、层级官僚体制形式逐步转变为一种灵活的、以市场为基础的(新)公共管理形式。后者并不是一种改革事务或管理方式的微小变化,而是政府作用及政府与公民社会关系的一种深刻变化。传统的公共行政在理论与实践上都已受到怀疑。新公共管理的采纳意味着公共部门管理领域中新范式的出现。"④

作为各国政府面对政府管治危机而做出的一种实践回应,新公共管理理论提倡政府政策职能与管理职能的分离,通过市场机制和竞争机制的引入,实现公共物品供给的多元化,也借此引进私人企业的管理方法,进一步降低行政成本和提升政府效率。本章着重从四个方面对新公共管理进行全面的剖析,包括新公共管理的理论渊源、新公共管理的内涵和特征、新公共管理的实践及对新公共管理的诘难与批判,以求对新公共管理的概貌和内在机制有较全面的理解。尽管关于新公共管理的贡献及价值学界依然有所争论,有将其视为"新范式"、新途径的,也有质疑是"旧瓶装新酒"

---

① Wong W, Welch E. Does e-government promote accountability? A comparative analysis of website openness and government accountability. Governance, 2010, 17 (2), pp. 275-297.
② 丁元、颜海娜:《美国公共行政百年历史回顾及对中国公共行政学未来十年的启示》,载《复旦公共行政评论》2012年第12期,第81页。
③ Rosenbloom D. Public Administration. New York: Mc-Graw-Hill, 1998, p. 20.
④ 转引自陈振明《理解公共事务》,北京大学出版社2007年版,第21页。

的，但不可否认的是，它已经被许多国家运用并初步取得了改革的成功。当前，随着我国市场机制的不断发展成熟、行政体制改革的深化及政府职能的进一步转变，关于新公共管理的实践也进一步深化。例如，政府购买服务已如雨后春笋般在各地实行，因而在这样的背景下进行新公共管理理论的探讨与反思，无疑是极有意义的。

案例1

公共服务"逆向合同承包"

近年来，广州市环卫服务领域逐渐出现了一股"逆市场化"的趋势，即政府将之前外包给清洁公司的环卫服务收回重新由政府直接提供。以广州的JNZ街为例，JNZ街将环卫服务承包给企业经历了两个阶段。第一阶段是从2005年到2008年，按照一个月16万多元的承包标准外包给一个清洁公司。由于在2006年和2007年要"创卫"，原来核定的承包标准根本无法支撑实际的环卫服务成本，所以这个清洁公司经常以加人、加班为理由向街道索取额外的环卫经费。JNZ街街道办陈主任对该清洁公司的评价并不高："第一个公司可能就会差一点，第一次承包一个月16万多元，那么企业一定是以追求那个最大利益，所以我们整个在2006年、2007年的'创卫'里面一定要给钱，你快点要加人，加人就给钱，这样我们……第一个公司就这样，合同到期了，我们开始了第二个公开招标。"第二阶段是从2008年到2010年。为了避免重复出现第一次承包期的问题，街道在公开招标之前进行了非常仔细的成本核定，把承包经费由原来的16万提高到30多万。在2008年的环卫工资改革中，环卫工人的最低工资标准由860元升到1000元，街道为此与承包企业签订了一份补充协议，把由于提高环卫工资标准而增加的成本纳进合同外包的成本内，由街道追加一部分额外的环卫经费。

由于街道向区财政申请经费需要等待一段时间，该承包企业还为街道向环卫工人暂时垫支了这部分增发的工资。这两次合同外包，承包公司基本上能够按照合同的条款和要求提供相应的环卫服务。

然而，在第二次承包期结束之前，街道并没有像以往那样继续进行公开招标，而是给A区政府提交了一份《关于试行"环卫作业管理进社区"网格化管理模式的请示》，希望"抓住环卫保洁对外发包即将合同期满的有利时机,拟探索和试行'环卫作业管理进社区'网格化管理模式,即从2011年1月起,由街道办事处直接管理环卫保洁,不再推向社会"。在获得A区政府"可以试行一年"的批复后,街道不再向市场公开招标,而是采取直接由环监所提供环卫服务的方式。

导致JNZ街环卫服务"逆市场化"的最根本原因,是由于"目前实行的环卫保洁对外发包管理模式和精细化管理需求之间的矛盾日益尖锐",主要表现在"间接管理影响保洁质量、承包企业追求经济利益最大化而忽视社会效益、管理成本过高"等三个方面。上述问题严重影响了环卫保洁的效能,导致了居民群众和社区居委会满意度不高,急需加以解决。因此,街道想通过"环卫作业管理进社区"网格化管理模式来解决上述矛盾。

案例资料来源:黄锦荣、叶林《公共服务"逆向合同承包"的制度选择逻辑——以广州市环卫服务改革为例》,载《公共行政评论》2011年第5期,第100-120页,第180页。

讨论思考题:

1. 根据案例,您是如何看待"逆市场化"这一现象的?
2. 新公共管理认为,在很多公共服务的提供上,私人部门比公共部门做得更好。结合这个案例,您同意这一观点吗?
3. 您认为当前哪些公共服务较适合进行服务外包,哪些公共服务不适合进行服务外包?

案例2

20世纪90年代以来,随着新自由主义风靡全球,日本小泉政权的行政改革也沿着"应该由民间做的事情,就让民间去做"的路径推进。以下面两个城市的公共部门民营化为例进行说明。

横滨市行政改革以"共创"为目标,以公民协作为路径,旨在实现从"官"到"民"的转换。然而,改革的动因是严峻的财政困境。随着人口老化的加速,横滨市福利领域的互助费与1992年比较,增加了2.7倍。此外,市财政的收入增长缓慢,政府税收中对市民税和固定资产税的依存达到84.5%,当经济低迷时,由于个人收入减少和地价下跌,税收长期处于低迷的状态。为此,"共创"目标的构筑,主要以改善财政状况为目标。例如,通过公有资产的租借,增加财政收入,2008年达到6.1亿日元,成为自治体最大规模的财政收入。

兵库县加西市的公共部门改革也是从财政层面开始的。加西市通过借款发展城市基础设施，使财政的累计债务达到 528 亿日元，平均每位市民负担 106 万日元的债务。为此，市长中川畅三提出以公民联合促进城市再生。通过行政委托，把上下水道等窗口事务外包给关东电力服务株式会社。外包第一年就获得了可观的经济效果，人工费削减 1030 万日元，滞纳金回收增加 3360 万元；外包第二年人工费削减 950 万日元，滞纳金回收增加 3790 万日元。从市长的业绩来看，中川畅三上任时的累计债务在上任后的第三个会计年度减少了 60 亿日元。

在以上两个例子中，日本公共部门改革的动因主要源于财政的困境，因而将公共物品供给的一部分业务转让给民间来做。

案例资料来源：李翠玲、甘峰：《日本公共部门民营化与 NPO 困境——新公共管理的"公共性"质疑》，载《北京行政学院学报》2010 年第 6 期，第 37—41 页。

讨论思考题：

1. 案例中的日本两个城市的公共服务改革的理由是否充分？

2. 结合新公共管理所面临的"公共性"和政府责任质疑，对案例中的公共部门改革做适当的评价。

3. 您是如何看待"应该由民间做的事情，就让民间去做"这一观点的？

复习思考题

1. 简述新公共管理的理论渊源。
2. 新公共管理的内涵和特征主要体现在哪些方面？
3. 阐述新公共管理在各国的实践情况。
4. 您是如何评价新公共管理运动的？

后 记

本书是中山大学南方学院组织编写出版的系列教材之一，从立项至出版历时近四年，感谢中山大学南方学院副校长黄静波教授、中山大学南方学院政商研究院常务副主任史卫老师、中山大学南方学院政商研究院办公室主任邓浩然老师对项目建设的大力支持、关心和帮助。

全书的组织和撰写分工如下：陈天祥拟定全书的篇章结构、各章的内容要求，并对各章初稿完成后提出修改建议。第一章、第十章撰写人员是陈天祥（中山大学南方学院）、郑佳斯（中共广东省委党校）；第二章、第七章、第八章、第九章撰写人员是刘云东（中山大学南方学院）；第三章、第四章、第五章、第六章撰写人员是欧崇亚（中山大学南方学院）。

感谢中山大学出版社领导的支持，以及编辑校对人员在本书编校出版过程中认真负责的工作态度和辛勤付出。

编著者

2019 年 10 月 25 日